Theorie des Geldes zur Einführung

Axel T. Paul

Theorie des Geldes zur Einführung

JUNIUS

Junius Verlag GmbH
Stresemannstraße 375
22761 Hamburg
www.junius-verlag.de

Umschlaggestaltung: Florian Zietz
Titelbild: Tetradrachme, Athen
Satz: Junius Verlag GmbH
Printed in the EU 2017
ISBN 978-3-88506-796-2

Bibliografische Information der Deutschen Nationalbibliothek
Die Deutsche Nationalbibliothek verzeichnet diese Publikation in der Deutschen Nationalbibliografie; detaillierte bibliografische Daten sind im Internet über http://dnb.d-nb.de abrufbar.

Zur Einführung …

… hat diese Taschenbuchreihe seit ihrer Gründung 1977 gedient. Zunächst als sozialistische Initiative gestartet, die philosophisches Wissen allgemein zugänglich machen und so den Marsch durch die Institutionen theoretisch ausrüsten sollte, wurden die Bände in den achtziger Jahren zu einem verlässlichen Leitfaden durch das Labyrinth der neuen Unübersichtlichkeit. Mit der Kombination von Wissensvermittlung und kritischer Analyse haben die Junius-Bände stilbildend gewirkt.

Seit den neunziger Jahren reformierten sich Teile der Geisteswissenschaften als Kulturwissenschaften und brachten neue Fächer und Schwerpunkte wie Medienwissenschaften, Wissenschaftsgeschichte oder Bildwissenschaften hervor. Auch im Verhältnis zu den Naturwissenschaften sahen sich die traditionellen Kernfächer der Geisteswissenschaften neuen Herausforderungen ausgesetzt. Diesen Veränderungen trug eine Neuausrichtung der Junius-Reihe Rechnung, die seit 2003 von der verstorbenen Cornelia Vismann und zwei der Unterzeichnenden (M.H. und D.T.) verantwortet wurde.

Ein Jahrzehnt später erweisen sich die Kulturwissenschaften eher als notwendige Erweiterung denn als Neubegründung der Geisteswissenschaften. In den Fokus sind neue, nicht zuletzt politik- und sozialwissenschaftliche Fragen gerückt, die sich produktiv mit den geistes- und kulturwissenschaftlichen Problemstellungen vermengt haben. So scheint eine erneute Inventur der Reihe sinnvoll, deren Aufgabe unverändert darin besteht, kompetent und anschaulich zu vermitteln, was kritisches Denken und Forschen jenseits naturwissenschaftlicher Zugänge heute zu leisten vermag.

Zur Einführung ist für Leute geschrieben, denen daran gelegen ist, sich über bekannte und manchmal weniger bekannte Autor(inn)en und Themen zu orientieren. Sie wollen klassische Fragen in neuem Licht und neue Forschungsfelder in gültiger Form dargestellt sehen.

Zur Einführung ist von Leuten geschrieben, die nicht nur einen souveränen Überblick geben, sondern ihren eigenen Standpunkt markieren. Vermittlung heißt nicht Verwässerung, Repräsentativität nicht Vollständigkeit. Die Autorinnen und Autoren der Reihe haben eine eigene Perspektive auf ihren Gegenstand, und ihre Handschrift ist in den einzelnen Bänden deutlich erkennbar.

Zur Einführung ist in der Hinsicht traditionell, dass es den Stärken des gedruckten Buchs – die Darstellung baut auf Übersichtlichkeit, Sorgfalt und reflexive Distanz, das Medium auf Handhabbarkeit und Haltbarkeit – auch in Zeiten liquider Netzpublikationen vertraut.

Zur Einführung bleibt seinem ursprünglichen Konzept treu, indem es die Zirkulation von Ideen, Erkenntnissen und Wissen befördert.

Michael Hagner
Ina Kerner
Dieter Thomä

Inhalt

Vorwort

Diese Einführung trägt den Titel »Theorie« und nicht, wie im Rahmen dieser Reihe ansonsten üblich, »Theorien des Geldes«, weil ich den Versuch gemacht habe, die tatsächliche Vielfalt an Geldtheorien aus der Perspektive einer zwar ökonomisch aufgeklärten, aber doch primär soziologischen oder besser und präziser institutionalistischen Geldtheorie abzubilden und zu relativieren. Selbstverständlich stehe auch ich auf den Schultern von Anderen; zumindest weiß ich eine lange Tradition von Geldtheoretikern hinter mir, die das meiste, wenn nicht alles dessen, was ich auf den folgenden Seiten präsentiere, so oder so ähnlich auch schon gedacht und geschrieben haben. Gleichwohl oder vielmehr gerade deswegen fiele es mir schwer, diejenigen Autoren zu nennen, denen ich »meine« Einsichten »in der Hauptsache« verdanke; es sind schlicht zu viele. Wer der einen oder anderen Spur nachgehen möchte, kann das tun, indem er (oder sie, versteht sich, hier wie fürderhin) die von mir (wiederholt oder »an den entscheidenden Stellen«) zitierte Literatur konsultiert.

Für die Position, von der aus ich schreibe, beanspruche ich darum keine besondere Originalität, wohl aber eine gewisse Kohärenz, die es mir erlaubt, die vielen natürlich auch in dieser Einführung vorkommenden Theorien des Geldes zu sortieren und zu bewerten. Umreißen lässt sich mein Standort vielleicht damit, dass ich das Geld für eine Institution, das heißt aus einem besonderen Typ von sozialen Beziehungen und ihrer (Ver-)Regelung erwachsenes verdinglichtes Symbol und nicht für ein von individuellen Akteuren zur Optimierung ihrer Tauschchancen erdachtes Werkzeug halte. Dass ich damit auf den Widerspruch der von mir kritisierten (oder übergangenen) Autoren und theoretischen Lager stoßen werde, ist klar, zugleich aber eben auch Sinn und Prinzip der Wissenschaft selbst. Die primären Adressaten dieses Buches sind indes weniger Konkurrenten auf dem Gebiet der Geldtheorie als vielmehr geldtheoretisch oder allgemeiner an Problemen der politischen Ökonomie interessierte sozial-, kultur- oder geisteswissenschaftlich vorgebildete Laien, denen ich plausibel machen möchte, dass und warum das Geld ein »Gegenstand« ist, den allein den Ökonomen und professionellen Anlegern zu überlassen ein intellektuelles Versäumnis und ein politisches Problem wäre.

Das erste Kapitel beschäftigt sich mit der nicht bloß in den Wirtschaftswissenschaften dominanten, sondern in ihren Grundzügen allgemein verbreiteten, schon aus logischen, aber auch aus empirischen Gründen tatsächlich jedoch unhaltbaren Tauschmitteltheorie des Geldes. Konfrontiert wird diese Theorie, die den rational kalkulierenden *homo oeconomicus* als immer schon gegeben voraussetzt, mit Überlegungen zur Unwahrscheinlichkeit des Tauschs beziehungsweise den Koordinationsproblemen, die überwunden werden müssen, damit so etwas wie ein Markt überhaupt entstehen kann.

Das zweite Kapitel rekapituliert diejenigen »Urszenen« des Geldes, in denen sich die für sein Verständnis grundlegenden Kategorien herausbilden und erstmalig geschichtsmächtig werden. Als wesentlich herausgestellt wird hier die Unterscheidung von Geld als Wertmaßstab, das heißt als »Denkform«, die ökonomischen Wert allererst vorstellbar und zugleich quantitativ vergleichbar macht, und dinglichem, »an sich« wertvollem Geld. Es zeigt sich, dass das Geld nicht-wirtschaftliche Ursprünge hat und zunächst nicht als Tausch-, sondern als Schuldentilgungsmittel fungierte.

Das dritte Kapitel springt von den Anfängen des Geldes in die Finanzwelt der Gegenwart. Erläutert wird zunächst der durch Geld ermöglichte besondere Umgang mit Zeit. Wir stoßen hier auf das strukturelle Problem, dass Geldhalter am Geld einerseits zwar seine generelle Brauchbarkeit schätzen, dieser spezifische »Liquiditätsvorteil« andererseits jedoch nicht von allen Geldhaltern gleichzeitig oder auch nur gleichermaßen in Anspruch genommen werden kann. Gezeigt wird weiterhin, dass die modernen Finanzmärkte, insbesondere Banken und Börsen, das besagte Liquiditätsparadox auf der einen Seite zwar aufzuheben versuchen, es auf der anderen Seite jedoch unweigerlich krisenhaft zuspitzen – so, dass Finanzkrisen geldwirtschaftlich zu einer permanenten Gefahr werden.

Das vierte Kapitel erläutert die Grundzüge und Grundprobleme unserer gegenwärtigen Währungsordnung. Es klärt über die weithin private und darum von der öffentlichen Hand nur bedingt steuerbare Geldschöpfung auf und demonstriert damit die Relevanz eines kredit- und nicht tauschbasierten Geldverständnisses auch für heutige Verhältnisse. Der Doppelcharakter des Geldes, sowohl öffentliches Gut als auch privater Eigentumstitel zu sein, beziehungsweise das der Währungsordnung inhärente Problem, Schuldner- und Gläubigerinteressen zum Ausgleich bringen zu müssen, wird am Beispiel der elektronischen Alternativwährung Bitcoin und des »Vollgeld-Reform« genannten Vorschlags zur (Wieder-)Herstellung staatlicher Hoheit über den Geldschöpfungsprozess besprochen. Angesichts der unweigerlichen »Parteilichkeit« des Geldes geht es schließlich um die Möglichkeiten und Grenzen einer Demokratisierung unserer Geldordnung.

Das fünfte im engeren Sinne soziologische Kapitel bespricht die Ambivalenz des Geldes einerseits auf der Ebene der Akteure, andererseits auf der Ebene der Sozialstruktur. Gezeigt wird, dass den moralisch und lebensweltlich abträglichen Effekten des Geldgebrauchs individuelle Freiheitsgewinne gegenüberstehen, auf die zu verzichten kaum jemand bereit sein dürfte. Wie der zweite Teil des Kapitels deutlich macht, ist es allerdings keine Frage der persönlichen Wahl, Geld zu gebrauchen oder nicht. Vielmehr setzt die funktionale Differenzierung der modernen Gesellschaft, ihre Gliederung in eigenlogisch geprägte Teilbereiche wie die Wissenschaft, das Recht oder die Partnerschaft, die Existenz und den fortwährenden Einsatz eines gesamtgesellschaftlichen »Steuerungsmediums« Geld voraus. Zugleich jedoch stellen die herausgehobene Stellung des Geldes und allgemeiner die strukturelle Dominanz des Wirtschaftssystems eine Bedrohung der normativen Autonomie der übrigen Bereiche dar.

Die verschiedenen Kapitel des Bandes und auch ihre Unterabschnitte lassen sich einzeln lesen, sie »erzählen« gleichwohl eine kohärente Geschichte, die in Gänze zur Kenntnis zu nehmen die Überlegungen der einzelnen Kapitel vermutlich heller beleuchtet.

Ich danke Franca Fellmann, Malte Flachmeyer, Steffen Herrmann, Magdalena Küng, Matthias Leanza und Cornelius Moriz für ihre aufmerksame Durchsicht des Manuskripts und ihre vielen hilfreichen Kommentare, Matthias Leanza darüber hinaus für die Erstellung des Registers. Widmen möchte ich diesen Band meinem akademischen Lehrer Wolfgang Eßbach, von dem ich gelernt habe, dass gute Soziologie bei aller unvermeidlichen Abstraktion von konkreter Erfahrung immer auch eine Frage der Anschaulichkeit und damit der Darstellung ist. Ob mir dieser Balanceakt zwischen sperriger Begrifflichkeit und Lesbarkeit gelungen ist, mögen die Leser dieses Büchleins selbst entscheiden. Ich hoffe jedenfalls, ihnen eine Handreichung zu bieten, sich im häufig gerade sprachlich verstellten Feld der Geldtheorie besser zurechtzufinden.

Basel, im März 2017

I. Ökonomische Geldtheorie

1. Tausch – Handel – Geld

Ganz gleich, ob man googelt, Leute auf der Straße befragt, Materialien zur ökonomischen Bildung durchsieht oder wissenschaftliche Lehrbücher konsultiert, fast immer lautet die Antwort auf die Frage, was Geld sei: ein Tauschmittel, das den Handel erleichtert. Sucht, liest oder fragt man weiter, werden häufig noch andere Funktionen des Geldes genannt, etwa seine Fähigkeit, Preise auszudrücken, also den Wert verschiedener Waren zu vergleichen, und die Möglichkeit, Kaufkraft vorzuhalten, das heißt auf bequeme Weise Wert(e) aufzubewahren. Tatsächlich erschöpfen diese drei Funktionen des Geldes, den Tausch zu erleichtern, Werte zu vergleichen und Kaufkraft zu speichern, für die meisten Theoretiker das Wesen des Geldes. »Money is what money does« (Hicks 1967, S. 1), lautet ein mittlerweile geflügeltes Wort der Ökonomen. Geld wird damit – auf den ersten Blick zumindest – funktional und nicht substantiell bestimmt. Eine substantielle Definition wäre die Aussage »Geld ist Gold«. Nun wurde zu bestimmten Zeiten und an bestimmten Orten in der Regel gewogenes oder gemünztes Gold zwar durchaus als Geld gebraucht, nur folgt daraus nicht, dass nur Gold Geld sein kann. Schon ein Blick in unsere Portemonnaies, in denen sich zumeist silber-, kupfer- oder messingüberzogenes Kleingeld, papierene Geldscheine und verschiedenste Geld- und Kreditkarten befinden, beweist das Gegenteil. Im Laufe der Geschichte haben darüber hinaus die verschiedensten Gegenstände wie Salz, Muscheln oder Rinder Geldfunktionen erfüllt.

Und doch gibt es, wenn man die Antworten auf die Frage, was Geld sei, auch und gerade von Wirtschaftswissenschaftlern durchmustert, zumindest so etwas wie einen Primat der Tauschmittelfunktion. Sehr oft werden die anderen (beiden) Geldfunktionen aus der Tauschmittelfunktion des Geldes hergeleitet: Eben weil ein bestimmtes »Ding« als allgemeines Tauschmittel benutzt wird, ließen sich Preise als Tauschrelationen dieses einen Dings zu allen anderen Gütern ausdrücken und würden damit vergleichbar. Weiterhin sei oder vielmehr werde ein allgemeines Tauschmittel, egal woraus es besteht, schon deshalb wertvoll, wenn ich es, einmal erlöst, nicht sofort wieder ausgeben muss, sondern bis zur nächsten (Tausch-)Gelegenheit vorhalten kann. Die Eigenschaften des oder wenigstens des uns vertrauten Geldes, Werte zu messen und aufzubewahren, wären mithin eine Folge seiner eigentlichen Bestimmung, Tauschmittel zu sein.

Obgleich eine solche Definition an sich keine Auskunft darüber gibt, wie Geld entstanden ist, wird aus dieser Definition dennoch sehr oft gefolgert, dass sich Geld aus dem Güter- oder Warentausch entwickelt habe. Bereits im 4. Jahrhundert v. Chr. spricht Aristoteles davon, dass das Geld zur Erleichterung des Tauschhandels ersonnen worden sei. Indem Geld als Zwischentauschgut gebraucht werde, in das ein Tauscher seine überschüssigen, über den Eigenbedarf hinausgehenden Güter eintausche, bevor er jenes Zwischentauschgut wiederum für den Erwerb weiterer, eigentlich begehrter Güter verwende, erlaube es einer größeren Anzahl von Menschen die Befriedigung ihrer Bedürfnisse, als wenn diese ihre Güter direkt tauschen würden (Aristoteles 2001, I, 9).[1] Allerdings warnt Aristoteles davor, den Gelderwerb als Selbstzweck zu betrachten; dies wäre ein Missbrauch des Geldes. Rund zweitausend Jahre später bei John Locke dient das Geld zwar nach wie vor der Erleichterung des Tauschs, nun allerdings – und das ist ein fundamentaler Wandel – rechtfertigt gerade der Gelderwerb, das heißt hier die Verkäuflichkeit von Eigentum, dessen über den eigenen Bedarf hinausgehende Aneignung (Locke 1689/1977, II, 5; Priddat 2012). *Locus classicus* auch der historischen oder genetischen Tauschmitteltheorie des Geldes ist jedoch Adam Smiths *Wohlstand der Nationen* aus dem Jahre 1776, ein Buch, das zugleich als Gründungsschrift der Wirtschaftswissenschaften gilt:

»In den Anfängen der Arbeitsteilung muß der Tausch häufig noch sehr schleppend und stockend vor sich gegangen sein. Nehmen wir an, jemand habe von einer Ware mehr als er selbst braucht, ein anderer dagegen zu wenig davon. Dann würde der erste froh sein, wenn er von dem Überschüssigen etwas abgeben, der zweite etwas davon kaufen könnte. Hat dieser aber gerade nichts zur Hand, was der erste braucht, kann kein Tausch unter ihnen zustande kommen. [...] Um nun solche mißlichen Situationen zu vermeiden, mußte eigentlich jeder vernünftige Mensch auf jeder Entwicklungsstufe seit dem Aufkommen der Arbeitsteilung bestrebt gewesen sein, es so einzurichten, daß er ständig außer dem Produkt seiner eigenen Arbeit einen kleinen Vorrat der einen oder anderen Ware bereit hatte, von der er annehmen konnte, daß andere sie im Tausch gegen eigene Erzeugnisse annehmen werden. Vermutlich wurden im Laufe der Zeit die verschiedensten Waren zu diesem Zweck ausgesucht und verwandt. [...] Am Ende haben aber dann die Menschen in allen Ländern aus vernünftigen Gründen Metalle als Tauschmittel allen anderen Waren vorgezogen. Metall läßt sich, da es haltbarer als jede andere Ware ist, nicht nur ohne nennenswerten Verlust aufbewahren, es kann auch ohne Schaden beliebig geteilt und leicht wieder eingeschmolzen werden« (Smith 1776/1978, S. 23).

Als weitere Etappen der Geldentwicklung nennt Smith die Standardisierung von Metallstücken und schließlich deren Prägung zu Münzen. Staatliche Banknoten, wie sie in England seinerzeit bereits seit einem Dreivierteljahrhundert in Gebrauch waren (Hutter 1993), erwähnt er allerdings nicht. Seither findet sich diese Urgeschichte des Geldes in ähnlicher Fassung in den allermeisten Einführungen in die Volkswirtschaftslehre. Dass auch Smiths Buch ein normativer, gegen merkantilistische Handelsbeschränkungen gerichteter Text war, ist allgemein bekannt. Und auch die zeitgenössische Ökonomik[2] ist keine wertfreie Wissenschaft (ebenso wenig übrigens wie diese Einführung), zumindest insofern sie ihre Darstellung von Wirtschaft und weiterhin von Gesellschaft überhaupt als an der Natur der Dinge oder vielmehr des Menschen orientiert ausgibt. Tatsächlich nämlich geht die »orthodoxe«, das heißt wirtschaftsliberale Ökonomik (und mit ihr die in den Sozialwissenschaften insgesamt bedeutsame Theorie der rationalen Entscheidung) davon aus, dass (Aus-) Tauschbeziehungen zwischen vereinzelten, nutzenorientierten Individuen so etwas wie den sozialen Naturzustand beziehungsweise die natürliche Gesellschaft bilden. Smith selbst (1776/1978, S. 16) spricht von der »natürlichen Neigung des Menschen, zu handeln und Dinge gegeneinander auszutauschen«. »Nicht vom Wohlwollen des Metzgers, Brauers und Bäckers erwarten wir das, was wir zum Essen brauchen, sondern davon, dass sie ihre eigenen Interessen wahrnehmen« (ebd., S. 17). Und Paul Samuelson (1964, S. 73), Wirtschaftsnobelpreisträger des Jahres 1970, sekundiert zwar überzeichnend, doch ohne Ironie: »Darum sind wir jenen beiden Affenmenschen zu großem Dank verpflichtet, die eines Tages die Entdeckung machten, dass sie sich gegenseitig nützen, wenn jeder jeweils auf etwas verzichtete, um dafür etwas Anderes einzutauschen.«[3]

Den Markt, das heißt einen »Schattenmarkt«, auf dem die Einzelnen sich (zueinander) verhalten, als wären sie auf einem Markt, auch wenn das, was sie voneinander wollen, noch keine Preise hat, gibt es dieser Anthropologie zufolge mithin immer schon. Und das Geld ist diejenige Erfindung – eine Erfindung, auf welche die »vernünftigen« Akteure früher oder später stoßen mussten –, welche den Schattenmarkt und die nur erst dyadisch-zufälligen, für Dritte undurchsichtigen Tauschrelationen sichtbar macht. Der allgemeine Tausch, das heißt der Austausch von Gütern, ja der Handel, der im Grunde immer schon stattfindet, wird durch das Geld bloß erleichtert, weil einer der beiden Tauscher nur noch Geld und nicht ein von der Gegenseite konkret begehrtes Gut besitzen muss, damit getauscht werden kann. Zugleich wird der Handel »ökonomisiert«, weil aufgrund eines nun gleichen Wertstandards die Güterpreise verglichen und der aus Warte der Individuen für sie jeweils günstigste »Deal« vollzogen werden können. Das Geld löst mithin das von William Jevons so genannte Problem der »doppelten Koinzidenz der Wünsche«, dass ein tauschwilliger Akteur »Ego« ohne Geld nicht nur einen Tauschpartner »Alter« finden muss, der nicht bloß anzubieten hat, was Ego begehrt, sondern der seinerseits genau das haben möchte, was Ego ihm anbietet, und beide zudem nicht nur über die »richtigen« Waren, sondern auch über die genau »richtigen« Mengen derselben verfügen.

Eine kanonische, aus orthodoxer Warte bis heute im Grunde nur in Nuancen veränderte Formulierung hat diese Tauschmitteltheorie des Geldes bei Carl Menger (1892) gefunden. Betont werden hier der Besitzindividualismus, die Selbstverständlichkeit, ja die Universalität des (Waren-)Tauschs, die praktischen Schwierigkeiten desselben, die Unausweichlichkeit der »Geld-Lösung« und die Evolution des Geld-»Mediums« von der marktgängigsten Ware über die Edelmetalle und ihre Standardisierung hin zum an sich annähernd wertlosen, wohl aber Werte repräsentierenden, zumeist staatlich kontrollierten Wertzeichen. Der Staat oder eine sonstige außer oder über dem Markt stehende Instanz kommt in dieser Erzählung, wenn überhaupt, nur nachträglich ins Spiel. Das Geld gilt vielmehr als ein »spontanes Ergebnis« (ebd., S. 250) der Interaktionen der Marktteilnehmer.

Das Problem an dieser Geschichte ist: Sie ist falsch, und zwar aus konzeptionellen wie empirischen Gründen. Dagegen, dass Geld, wie von Menger angenommen, aus der marktgängigsten Ware hervorgeht, spricht allein schon die Überlegung, dass es auf überschaubaren Märkten mit einer beschränkten Anzahl von Marktteilnehmern und Gütern überhaupt keines Zwischentauschgutes bedarf und das Problem der doppelten Koinzidenz der Wünsche anstatt durch Geld ebenso durch »Anschreiben« gelöst werden kann. Auf großen, unüberschaubaren Märkten hingegen wäre die marktgängigste Ware gar nicht als solche auszumachen. Schon bei nur hundert Waren gibt es 4950 mögliche Tauschrelationen. Dass sich unter diesen Bedingungen eine Ware zwanglos als Geld durchsetzt, ist außerordentlich unwahrscheinlich.

Aus Geschichte und Ethnologie sind zudem keine Gesellschaften bekannt, die in nennenswertem Umfang, etwa gar in für die Reproduktion des jeweiligen Gemeinwesens wesentlichem Maße geldlosen Warentausch betrieben hätten. Zwar wurde auch in einfachen und früheren Gesellschaften getauscht, nur eben nicht beziehungsweise nur in eingeschränkter Form gehandelt (Dalton 1982; Humphrey 1985). Das gilt insbesondere für Wildbeutergesellschaften und das heißt die für die mit Abstand längste Zeit der menschlichen Geschichte typische Gesellschaftsform. Die »natürliche Gesellschaft«, insofern es sie überhaupt gab, war auf jeden Fall keine Gesellschaft der Krämer. Und auch nach der Entwicklung des Ackerbaus und selbst der Entstehung von

Städten wurde der Markt nicht ohne Weiteres zur zentralen Versorgungsinstanz oder gar zum wichtigsten Koordinationsprinzip der jeweiligen Gesellschaft.

Ausgetauscht wurden – wie im nächsten Kapitel noch ausführlich zu zeigen – in marktlosen Gesellschaften (und werden auch bei uns noch) zeremonielle Gaben, die, nur weil es sich um Gaben und nicht Waren handelt, freilich nicht wertlos sein müssen. Auch Gaben werden erwidert, nur eben nicht gegeneinander eingetauscht. Ein derartiger Gabentausch dient nicht der Versorgung mit Gütern, an die anders nicht heranzukommen wäre, sondern dem Aufbau oder der Bestätigung von (Gruppen-)Beziehungen oder auch der (Status-)Konkurrenz. Wenn gleichwohl Dinge des alltäglichen Bedarfs den Besitzer wechseln, »Konsumgüter« wie Hirsebier oder »Investitionsgüter« wie Saatgut, dann werden diese in aller Regel nicht mit anderen Waren bezahlt, sondern verliehen oder auch verschenkt. Eine solche Gemeinschaft ist nicht notwendig und faktisch nur selten eine Gemeinschaft der Gleichen, kein kommunistisches Paradies, sondern häufig von Rivalitäten und Besitzungleichheit geprägt. Verschuldung kann auch und gerade in diesen Gemeinwesen zu Abhängigkeit oder gar Knechtschaft führen. Nur ist der Gütertausch in ihnen kein Mittel, Schuldverhältnisse gar nicht erst entstehen zu lassen. Handel innerhalb kleinerer Gemeinwesen ist zudem kaum notwendig. Jeder Einzelne war Mitglied eines größeren Haushalts, und die meisten Haushalte waren autark beziehungsweise produzierten dasselbe wie die übrigen Wirtschaftseinheiten. Ein Austausch von Arbeitsprodukten wäre darum wirtschaftlich unsinnig gewesen.

Wenn gehandelt wird, dann zunächst an den Rändern der Gemeinschaften. Der natürliche Handelspartner, das sind die Fremden, nicht nur weil sie möglicherweise über seltene und seltsame Dinge verfügen, die man selber gerne hätte oder ausprobieren würde, sondern auch und vor allem, weil mit ihnen zu handeln – zumindest dann, wenn sie der eigenen Gruppe möglicherweise überlegen sind – besser ist, als mit ihnen zu kämpfen. Der primitive Handel ist ein Handel zwischen verschiedenen Gruppen und seinerseits ein Substitut für gewaltsame Konflikte (Lévi-Strauss 1943). Und weil der Handel eine gefährliche Angelegenheit ist, weil der Tausch mit den Fremden sich als Täuschung entpuppen könnte, ist es notwendig, ihn besonderen Vorsichtsmaßregeln zu unterwerfen, etwa den Zugang zu Marktplätzen auf bestimmte Personen zu beschränken, auf diesen das Tragen von Waffen zu untersagen, Streitschlichter zu bestellen und Maßeinheiten zu etablieren. All dies setzt indes eine im weiteren Sinne politische Ordnung voraus. Darüber hinaus entwickelten sich aus dem Außenhandel heraus sehr wohl Tausch- und Zahlungsmittel, die schließlich auch innerhalb der über den Außenhandel verbundenen Gemeinwesen Verwendung fanden (Polanyi 1979, S. 217–236, 284–299). Das ist jedoch ein ganz anderer Entwicklungspfad, als vom Mythos des ursprünglichen Warentauschs unterstellt. Eine – »vernünftige« Individuen vorausgesetzt – nahezu zwangsläufige Evolution des Geldes aus den Widrigkeiten des Tauschhandels heraus sowie die anschließende Rationalisierung der Formen des Tauschmittels Geld von halbwegs homogenen, zählbaren Waren wie zum Beispiel Salz über halt- und teilbare Edelmetalle hin zu geprägten Münzen und mit Zahlen bedruckten Scheinen sowie anderen Geldsymbolen gab es jedenfalls nicht. Damit ist nicht gesagt, dass einmal eingeführtes Geld nicht auch als Tauschmittel fungiert. Die für die orthodoxe Ökonomik logisch wie historisch primäre Tauschmittelfunktion des Geldes stand jedoch nicht am Anfang der Geschichte des Geldes.

Warum aber hält sich dieser Mythos bis heute, wenn er offenkundig falsch ist? Wenigstens drei Gründe lassen sich ausmachen:

Erstens stützt er die bestehende Wirtschaftsordnung. Tatsächlich erzählt er nicht von unvordenklichen Zeiten, sondern verklärt den Status quo. Vorausgesetzt werden selbstbestimmte und selbstsüchtige Individuen, das Privateigentum und der Markt. Alle drei Institutionen haben indes ebenso eine Geschichte wie das Geld und sind nicht immer schon gegeben. Sie zu naturalisieren heißt, sie in einem fundamentalen Sinne zu legitimieren, wenn nicht als Natur der Legitimationsbedürftigkeit zu entziehen. Das Geld als spontanen Fund der auf einem zunächst geldlosen Markt agierenden *homines oeconomici* zu interpretieren naturalisiert noch das Geld selbst. Es erscheint als ursprünglich und damit im Grunde apolitisches Medium, dessen sich der Staat oder andere kollektive Akteure im Laufe der Geschichte erst sekundär bemächtigt haben. Nun steht außer Frage, dass Herrscher und Regierungen das Geld in der Geschichte immer wieder für ihre partikularen Interessen missbraucht haben. Nur folgt daraus nicht, dass ein vordergründig apolitisches Geld, wie es heute in den meisten der hochentwickelten kapitalistischen Länder von »politisch unabhängigen« Zentralbanken administriert wird (vgl. Kap. IV/4), nicht seinerseits besondere Interessen bedient. Der Mythos eines politisch an sich neutralen Geldes hat den Effekt, eine solche Nach-Frage gar nicht erst aufkommen zu lassen. Man muss ihn deshalb jedoch nicht für eine bewusst lancierte Falschinformation halten. Dass bereits und gerade der dem Schacher feindlich gesonnene Aristoteles ihn erzählt, dürfte beweisen, dass er keine bloße Machination der monetär Privilegierten sein kann. Doch warum sollten die Anhänger einer liberalen Wirtschaftsordnung den Geldmythos als Mythos entlarven, wenn er ihre normativen Vorstellungen transportiert?

Zweitens gibt es wie im Bereich der technologischen Entwicklung so auch auf dem Gebiet des wissenschaftlichen Erkenntnisfortschritts Pfadabhängigkeiten. Einmal getroffene Entscheidungen oder Grundannahmen lassen sich nicht mehr ohne Weiteres revidieren, wenn ein ganzes, wie im Falle der heutigen Ökonomik weitgehend kanonisiertes Theoriegebäude auf diesen aufruht. Wie die wissenschaftsgeschichtliche Forschung selbst für die harten Naturwissenschaften nachgewiesen hat, ist Erkenntnisfortschritt nicht die stückweise Anhäufung von immer mehr Wissen, sondern die Systematisierung von Einzelbeobachtungen und -erklärungen zu sogenannten Paradigmen (Kuhn 1973). Ein wissenschaftliches Paradigma ist so etwas wie eine Grammatik des Denkmöglichen. Was in diese Grammatik nicht integriert werden kann, wird als Ausnahme oder Abweichung deklariert oder gar nicht erst wahrgenommen. Nur wenn die den Grundannahmen eines Paradigmas widersprechenden Befunde überhandnehmen oder auch nicht-wissenschaftliche Faktoren eine Neuausrichtung des wissenschaftlichen Weltbilds opportun erscheinen lassen, kann es zur Ablösung des alten durch ein neues Paradigma kommen. Und für die orthodoxe, »neoklassische« Ökonomik gilt,[4] dass sie im Kern als a-soziale Theorie der Tauschwirtschaft, genauer, als Theorie des rationalen und das heißt hier des stets nach einem Vorteil suchenden (Aus-)Tauschs voneinander isolierter Individuen konzipiert ist. Für die *Institution* des Geldes ist in diesem Paradigma, wie von den redlichen Vertretern desselben durchaus eingeräumt (z.B. Hahn 1984, S. 162), im Grunde kein Platz. Unsere, das heißt die moderne kapitalistische Ökonomie nicht als Markt-, sondern als Geldwirtschaft zu konzipieren hieße, gegen die Orthodoxie aufzubegehren und ist zumindest für Wirtschaftswissenschaftler waghalsig und wenig erfolgversprechend.

Doch selbst im Verbund mit den liberal-normativen Gründen dürfte die epistemologische Schwerkraft des orthodoxen Paradigmas das soziale Fortleben des Tauschgeldmythos nicht hinreichend erklären. Es ist vielmehr zu vermuten, dass dessen weite Verbreitung weitere Gründe im gewöhnlichen Umgang mit und Verständnis von Geld selber hat. Tatsächlich wird Geld von den meisten lebensweltlich mit dem dinglichen Bargeld, den Scheinen und Münzen in unseren Taschen, identifiziert, auch wenn erstens heute fast jeder von uns die eine oder andere Geldkarte mit sich führt und zweitens das allermeiste des überhaupt vorhandenen Geldes nicht mehr in Form von Bargeld, sondern in Form von Sicht- und Termineinlagen oder sonstigen Verrechnungsbeständen existiert.[5] Inwiefern ein schriftlicher Kontoeintrag oder eine binär codierte Information auf einem elektronischen Speichermedium ein Tauschmittel sein soll, ist freilich nicht ohne Weiteres ersichtlich. Auf jeden Fall sind monetäre Informationen, genau genommen schon unsere Geldscheine und aus billigen Metalllegierungen bestehenden Münzen an sich keine materiellen Werte, sondern lediglich Repräsentanten von Wert. Aber sind sie dann überhaupt noch ein Tauschmittel? Grundsätzlicher gefragt: Muss Geld selbst wertvoll sein, um den Tausch zu vermitteln? Unser naives Alltagsbewusstsein scheint diese Frage zu bejahen. Geld erscheint diesem als etwas Substantielles, nicht nur als Inbegriff, sondern buchstäblich als Verkörperung von Reichtum. Geld zumindest ursprünglich, wenn nicht an sich, als Tauschmittel aufzufassen wäre, wenn diese Beobachtung zutrifft, in letzter Instanz nicht liberaler Ideologie oder epistemologischen Blockaden der Wissenschaft zuzuschreiben, sondern einem starken Bedürfnis, vielleicht sogar einem anthropologisch-kognitiven Zwang, das Geld, das im Übrigen selbst als Tauschmittel nicht nur Werte transportiert, sondern wie punktuell auch immer soziale Beziehungen herstellt, in einem ersten »naiven« Zugriff nicht als soziale Institution zu begreifen, sondern als a-soziales Ding misszuverstehen. Selbst Aristoteles dürfte Opfer dieses Missverständnisses gewesen sein.

Den Substantialismus (in diesem Falle) des Geldes zu überwinden ist offenbar kein leichtes Geschäft. Die Ökonomik selbst hat, als sie sich noch für Werttheorie interessierte, lange mit diesem Problem gerungen.

2. Objektive und subjektive Wertlehre

Die »natürliche« Gesellschaft (nicht unbedingt die Naturgesellschaft, die Gemeinschaften der Frühmenschen, wohl aber die Gesellschaft, wie sie sich den Vorstellungen der liberalen Ökonomik nach typischer-, wenn nicht gar notwendigerweise entwickelt, wenn der Entfaltung der menschlichen Eigenschaften und Neigungen keine äußeren, etwa geographischen oder inneren, wie zum Beispiel politischen, Hindernisse entgegenstehen) ist eine Tausch- oder gar Marktgesellschaft *avant la lettre*. Die Menschen, die diese natürliche Marktgesellschaft bevölkern, sind prinzipiell autonome, vereinzelte oder vielleicht noch zu ihrerseits autonomen und vereinzelten Familien zusammengefasste Individuen, die alle danach trachten, sich nicht allein mit dem Lebensnotwendigen zu versorgen, sondern sich materiell besserzustellen. Sie verfügen allesamt nicht nur über je eigene Talente, sondern ebenso über eine gewisse Grundausstattung mit Ressourcen, die sie individuell nutzen und über die sie individuell verfügen können. Schon aufgrund dieser natürlichen Unterschiede, aber auch und insbesondere wegen der damit verbundenen Vorteile, entwickeln sich die gesellschaftliche Arbeitsteilung und als deren notwendiges Gegenstück der zunächst noch geldlose Güter- oder Warentausch. Die Beziehungen der Individuen oder Haushalte zueinander werden sicherlich auch durch Freundschaft, Sitte und Religion und später dann rechtliche Regeln und politische Institutionen gerahmt; im Kern jedoch sind diese Beziehungen indirekte oder »halbierte« Tauschbeziehungen, insofern ihr Gehalt, ihr Sinn und Zweck, nicht in der Herstellung und in der Pflege der Beziehungen als solcher liegt oder sich auf den jeweiligen Tauschpartner, sondern vielmehr und eigentlich nur auf den Tauschgegenstand oder die Ware richtet. Die natürliche Gesellschaft der liberalen Ökonomik ist mithin eine Gesellschaft der isolierten Warenbesitzer.

Der naheliegende und richtige Einwand, dass es eine solche Gesellschaft historisch nie gegeben hat und selbst heute nicht gibt, ist für die orthodoxe ökonomische Theorie kein Argument, sie nicht gleichwohl als Modell zu verwenden, erstens weil etliche der modernen Gesellschaften zweifellos von Märkten dominiert sind und immer neue, ehedem marktferne Lebensbereiche (wie zum Beispiel die Partnersuche) marktförmig organisiert werden (vgl. Sandel 2012) und zweitens weil Modelle oder Idealtypen nicht verworfen werden müssen, weil sie die Wirklichkeit nicht getreu abbilden, sondern ganz im Gegenteil das Augenmerk auf je besondere, idealisierte Aspekte der Wirklichkeit zu legen und das heißt nicht zuletzt die Entwicklung(slogik) zu rekonstruieren erlauben, der eine Institution wie der Markt folgt oder zum Zwecke seiner Perfektionierung zu folgen hätte (Weber 1904/1988). Und tatsächlich besteht das Geschäft der Ökonomik und nicht erst in jüngerer Zeit auch das namhafter Vertreter der Soziologie sowie der Sozialwissenschaften insgesamt in der Konzeptionalisierung und Erklärung der sozialen Wirklichkeit durch instrumentellen oder »rationalen« Tausch (Robbins 1931/1984; Homans 1961; Becker 1976; Coleman 1994).

Eine Besonderheit einer derartigen Tauschgesellschaft und sicherlich ein wesentlicher Aspekt der von ihr ausgehenden Faszination liegt in ihrer Friedfertigkeit (Hirschman 1982, S. 1464–1466). Der Besitzwechsel von Gütern erfolgt, wenn auch preislich konditioniert, das heißt an die Auf- oder Herausgabe eines

Gegengutes gebunden, so doch freiwillig. Nicht die gewaltsame Inbesitznahme, der Raub, der heimliche Diebstahl oder auch das zumindest vordergründig uneigennützige Geschenk, sondern der Austausch oder, nach Einführung des Geldes, der Kauf bilden den typischen Transaktionsmodus. Zugleich jedoch ist dieser – was leicht übersehen wird – spezifische und außerordentlich voraussetzungsvolle und damit unwahrscheinliche *Transaktions*modus in der ökonomischen Theorie zugleich der einzige oder wenigstens der einzig relevante soziale *Interaktions*modus. Die Individuen oder Subjekte treten zueinander allein durch die Vermittlung von (warenförmigen Tausch-)Objekten oder Dienstleistungen, das heißt zu Quasi-Objekten zugerichteten Handlungen, in Beziehung. Sie interessieren sich nicht füreinander, sondern zunächst einmal und vor allem für die Welt der Dinge. Diese sind es, die den sozialen Zusammenhalt stiften.

Wie aber vollbringen die Dinge diese Leistung? Ist es nicht ebenso wahrscheinlich und zum Beispiel bei streitenden Kindern, gleichrangigen Erben oder scheidenden (Ehe-)Partnern (sofern diese heute tatsächlich noch in derart archaischen Verhältnissen wie einer Gütergemeinschaft leben) immer wieder zu beobachten, dass um Güter heftig gestritten wird? Sind konkurrierende Besitzansprüche und damit, unter Abwesenheit einer Schlichterinstanz, anarchische, latent gewalttätige Verhältnisse nicht sehr viel plausibler als der friedliche – fast ist man geneigt zu sagen: autistische – Tausch? Die zeitgenössische Ökonomik befasst sich nicht mehr mit solchen Fragen. Und auch ein Adam Smith, dessen neben dem *Wohlstand der Nationen* zweites Hauptwerk nicht von ungefähr eine *Theorie der ethischen Gefühle* enthält, setzt, wie gesehen, Menschen im Grunde mit Händlern gleich. Allerdings befassten sich die klassischen Ökonomen, das heißt Smith, David Ricardo und allen voran Marx wie auch die Gründerfiguren der neoklassischen Ökonomik Léon Walras, William Jevons und

Carl Menger anders als die meisten ihrer heutigen Nachfahren noch mit dem Problem des ökonomischen Werts.[6] (Ihre Werttheorie vertritt gewissermaßen ihre fehlende Geldtheorie. Die zeitgenössische Ökonomik hingegen behandelt sowohl Wert- als auch Geldfragen stiefmütterlich.) Und der Wert ist diejenige Kategorie, welche den ökonomischen, den freiwilligen, friedlichen und gerechten Tausch trägt; er ist es, der den Waren- als *Äquivalententausch*, als Austausch zwar verschiedenartiger, dafür jedoch gleichwertiger Dinge von den roheren und edleren, ungleichgewichtigen, asymmetrischen Formen des Tausches, dem Raub oder dem Geschenk, abhebt. Dass auf dem Markt gleiche Werte ausgetauscht werden, ist die Begründung für dessen friedensstiftende Kraft – und zugleich für die Zweitrangigkeit und zumindest theoretische Bedeutungslosigkeit des Geldes.

Was aber ist, was erzeugt einen Wert? Für die klassische Ökonomik ist es die Arbeit, für die neoklassische der Nutzen. Diese Differenz ist es, welche die beiden Schulen scheidet. Auch wenn der Nutzen von einzelnen Autoren bereits vor der Neoklassik als Wertquelle genannt worden ist, so wie es umgekehrt auch heute noch Arbeitswerttheoretiker gibt, ist die Begründung der Ökonomik als Theorie des Austauschs von Nutzwerten das Verdienst beziehungsweise der eigentliche Gehalt der neoklassischen Revolution. Man bezeichnet die Wertlehre der Klassik auch als objektiv, da ihre Vertreter die Werte auf eine objektive Größe, nämlich die in ihnen verkörperte menschliche Arbeit zurückführen. Die Wertlehre der Neoklassik hingegen gilt als subjektiv, da Werte für diese Ausdruck der je individuellen Nutzenschätzung der Tauschakteure und damit im Grunde disparate psychische Entitäten sind. Wir werden sehen, dass dieser Gegensatz so einfach nicht ist, dass Klassik und Neoklassik vielmehr *beide* eine Objektivität der Werte unterstellen und, da sie den Markt, so erstaunlich es klingt, im Prinzip subjektlos konzipieren, auch unterstellen müssen. Und wo es keiner Subjekte bedarf, die handeln, feilschen und »ihren Schnitt« machen wollen, bedarf es auch keines Geldes, auf das sie es abgesehen haben könnten.

In ihrem Kern vorgebildet ist die objektive (Arbeits-)Wertlehre wiederum bei Smith. Dieser unterscheidet zunächst den Gebrauchswert und den Tauschwert einer Sache. Der eine sei Ausdruck ihrer Nützlichkeit, der andere Ausdruck ihrer Fähigkeit, im Tausch ein anderes Gut erwerben zu können, ihre Kaufkraft, wenn man so will. Smith interessiert sich allein für den Tauschwert oder genauer für das richtige Maß für diesen Tauschwert, das heißt für die Frage, »worin der reale Preis aller Güter besteht« (Smith 1776/1978, S. 27). Da Reichtum, so sein zentraler Gedanke, sich daran bemesse, über wie viel über den eigenen Bedarf hinausgehende Arbeit jemand verfüge, sei Arbeit »das wahre oder tatsächliche Maß für den Tauschwert aller Güter« (ebd., S. 28). Dieses zentrale Axiom ist freilich alles anderes als evident. So wird, einmal abgesehen davon, dass Menschen, wenn sie denn tauschen, nicht notwendigerweise Arbeitsleistungen oder -produkte tauschen, bekanntlich längst nicht alle Arbeit nachgefragt. Arbeit als solche erzeugt mithin nicht zwangsläufig Werte. Auch die Annahme, dass Menschen Eigentümer ihrer Arbeitsprodukte seien, erscheint uns vielleicht zwar wünschenswert, ist aber alles andere als selbstverständlich. Das gilt für Arbeitnehmer in modernen Rechtsstaaten nicht minder als für die rechtlich und politisch Unfreien früherer Gesellschaften. Gleichwohl kann man Smith darin folgen, dass mit zunehmender Arbeitsteilung zunehmend eigene Arbeitsprodukte an Dritte veräußert und fremde Arbeitsprodukte von diesen bezogen werden müssen. Wenn dieser Austausch, so notwendig er ist, sich im Prinzip freiwillig, auf Basis einer wechselseitigen Einigung oder mehr noch aufgrund eines Einverständnisses vollzieht, dann Smith zufolge deshalb, weil die Tauscher gleiche Arbeitsmengen tauschen.

»Auf der untersten Entwicklungsstufe eines Landes [...] ist das Verhältnis zwischen den Mengen Arbeit, die man einsetzen muß, um einzelne Gegenstände zu erlangen, offenbar der einzige Anhaltspunkt, um eine Regel für deren gegenseitigen Austausch ableiten zu können. Bedarf es beispielsweise in einem Jägervolk gewöhnlich doppelt so vieler Arbeit, einen Biber zu töten, als einen Hirsch zu erlegen, sollte natürlich im Tausch ein Biber zwei Hirsche wert sein. Es ist dann nur selbstverständlich, daß der übliche Ertrag der Arbeit von zwei Tagen oder zwei Stunden doppelt soviel wert sein sollte als der übliche eines Tages oder einer Stunde« (ebd., S. 42).

Eine Regel, mit deren Hilfe abzuschätzen ist, in welchen Proportionen Arbeitsprodukte getauscht werden sollen, ist natürlich etwas Anderes als die ontologische Aussage, dass alle Tauschwerte auf menschliche Arbeit reduziert werden können. Doch offenbar ist Smith der Ansicht, dass die Menschen bereits oder vielmehr gerade in wirtschaftlich wenig entwickelten Verhältnissen sehr leicht erkennen, dass die Arbeit die Quelle aller Werte sei, und darum auf die Regel verfallen, sich beim Austausch ihrer Produkte an den in diesen enthaltenen Arbeitsquanta als Quasipreisen zu orientieren. Er räumt ein, dass eine solche Abschätzung in ökonomisch entwickelteren Verhältnissen nicht immer einfach ist (ebd., S. 29), sei es, weil die Produktionsprozesse vielgliedrig und verschachtelt sind und von den Käufern eines Produkts zumeist gar nicht überschaut werden können, sei es, weil unterschiedliche Qualitäten von Arbeit, körperliche und geistige, anstrengende und leichte, voraussetzungsvolle und repetitive Tätigkeiten, miteinander verglichen und vor allem – im Prinzip geldlos! – verrechnet werden müssen. Diese Unwägbarkeiten und selbst strukturelle Faktoren wie die natürlich auch Smith schon bekannten Schwankungen im Angebot oder in der

Nachfrage eines Produkts oder die Existenz von Monopolen führten zwar dazu, dass der tatsächliche Marktpreis einer Ware von ihrem wahren oder natürlichen Preis abweiche (ebd., S. 48–56), der Umstand jedoch, dass die Arbeit die eigentliche Quelle sei, aus welcher alle wirtschaftlichen Werte entspringen, führe dazu, dass der Marktpreis einer Ware sich unweigerlich seinem wahren Arbeitswert anpasse. Bereits bei Smith gibt es also so etwas wie die Vorstellung eines wirtschaftlichen Gleichgewichts, vor allem aber – und das ist entscheidend – die Annahme, dass es Regeln oder gar Gesetze gebe, nach denen der Tausch sich letztlich unabhängig von den konkreten Wünschen und vor allem unabhängig von den stets möglichen »Preisirrtümern« der Tauschakteure vollziehe. Regulativ der Marktprozesse sei der objektive Wert der Waren.

Weiterentwickelt findet sich die Arbeitswerttheorie bei Ricardo und Marx. Schumpeter (1954/2009, S. 770) zufolge ist Marxens Arbeitswerttheorie »vielleicht die einzige, die jemals gründlich durchkonstruiert wurde«. Auch wenn die etlichen Regalmeter Text, die ihrer Exegese gewidmet worden sind, Zweifel daran aufkommen lassen, ob die Konstruktion tragfähig ist, steht außer Frage, dass Marx ausspricht und mit der ihm eigenen Konsequenz durchdekliniert, was es heißt, den Tausch – der an sich für ihn übrigens ebenso wenig ein Problem oder auch nur ein interessantes Phänomen darstellt wie für Smith oder die Ökonomik überhaupt – an eine objektive Wertlehre zu heften. Auf die Frage, was die Gleichung »1 Quarter Weizen = a Ztr. Eisen« bedeute, antwortet er, »daß ein Gemeinsames von derselben Größe in zwei verschiedenen Dingen existiert« (Marx 1867/1982, S. 51). Dieses Gemeinsame sei keine natürliche, den Dingen als solchen zukommende Eigenschaft, sondern, wie er der »Erfahrung«, wenn auch nicht einer wenig, sondern ganz im Gegenteil »vollständig entwickelten Warenproduktion« entnehmen zu können meint (ebd., S. 89), »abstrakt menschliche Arbeit« (ebd., S. 52). Zwar gehe konkret menschliche Arbeit in die Erzeugung einer jeden Ware ein, das ihnen Gemeinsame sei jedoch nicht, Produkt dieser oder jener speziellen Tätigkeit zu sein, sondern der Umstand, dass die »wertbildende Substanz« Arbeit als solche in einem »gesellschaftlich durchschnittlichen« Umfang in sie eingeflossen sei (ebd., S. 53).

Der Wert ist für Marx daher eine zugleich objektive wie gesellschaftlich bestimmte Kategorie: Objektiv existiert der Wert als Kristallisation menschlicher Arbeit, gesellschaftlich bestimmt ist er in seiner historisch-kulturell variablen Größe. Er ist, auch wenn es selbstredend der konkreten Arbeit eines einzelnen Produzenten bedarf, Ausdruck nicht nur dieses isolierten Produktionsvorgangs, sondern immer auch der gesamtgesellschaftlichen Produktionsverhältnisse. Die (Geld-)Preise, zu denen die Waren schließlich auf dem Markt gehandelt werden, können (und dürften) nicht anders als bei Smith über die wahren Werte täuschen – bei allen (Transformationsproblem genannten) Erklärungslasten, welche die Theorie sich damit aufbürdet (Bortkiewicz 1906-07/1976; Heinrich 1991, S. 214–222). In letzter Instanz sei es das »Wertgesetz« der Warenproduktion, welches das Marktgeschehen bestimme. Für Marx ist »offenbar, daß nicht der Austausch die Wertgröße der Ware, sondern umgekehrt die Wertgröße der Ware ihre Austauschverhältnisse reguliert« (Marx 1867/1982, S. 78). Der Tausch ist für die Größenbestimmung des Wertes sekundär; die Tauschenden exekutieren nur, was sich hinter ihrem Rücken »als regelndes Naturgesetz gewaltsam durchsetzt« (ebd., S. 89). Zwar weiß selbstverständlich auch Marx darum, dass die Waren »nicht selbst zu Markte gehn« (ebd., S. 99) können, es also des Tauschs und damit sozialen Handelns und mehr noch bestimmter gesellschaftlicher Verhältnisse bedarf, in denen Privateigentümer einander gegenüberstehen, damit (Tausch-)Werte in Erscheinung treten; jene Verhältnisse jedoch erzwängen den Warentausch und verhülfen dem Wertgesetz damit zur Geltung. Die Preise und allgemeiner das Geld sind auch für Marx nur ein *Schleier*, welcher die gerade ihn empörende Wahrheit verdeckt, dass die Beziehung der Menschen zueinander in einer Gesellschaft der Privateigentümer als Beziehung zu Dingen, die der Waren zueinander hingegen als lebhaft erscheint (ebd., S. 86).

Die subjektive Wertlehre der Neoklassik, die sich, beispielhaft für einen wissenschaftlichen Paradigmenwechsel, im letzten Drittel des 19. Jahrhunderts aufgrund der Adaption der Ökonomik an einen neuen physikalischen Kraftbegriff sehr schnell durchsetzt (Mirowski 1989), scheint mit der Vorstellung der Klassiker einer qua Objektivität der wirtschaftlichen Werte vorgängigen Vergesellschaftung der Marktsubjekte zu brechen. Werte, so das gemeinsame Credo der Innovateure Jevons, Menger, Walras und anderer, sind keine objektiven, durch menschliche Arbeit hervorgebrachten Werte, sondern subjektive, je individuelle Wertschätzungen der einzelnen Wirtschaftssubjekte. Geschätzt wird von diesen der je individuelle Nutzen, den ihnen der Besitz oder Konsum eines bestimmten Gutes verschafft. Nutzen kann dabei so verschiedene Erlebnisqualitäten wie sinnlichen Genuss, moralische Erbauung oder instrumentellen Gebrauch bezeichnen. Was Ego nützt, muss Alter indes nicht oder wenigstens nicht im selben Maße nützen. Nur deswegen kommt es ja überhaupt zum Tausch. Ego verfügt über ein Gut, das er weniger schätzt als Alter, der wiederum etwas besitzt, was Ego gerne besäße. Im Tausch scheint sich also die Verwandlung der subjektiven Wertschätzungen in einen nicht an sich objektiven Preis, wohl aber in eine für diesen einen Tauschakt gültige Tauschrelation oder, noch einmal anders ausgedrückt, die Anpassung der je unterschiedlichen Wertschätzungen aneinander und schließlich ihre bloß punktuelle Objektivierung zu vollziehen. Das Problem ist nur, dass mit Ausnahme Mengers keiner der Autoren – und auch Menger nur unzureichend (Brodbeck 2009, S. 658–666) – den Tausch analysiert, das heißt sich der Frage stellt, wie die Tauschakteure sich tatsächlich über die Quantitäten der zu tauschenden Güter und, wenn schon nicht über deren objektive Äquivalenz, so doch über die Gerechtigkeit ihres Tauschs verständigen. Sie lösen oder vielmehr umgehen dieses Problem, indem sie alle de facto die Existenz eines Rechengeldes unterstellen, obwohl sie den Tausch und allgemeiner den Markt an sich geldlos fassen. *Ex negativo* zeigen sie damit, was nicht nur ihnen, sondern den meisten orthodoxen Ökonomen bis heute zumindest konzeptionell unrichtig erscheint: dass das Geld eben nicht ein Produkt des sich entwickelnden Marktes darstellt, sondern diesem vorausgeht.

Am besten lassen sich dieses tauschtheoretische Scheitern der Neoklassik und ihr damit verbundener heimlicher Objektivismus am Beispiel der Theorie Léon Walras' erläutern (Orléan 2011, S. 57–72). Wie die liberale Ökonomik überhaupt setzt auch dieser bereits vergesellschaftete Individuen voraus, deren »Inter«-Aktionen mit Dritten sich nicht nur allein auf dem Wege des friedlichen Austauschs von Gütern vollziehen – »Schlagt Euch nicht! Hört auf zu streiten! Einigt Euch, wer was bekommt. Später könnt Ihr ja tauschen.« –, sondern die darüber hinaus bestimmte Regeln der libidinösen Buchführung verinnerlicht haben beziehungsweise diesen folgen, weil sie vermeintlich nichts als die menschliche Natur beschreiben. Gemeint sind mit diesen Regeln die sogenannten Gossen'schen Gesetze des abnehmenden Grenznutzens und des Grenznutzenausgleichs (Gossen 1889). Dass der (Grenz-)Nutzen eines Gutes abnimmt, bedeutet, dass ein Mehr an diesem Gut zwar die Befriedigung erhöht, diese jedoch nicht linear steigt, sondern mit jeder weiteren Einheit geringer ausfällt: Ab einem gewissen Punkt schmeckt auch die Lieblingsspeise nicht mehr. Man ist einfach satt. Eben dann ist der Grenznutzen erreicht. Da Menschen indes nicht nur ein, sondern mehrere Bedürfnisse haben, deren Befriedigung gleichermaßen dem Gesetz des abnehmenden Grenznutzens unterliegt, wird ein Marktsubjekt, willige und entsprechend bemittelte Tauschpartner vorausgesetzt, so lange mit diesen tauschen, bis ihm ein Mehr eines beliebigen (Konsum-)Gutes nicht mehr Befriedigung verschafft, als ihm sein Warenkorb, so wie er jetzt gefüllt ist, ohnehin verspricht. Eben dieser dem tatsächlichen Tausch vorauslaufende innere Abwägungsprozess wird als Grenznutzenausgleich bezeichnet. Entscheidend ist, dass die Marktsubjekte und ihre jeweiligen Präferenzen als gegeben und voneinander unabhängig konzipiert werden. Noch bevor sie auf dem Markt erscheinen, wissen sie, was und wie viel davon sie wollen. Sie lassen sich nicht davon beeinflussen, was Andere erstehen. Und sie sind bereit und fähig, das, was auf ihrem Einkaufszettel steht, dann aber teurer oder gar nicht erhältlich ist, durch andere, unter dem Strich denselben Nutzen in Aussicht stellende Waren zu substituieren. Nur unter dieser doppelten Voraussetzung, einerseits nur fair tauschen zu wollen und sich andererseits in seinen Wünschen und Möglichkeiten nicht durch Andere beirren zu lassen, nur unter der Voraussetzung zugleich über- und untersozialisierter, das heißt artiger und leidenschaftsloser Individuen ist Walras und in seinem Gefolge die ganze ökonomische Gleichgewichtstheorie in der Lage, den Markt als eine Instanz zu modellieren, um »das größte Glück der größten Zahl« (Jeremy Bentham) zu realisieren.

Genauer gesagt, als »eine Mechanik« (Walras 1922, S. 61), denn der Markt ist bei Walras kein Forum, auf dem angepriesen und gelärmt, verführt und getrickst, geknausert und rabattiert wird, sondern eher ein einem Rechenzentrum nachgelagerter Umschlagplatz. Das Marktgeschehen bei Walras ist ein stummer

Handel. Nicht etwa interagieren die einzelnen Akteure miteinander, geschweige denn, dass sie miteinander kommunizierten, vielmehr sammelt ein seinerseits im Übrigen ganz wider die liberale Anthropologie an seiner Nutzenmaximierung desinteressierter Auktionator deren Tauschwünsche – »Biete einen Zentner Kartoffeln, suche 20 Bogen Papier!«; »Tausche fünf Paar Socken gegen ein Ster Brennholz!« ... –, die er in Einklang bringt, indem er die Marktteilnehmer so lange zur Reformulierung ihrer Wünsche und Preisvorstellungen auffordert, bis sich ein »paretooptimales« Gleichungssystem ergibt, dessen Realisierung jeden besser- und niemanden schlechterstellt, als wenn gar nicht getauscht würde.[7] Die Preise, das heißt die Tauschrelationen, zu denen auf Anweisung des Auktionators schließlich getauscht wird, sind zwar ein Derivat der zunächst subjektiven Wertsetzungen der Akteure, treten diesen nun allerdings als objektive Daten gegenüber. Der Wert wird damit nicht anders als bei den Klassikern zu einem natürlichen Phänomen.

> »Ob und unter welchen Bedingungen ein Ding mir nützlich, ob und unter welchen Bedingungen es ein Gut, ob und unter welchen Bedingungen es ein wirthschaftliches Gut ist, ob und unter welchen Bedingungen dasselbe Werth für mich hat, und wie gross das Mass dieses Werthes für mich ist, ob und unter welchen Bedingungen ein ökonomischer Austausch von Gütern zwischen zwei wirthschaftenden Subjecten statthaben, und die Grenzen, innerhalb welcher die Preisbildung hiebei erfolgen kann u.s.f., all' dies ist von meinem Willen ebenso unabhängig, wie ein Gesetz der Chemie von dem Willen des practischen Chemikers« (Menger 1871, S. VIII).

Der wirtschaftliche und, sofern die natürliche Gesellschaft eine Marktgesellschaft ist, soziale Zusammenhang ist sichergestellt, weil die Preisbildung, die Verwandlung der Werte in Preise, die dem Austausch der Güter vorhergeht und ihn ermöglicht, sich trotz der an sich subjektiven Natur des Wertes vielleicht weniger hinter dem Rücken als vielmehr auch gegen den Willen der Subjekte vollzieht.

Selbst wenn es einen Auktionator gäbe, der die Gleichgewichtspreise der Waren errechnet, bevor sie gezahlt und die Waren getauscht werden, bedürfte dieser, damit er überhaupt Preise berechnen kann, wie Walras (1922, S. 61) freimütig einräumt, eines Rechengeldes. Ein solches ist allerdings etwas Anderes als das von Menger postulierte Tauschmittel. Bei Walras genügt es, dass die Marktteilnehmer über Verrechnungskonten verfügen; selber müssen sie das Geld nicht in die Hand nehmen. Bei Menger ergibt die Rechen- beziehungsweise Wertstandardfunktion sich ebenso zwangsläufig wie zwanglos aus der vermeintlich primären Tauschmittelfunktion des Geldes. Ein solcher Schritt ist indes alles andere als plausibel. Erstens nämlich setzt die Entdeckung von Geld zur Erleichterung des Handels bereits einen entwickelten, vielseitigen Handel voraus, den es ohne Geld überhaupt nicht gäbe. Zweitens wird ein Marktteilnehmer, der es eigentlich auf eine ganz bestimmte Ware abgesehen hat, ein Zwischentauschgut, dessen er im Grunde gar nicht bedarf, nur dann akzeptieren, wenn er weiß oder wenigstens erwarten darf, dass Andere dies auch tun. Die marktgängigste Ware müsste also zugleich diejenige sein, deren Besitz für alle mehr oder weniger bedeutungslos ist. Und drittens ist, wie Walras, wenn auch unfreiwillig aufzeigt, die innerpsychische Operation des Grenznutzenausgleichs ohne Geld ebenso wenig möglich wie ein markträumender Austausch aller mit allen. Das aber heißt, die Geldrechnung geht dem Markttausch immer schon voraus. Der Wert hingegen kann es nicht sein, der ihn trägt.

3. Der unwahrscheinliche Tausch

Keine Theorie – auch eine konstruktivistische nicht – kommt ohne Annahmen über die Natur des Menschen aus (Hahn 2004; Bröckling 2013). Es ist jedoch nicht zwingend, mit dem *homo oeconomicus*, dem autonomen, zwar an Konsumgütern und darum an der Eigenproduktion und dem Gütertausch interessierten, sich darüber hinaus im Grunde jedoch selbst genügenden Individuum zu beginnen. Und es bedarf nicht notwendigerweise der Voraussetzung einer in den Tauschgütern verborgenen, im Tausch umgeschlagenen Wertsubstanz, um das Geld zu begreifen oder überhaupt nur von Werten zu sprechen. Selbst Marx, der irrigerweise meinte, dass im Tauschwert aller Waren menschliche Arbeitskraft stecke, sah sehr wohl, dass diese vermeintliche Wertsubstanz etwas Anderes ist als die bloße Wertform, das heißt der Umstand, dass im Tausch unterschiedliche Arbeiten oder, wenn man berücksichtigt, dass eben nicht nur Arbeitsprodukte getauscht werden, einfach nur Unterschiedliches einander gleichgesetzt wird. Es ist die mimetische Theorie des Geldes, die beide Probleme, den zumindest methodologischen, zumeist jedoch auch ontologischen Individualismus der Ökonomik und den Objektivismus der Werte, in einem Streich zu umgehen versucht und die Tauschtheorie des Geldes durch eine monetäre Theorie des Tausches ersetzt (Aglietta/Orléan 1982; 2002; Orléan 2011).

Ausgangspunkt der mimetischen Theorie des Geldes ist die von René Girard (1983; 1987) ausgearbeitete Theorie des mimetischen Begehrens.[8] Auch diese beginnt mit bedürftigen respektive begehrenden Subjekten, nur geht sie davon aus, dass die Subjekte nicht autonom sind, das heißt nicht wissen oder vielmehr nicht in der Lage sind, ihre Bedürfnisse unabhängig voneinander zu bestimmen. Der grundlegende Akt der Orientierung ist für Girard darum die Nachahmung, auf Griechisch: die Mimesis.

Es gibt etliche Phänomene, die eine solche Betrachtung plausibel machen: Bei kleineren, gemeinsam oder nebeneinander spielenden Kindern lässt sich immer wieder beobachten, dass es nicht die Spielzeuge oder Gegenstände an sich sind, welche die besondere Aufmerksamkeit der Kinder auf sich ziehen, sondern vielmehr diejenigen, die sich gerade in der Hand eines anderen Kindes befinden. Lässt der momentane Besitzer eines Spielzeugs dieses nach einer Weile einfach liegen, tut er dies zumeist gerade dann nicht, wenn ein Konkurrent Ansprüche auf dasselbe Spielzeug geltend macht. Andere, ähnliche Beispiele finden sich in der Welt der Liebe. Begehrenswert ist oder wird die Geliebte gerade dann, wenn Dritte gleichfalls um sie werben. Die Eifersucht ist in diesem Falle kein defizienter Modus, sondern vielmehr Ansporn der Liebe. Ironisch zugespitzt findet sich diese Konstellation in Dostojewskis Erzählung *Der ewige Gatte*. Der Autor berichtet darin von einem Mann, der seine ihm untreue Gattin verliert und kurz darauf erneut auf Brautschau geht. Doch als Probe darauf, ob die Neuerwählte es tatsächlich wert sei, geheiratet zu werden, versucht der Gatte, den letzten Liebhaber seiner verstorbenen Frau für die Neue zu interessieren. Nur wenn jener sich in diese verliebe, so lässt Dostojewski seinen Protagonisten rechnen, wolle er die Ehe wagen. Auch Moden lassen sich auf diese Weise erklären. Modisch werden beispielsweise Kleidungsstücke und -stile nicht, weil sie irgendwie besser wären als das, was man nur kurze Zeit vorher getragen hat, sondern weil man einem Trend folgt, weil man Leute imitiert, von denen man annimmt, sie hätten Stil oder verstünden es, mit ihrer Kleidung ein bestimmtes Lebensgefühl, eine bestimmte Haltung auszudrücken. Schon Moden sind ein auch wirtschaftlich relevantes Geschehen, ökonomisch weitaus folgenreicher noch aber zeigt sich die Abhängigkeit des Urteils und vor allem des Entscheidungsverhaltens der Einen vom Verhalten der Anderen auf Finanzmärkten (vgl. Kap. III/2). Zwar gibt es auch mit den neoklassischen Grundannahmen kompatible oder wenigstens mit diesen kompatibel gemachte finanzwirtschaftliche Theorien, welche das bisweilen außerordentlich sprunghafte Börsengeschehen erklären (Shiller 1999), im Grunde jedoch widerspricht es der neoklassischen Gleichgewichtstheorie, dass, wie es für eine Hausse typisch ist, steigende Preise eine steigende Nachfrage auslösen oder, wie in einer Baisse, fallende Preise bis auf Weiteres keinen Boden finden. Ein auf den eigenen Grenznutzenausgleich bedachter ökonomischer Akteur ließe sich in seiner Bewertung der von ihm gehaltenen Güterbündel – und sei es ein Portfolio von Finanzmarkttiteln – nicht durch die Handlungen Dritter irritieren.

Anders der von Girard postulierte *homo imitans*. Dieser gelangt nur unter besonderen Bedingungen zu einem unabhängigen Urteil, das heißt einem Urteil, das sehr wahrscheinlich zwar von dem Urteil anderer abhängt, seinerseits aber nicht auf das Urteil dieser anderen zurückwirkt. Die Mimesis oder die Imitation der Entscheidungen und allgemeiner des Begehrens der Anderen ist für die mimetische Theorie die grundlegende Konstellation, die von der neoklassischen Theorie unterstellte wechselseitige Indifferenz der Akteure, ihr vermeintliches Interesse nur an den Dingen, nicht aber daran, was diese den Anderen bedeuten, hingegen ein abgeleiteter Fall, der eintritt, wenn ihre prinzipielle Orientierung aneinander durch eine gemeinsame Orientierung an einem Dritten überlagert wird. Es scheint, als wollten und könnten unter idealen markwirtschaftlichen Bedingungen alle ihre je eigenen Bedürfnisse verfolgen und, wenn nicht gänzlich befriedigen, so doch zum bestmöglichen Ausgleich bringen, weil alle gelernt haben, ihre Bedürfnisse in der Sprache des Geldes zu artikulieren. Das Geld ist mithin eine – freilich vorläufige und prinzipiell prekäre – Lösung des Koordinationsproblems unselbständiger, weil aneinander orientierter und aufeinander verwiesener Subjekte und zugleich die Überwindung des Wertproblems.

Für Girard kennzeichnet es das spezifisch menschliche Begehren im Unterschied zu den Bedürfnissen der übrigen Lebewesen, dass es weitgehend unspezifisch, das heißt weder auf besondere Ziele noch auf je konkrete Mittel zu seiner Befriedigung festgelegt ist. Sicher haben Menschen ein Bedürfnis nach Nahrung, Kleidung, Behausung und vielleicht auch Sexualität. Was er jedoch isst, wie er sich kleidet und wohnt, ob und mit wem er sich paart, ist von Natur aus weitgehend unbestimmt und darum hochgradig variabel. Diese Unbestimmtheit und Offenheit gilt erst recht für alles, was über die Primärbedürfnisse hinausgeht. Tatsächlich sind es soziale Maßstäbe, an denen wir uns orientieren, die uns nicht nur vermitteln, was gut und was schlecht, was erlaubt und was verboten ist, sondern grundlegender noch, was überhaupt gilt, in was für einer Welt wir eigentlich leben. Und zur Vermittlung dieser Maßstäbe bedarf es nicht nur und vielleicht nicht einmal in erster Linie der Erziehung, der Beugung des kindlichen Willens unter die elterlichen und gesellschaftlichen Vorgaben. Ebenso, wenn nicht vor allem, orientiert sich zunächst das Kind, aber auch und immer noch der erwachsene Mensch an dem, was Andere tun. Anders als auch und gerade durch Imitation wäre das Leben nicht zu meistern. Die menschliche Mimesis zielt indes von Anbeginn nicht allein auf bestimmte Verhaltensweisen und Fähigkeiten, sondern ebenso auf die Anerkennung der Anderen, die ohne Weiteres zu den Primärbedürfnissen gerechnet werden darf. Das menschliche Begehren ist darum immer auch und wesentlich die Imitation des Begehrens der Anderen. Das Begehren richtet sich durchaus auch auf Objekte, die ihren Wert jedoch nicht dadurch erhalten, dass sie selten oder ein Produkt menschlicher Arbeit sind oder bestimmte Bedürfnisse befriedigen, sondern dadurch, dass ein »signifikanter Anderer« (George Herbert Mead) sie bereits hat oder auch nur begehrt.

Mag es zwischen den Generationen, im Verhältnis von Eltern und Kindern meist eindeutig sein, wer sich an wem orientiert, die Situation verkompliziert sich, sobald wir es mit gleichberechtigten oder gleichermaßen anerkennungs- und orientierungsbedürftigen Subjekten zu tun haben. Denn nun gilt nicht allein, dass Ego Alters Begehren beziehungsweise von Alter bereits qua Habe als begehrenswert ausgezeichnete Objekte begehrt, sondern genauso, dass Alter Egos Begehren beziehungsweise Egos Besitztümer begehrt. Formal ähnelt diese Situation derjenigen der von Parsons (Parsons/Shils 1951) und Luhmann (1984, S. 148–190) so bezeichneten doppelten Kontingenz, in der Ego das, was er tut, davon abhängig macht, was Alter unternimmt, und umgekehrt und darum zunächst einmal, bis irgendein Verhalten eines der beiden Akteure von dem je Anderen als intentionaler Akt gewertet und zum Anlass einer Reaktion gemacht wird, nichts passiert.

Der Unterschied der girardianischen »Stunde Null« des Sozialen zur Situation der doppelten Kontingenz liegt darin, dass sich die Akteure in dem Maße, in dem sie füreinander zugleich Vorbilder und Rivalen werden – Vorbilder, weil sie einander imitieren, Rivalen, weil sie besitzen, was der je Andere begehrt –, in einen Kampf auf Leben und Tod verstricken: Ego versucht, sich der Habe Alters zu bemächtigen, die Alter ihm vielleicht sogar bereitwillig überlassen hätte, wenn Alter, eben weil Ego sie begehrt, sie nun nicht unbedingt selbst behalten wollte. Der Widerstand, den Alter darum dem Zugriff Egos entgegensetzt, bestätigt Ego freilich darin, dass das vom ihm begehrte Objekt begehrenswert ist. Für Girard besteht die Gefahr, dass dieses (hier nur einseitig dargestellte, im Grunde jedoch spiegelbildlich auch aus der Warte Alters darzustellende) mimetische Konkurrenzverhältnis in eine Situation der entfesselten Gewalt umschlägt. Der Tausch, welcher der Eskalation vorbauen könnte, indem Ego bekommt, was Alter besitzt, und umgekehrt, ist dieser Logik zufolge unwahrscheinlich, wenn nicht unmöglich, weil es Ego im Grunde gar nicht auf Alters Habe, sondern auf Alters Anerkennung ankommt, die jedoch entfällt, wenn Alter seinen Besitz widerstandlos aufgibt. Man muss vielleicht nicht so weit gehen wie Girard, der die mimetische Krise unweigerlich auf eine gewaltsame Konfrontation, wenn man so will, auf einen Krieg aller *um* alle, zulaufen lässt. Sofern man jedoch die Interdependenz des Begehrens in Rechnung stellt, anstatt den Menschen (neo-) klassisch als *homo oeconomicus*, das heißt als a-soziale, nur an den Dingen, nicht aber an der Anerkennung seiner Mitmenschen interessierte Monade aufzufassen, dürfte plausibel werden, dass der Waren- oder Gütertausch nicht selbstverständlich ist und keinesfalls die grundlegende, allen Menschen immer schon geläufige Form der Interaktion darstellt.

Der Gewaltexzess, wenn es ihn gibt, ist Girard zufolge nun allerdings nicht nur der Gipfel der mimetischen Krise, sondern er bereitet zugleich ihrer Lösung oder zumindest zeitweiligen Überwindung das Feld. Wiederum der im Grunde versehentlichen, beiläufigen Auflösung der Situation der doppelten Kontingenz ähnlich, wird nämlich gerade dann, wenn die Gewalt sich verallgemeinert und damit grundlos geworden ist, jede a priori beliebige, weshalb auch immer als Abweichung wahrgenommene oder bezeichnete Abweichung eines Einzelnen zur Gelegenheit, dass der Zorn des Kollektivs sich auf eben diese Abweichung richtet, die Gruppe oder wenigstens eine Mehrzahl von Akteuren ihren Träger verfolgt und schließlich gemeinschaftlich tötet.

Nichts garantiert, dass eine derartige gemeinschaftliche Tötung eines an sich unschuldigen Opfers der Raserei Einhalt gebietet. Möglich aber ist es, wenn der Mord die Mörder erschöpft, die vorläufige Ruhe nicht der Erschöpfung, sondern der »Rechtmäßigkeit« der Tat zugeschrieben und darüber hinaus die vermeintliche oder vordergründige Andersartigkeit des Opfers in den eigentlichen Grund für die mimetische Krise umgedeutet werden kann. Der Sündenbock-»Mechanismus« ist es, der Girard zufolge die mimetische Krise löst und zudem die Gründungsszene aller Religion darstellt. Denn das Opfer wird nicht nur für den Unfrieden verantwortlich gemacht, nicht nur dämonisiert, sondern, insofern der gemeinsame und deshalb von niemandem individuell zu verantwortende Mord den gesellschaftlichen Frieden tatsächlich wiederherstellt, gleichzeitig divinisiert. Die gewissenlose, weil gemeinsame Ermordung eines unschuldigen Menschen, welche die aus dem Spiegelspiel des Begehrens herrührende Gewalt zumindest unterbricht, wird damit zur Geburtsstunde des Heiligen und der Götter. Am Anfang aller Religion steht für Girard – und nicht nur für ihn, ähnlich argumentieren Walter Burkert (1972) oder Christoph Türcke (2015) – das Menschenopfer, und das religiöse Opferritual wiederholt diesen Mord an unschuldigen Menschen; es spielt ihn nach, es inszeniert ihn, religionsgeschichtlich sehr oft und sehr bald, wie zum Beispiel im christlichen Abendmahl, zur nur noch symbolischen Handlung sublimiert, um seiner sozialen Realisierung zuvorzukommen.

Religion ist der mimetischen Theorie nach also der alles in allem erfolgreiche Versuch, die Abgründe der Nachahmung durch rituelle Nachahmung zu zähmen. Das Opfer, der rituelle »Ausschluss« eines Menschen oder später eines nicht-menschlichen Stellvertreters aus der Gemeinschaft, ist für Girard die Urszene aller Kultur und das heißt aller späteren, nicht mehr oder wenigstens nicht mehr nur religiösen sozialen Institutionen. Das frühe sakrale Königtum beispielsweise entstehe, weil es einem ausgewählten Opfer (*victime*) gelinge, den Zeitpunkt der Opferzeremonie (*sacrifice*) hinauszuzögern und seine sicher erwartete, friedenstiftende Divinisierung in diesseitige Macht umzusetzen (Girard 1983, S. 56–61). Wir brauchen diese kulturtheoretische These und vor allem ihre empirische Triftigkeit hier nicht weiter zu verfolgen, sondern können uns vorerst, das heißt bevor wir uns im nächsten Kapitel der Vorgeschichte des Geldes zuwenden, damit begnügen, zum Abschluss dieses Abschnitts zu skizzieren, wie sich das mimetische Model, die Hypothese eines sich intersubjektiv konstituierenden Begehrens und seiner unvermeidlichen Mediation, auch und gerade geldtheoretisch fruchtbar machen lässt.

Aus Warte der mimetischen Theorie ist der Güteraustausch autonomer Marktsubjekte nicht etwa das primäre Datum, aus dem sich alles Weitere ableiten ließe, sondern ganz im Gegenteil ein im Grunde unwahrscheinliches und darum allererst zu erklärendes Phänomen. Und so wie das Opfer als Zentralinstitution der Religion Gesellschaft begründet, ermöglicht erst das Geld den Markt. Wenn, wie es die mimetische Theorie postuliert, Güter überhaupt oder wenigstens zunächst einmal nicht ihrer Nützlichkeit wegen erworben werden, sondern weil man sich vom Besitz dieser Güter Anerkennung verspricht, dieses »Kalkül« jedoch alle umtreibt und der friedliche, einverständliche Tausch darum nicht stattfindet, eben weil ein Gut freiwillig herzugeben, es zu entwerten, ein Gut hingegen warum auch immer in Besitz zu nehmen, es für andere als begehrenswert auszuzeichnen hieße, wäre der ursprüngliche Warentausch, wenn es ihn gäbe, so etwas wie umgedrehtes und zugleich endloses Schwarzer-Peter-Spiel: umgedreht, weil es nicht darum ginge, den Anderen die faule Karte anzudrehen, sondern vielmehr den einen Joker zu finden; endlos, weil der Schwarze Peter im Blatt gar nicht vorkäme. Die Tauscher wären auf der Suche nach einer Ware, die ihnen nicht die Befriedigung bestimmter materieller Bedürfnisse, sondern die Erfüllung ihres Begehrens verspricht, das heißt einer Sache, deren einzigartiger Wert darin bestünde, von allen begehrt zu werden. Eine solche Sache gibt es »natürlich«: Es ist das Geld. Es ist, ganz unabhängig davon, woraus es besteht oder gemacht ist, ein Zeichen für Kaufkraft an sich, für den jederzeit möglichen Erwerb beliebiger Güter und darum der Inbegriff von Reichtum. Das oder vielmehr die Begehren, welche sich geldlos wechselseitig blockieren, werden durch das Geld soweit ab- oder umgelenkt, dass der Tausch, in dem es nicht mehr um den, wenn nicht unmöglichen, so doch unwahrscheinlichen Austausch von Dingen wechselseitigen Bedarfs, sondern, wie umwegig auch immer, um den gleichsinnigen Erwerb von Geld geht, stattfinden kann.

Die Frage lautet natürlich, wie das Geld ins Spiel kommt oder genauer, woher es kommt, damit das (Markt-)Spiel anhebt. Es fällt schließlich nicht wie Manna vom Himmel. Liefert die mimetische Theorie des Geldes also nur eine dramatischere, mit schwarzer Anthropologie und religiösem Zauber aufgeladene Variante der Menger'schen Geldentstehungstheorie, der zufolge sich das Geld »tatsächlich natürlich«, nämlich als marktgängigste Ware sukzessive durchsetzt? Indes, auch für die mimetische Theorie des Geldes fällt dieses empirisch zwar nicht wie Manna vom Himmel, sehr wohl aber tritt es konzeptionell von außen an die Tauscher respektive die eben noch nicht tauschenden, sondern nur erst mimetisch begehrenden Subjekte heran. Über die konkrete Herkunft und Beschaffenheit des Geldes macht die mimetische Theorie keine eindeutige Aussage, weil es weder einen eindeutigen Pfad der Geldentstehung noch bestimmte oder gar notwendige Eigenschaften eines ursprünglichen oder idealen Geldstoffs gibt. Dass das Geld von außen an die Subjekte herantritt, schließt nicht aus, dass aus dem Spiegelspiel des Begehrens, der gerade auf dem Niveau an sich bekannter, schon einmal entwickelter komplexer Tauschverhältnisse durchaus panischen Suche der Akteure nach einem Haltepunkt, ein neues Geld hervorgehen kann, auf das sich aller Aufmerksamkeit richtet, eben weil es aus dem Kreis der gewöhnlichen Waren ausgeschlossen wird, so wie das Opfer (*victime*) aus der Gruppe ausgeschlossen wird, der es doch angehört. Allerdings darf in diesem Fall die Auswahl des neuen Geldes ebenso wenig als bloße Konvention durchschaut werden, wie es angeht, dass die Auswahl des Opfers als kontingent erscheint. Die vermeintlich besonderen Qualitäten des Opfers beziehungsweise des Geldes sind es ja gerade, welche der bloßen Orientierung der Akteure aneinander ein Ende bereiten. Ebenso gut kann das Geld wirklich von außen an die Subjekte herantreten oder, insofern es selbstredend ebenso wenig wie die Waren selbst zu Markt gehen kann, herangetragen werden, indem eine aus welchen Gründen auch immer von den Akteuren anerkannte, etwa religiöse Autorität ein Geld als Geld bezeichnet. Wenn es Märkte noch gar nicht gibt, ist dies gar eine Notwendigkeit. Entscheidend ist jedenfalls, dass das Geld als Vektor oder Fluchtpunkt des Begehrens der vielen als von außen kommend angesehen wird.

Der mimetischen Theorie zufolge erleichtert es nicht den Tausch, sondern es ermöglicht ihn allererst. Weil alle in den Besitz des Geldes gelangen wollen und dafür Anderes aufzugeben bereit sind, fungiert es als Relais, das die an sich unvergleichlichen Waren ineinander konvertiert. Ob es selbst wertvoll ist, das heißt, ob das Material, aus dem es gemacht ist, abgesehen von der Form, in der es als Geld daherkommt, um seiner selbst willen begehrt wird, ist dabei einerlei. Es mobilisiert und misst keine außerhalb seiner selbst liegenden Wertsubstanzen, sondern konstituiert vielmehr die Kategorie des Wertes. Diese, das heißt der Wertstandard, ist für die mimetische Theorie des Geldes – und wie wir sehen werden, nicht nur für sie – die primäre »Funktion« des Geldes, oder besser, sie wäre es, wenn sich das Geld nicht erst als Wertstandard bildete. Es liegt diesem, anders als in der orthodoxen Ökonomik das Warengeld dem Tauschmittel, nicht schon voraus. Es *ist* der oder das Dritte, das den Tausch und weiter den Markt überhaupt erst in Gang setzt.

Das Geld oder vielmehr die jeweilige Währung, in der es erscheint, ist jedoch keine unverbrüchliche Errungenschaft. Es besteht durchaus die Gefahr, dass das Geld seine die Begehren eichende Kraft einbüßt, dass die Akteure erneut zu zweifeln beginnen, ob nicht doch andere, alternative oder bessere Formen des Messens, der Mobilisierung und der Akkumulation von Reichtum bestehen oder denkbar sind und damit das Vertrauen zerstören, das in das Geld gesetzt werden muss, damit es als Geld fungiert. Falls eine solche Situation eintritt und der Vermittler selbst zum Objekt der Vermittlung wird, kehrt zunächst in der Form der Währungsspekulation und schließlich in Form eines durch das Verschwinden eines gültigen Wertmaßtabs ausgelösten Austrocknens der Märkte die mimetische Krise wieder, zwar nicht der empirische Normalzustand, wohl aber die basale Interdependenz des Begehrens, welcher die Realität unserer Märkte dem Geld sei Dank lediglich aufliegt.

Sehen wir zu, ob und inwieweit diese auf den ersten Blick befremdliche mimetische Theorie – das heißt auch sie – dazu taugt, die Vorgeschichte und die Gegenwart unseres Geldes einzufangen.

II. Urszenen des Geldes

1. Gabentausch und zeremonielle Gelder

Wenn Geld nicht dem Tausch entspringt, sich zumindest nicht zwanglos aus ihm entwickelt, wie gelangt es dann in die Welt? Die prinzipielle Alternative zu den Tauschmitteltheorien des Geldes sind Zahlungsmitteltheorien des Geldes. Auf den ersten Blick mag der begriffliche Unterschied marginal erscheinen. Ist eine Zahlung denn nichts Anderes als die eine Seite eines geldvermittelten Tauschs, dessen andere der Besitzwechsel einer Ware ist? Zahlen wir auf dem Markt, im Geschäft oder bei Bestellungen im Internet nicht eben und bloß deshalb, weil anders der Tausch in einer arbeitsteiligen Gesellschaft nicht zustande käme? Besteht der Zweck des Geldes neben, wenn nicht vor der Quantifizierung von Wertgrößen nicht gerade in der »Halbierung« des Tauschs? Ist nicht die Spaltung des Tauschs von Ware gegen Ware durch die Dazwischenschaltung von Geld der ebenso einfache und darum von den Menschen im Laufe der Geschichte an den verschiedensten Orten der Welt unabhängig voneinander immer wieder entdeckte wie geniale Trick, ihn aus seiner Beschränkung auf die konkreten und dazu noch in den »richtigen« Mengen vorhandenen Gegenstände zu befreien? Ist nicht die Zahlung, auch wenn erst das Geld den Tausch aus seinen natürlichen Fesseln befreit, ein Abkömmling desselben? Wie soll die

Zahlung das Geld begründen, wenn das Geld zugleich deren Voraussetzung ist? Tatsächlich wird in vielen, zumal orthodox ökonomischen, aber auch etlichen geldhistorischen Darstellungen nicht oder wenigstens nicht systematisch zwischen der Tausch- und der Zahlungsmittelfunktion des Geldes unterschieden, ganz so, als ob, wie eben durchgespielt, zwischen diesen kein wesentlicher, sondern lediglich ein genealogischer Unterschied und das heißt ein vom Tausch zur Zahlung verlaufender Zusammenhang bestünde.

Diese weitverbreitete Argumentation sitzt jedoch einem anthropologischen sowie einem damit korrespondierenden konzeptionellen Fehlurteil auf. Der Waren- oder allgemeiner der vor allem an den Gegenständen des Tauschs interessierte Tausch gehört in historisch-kulturvergleichender Perspektive nicht zu den dominanten Formen menschlicher Interaktion (Dalton 1982; Humphrey 1985). Es ist zwar richtig, dass schon aus »vorgeschichtlicher«, das heißt vorschriftlicher Zeit bekannt ist, dass Materialien oder Produkte, die einer Gruppe von Menschen dort, wo sie lebten und siedelten, natürlicherweise nicht zur Verfügung standen, gleichwohl aber von ihnen besessen wurden, über für damalige Verhältnisse zum Teil sehr weite Distanzen herbeigeschafft worden sein müssen und dass zwischen vorgeschichtlichen Gruppen verschiedenartige Güter sehr wahrscheinlich auch ausgetauscht wurden (Parzinger 2014, S. 66, 68). Umgekehrt folgt aus dem bloßen Vorhandensein ortsfremder Materialien und Gegenstände allerdings nicht, dass diese auf dem Wege des Handels und nicht durch Raubzüge oder die einseitige Weitergabe in die Hände ihrer Besitzer gelangt sein müssen. Vor allem aber waren handelsartige Austauschbeziehungen, sofern es sie gab, für die materielle Reproduktion der handelnden Gemeinwesen unwesentlich. Das Überleben weder der für die menschheitsgeschichtlich längste Zeit »exklusiven« Wildbeuter- noch der späteren postneolithischen Ackerbaugemeinschaften war davon abhängig, dass Handelsbeziehungen zu Nachbar- oder gar weit entfernt lebenden, kulturell fremden Gruppen bestanden. Zumindest die »wirtschaftlichen« Beziehungen zwischen den einzelnen Einheiten dieser frühen, segmentär verfassten Gesellschaften waren in einem nicht nur räumlichen Sinne randständig. Von regelrechten und regelmäßigen Handelsbeziehungen zwischen verschiedenen Gemeinwesen kann erstmalig in Hinblick auf das Verhältnis der frühen mesopotamischen Städte des vierten vorchristlichen Jahrtausends zu ihrer Peripherie die Rede sein (Oates 1983). Und selbst dieser verlief nicht anders als noch der inter-»nationale« Handel der Phönizier im ersten vorchristlichen Jahrtausend bargeldlos.

Doch das ist längst noch nicht alles. Innerhalb der vorgeschichtlichen Gemeinschaften und der im Rahmen oder Schatten der Reiche und Staaten bis vor Kurzem überlebenden Wildbeuter- und Stammesgesellschaften gab es keine Märkte, auf denen individuelle Akteure oder auch nur für die Versorgung zuständige Vertreter der einzelnen Familien miteinander gefeilscht hätten, geschweige denn, dass der Gang zum Händler selbstverständlich oder überhaupt möglich gewesen wäre. In nicht-agrarischen Gesellschaften machte die nur gering entwickelte Arbeitsteilung den Austausch von Gebrauchsgegenständen weitgehend obsolet; die Siedlungsgemeinschaften selbst waren darüber hinaus quasifamilial verfasst. Und die Beziehungen der Familien zueinander waren wie die Beziehungen innerhalb einer Familie zwar nicht frei von Neid und Konkurrenz, nicht aber bestimmt durch den Austausch von Gütern. Der Besitz einer Familie war abgesehen von wenigen persönlichen Dingen wie zum Beispiel Kleidung, Schmuckstücken oder Waffen Gemeinschaftsbesitz. Die typischen Formen des Besitzwechsels einzelner Gegenstände zwischen den Familien oder zwischen einzelnen Bewohnern eines Dorfes waren die Leihe oder die Gabe. Diese wurde nicht unmittelbar und nicht notwendigerweise – und wenn, dann nicht durch einen genau definierten (Gegen-)»Wert« – vergolten; jene war in der Regel zeitlich unbestimmt und, wenn auch Ausdruck eines bestehenden oder Anlass eines künftigen unausgesprochenen wechselseitigen Beistandsversprechens, vor allem zinslos. In ackerbauenden Gesellschaften kam es zwar zu einer Zunahme weniger der beruflichen als der materiellen Differenzen, infolge dessen zu grundlegenden sozialstrukturellen Schichtungsprozessen und, wenn auch nicht zu regelmäßigen, institutionalisierten Märkten, so doch zum gelegentlichen Austausch von hier überschüssigen und dort begehrten Gütern, insbesondere von Lebensmitteln, Saatgut und Haushaltsgegenständen. Der wirtschaftliche Tausch ist also kein exklusives Merkmal moderner Gesellschaften. Doch – und das ist entscheidend – bleibt er, bleiben Märkte, so es sie überhaupt gibt, für das Überleben und vor allem die soziale Integration die längste Zeit der Geschichte unwesentlich. Dem Austausch von Gebrauchsgegenständen ist keine Dynamik eigen, die unweigerlich zur Entwicklung oder gar einem prinzipiell unbegrenzten Wachstum von Märkten führen würde.

All dies bedeutet freilich nicht, dass nicht auch in und zwischen traditionalen, einfachen Gesellschaften getauscht worden wäre. Und es heißt auch nicht, dass diese Gesellschaften (in) kein(em Fall) Geld besessen hätten (Parry/Bloch 1989; Akin/Robbins 1999). Nur ist längst nicht jeder Tausch ein Warentausch und nicht alles Geld ein Zwischentauschgut, das diesen vermittelt. Die vormodern dominante (und im Übrigen bis heute lebendige) Tauschform nämlich ist der Gabentausch, und Gelder, so es sie gibt, sind zeremonielle Gelder.

Der Gabentausch ist eine Interaktionsform, die ebenso zwischen Kollektiven wie zwischen Individuen stattfinden kann

(Mauss 1923-24/1989). Es werden im Gabentausch nicht notwendigerweise nützliche Dinge, sondern ebenso und vor allem symbolisch, mit magischen Fähigkeiten, religiöser Aura oder weltlichem Prestige aufgeladene Gegenstände, aber auch Ehrerweise, Feste oder Titel und nicht zuletzt Menschen, zumeist unverheiratete Mädchen und gebärfähige Frauen, getauscht. Gabe und Gegengabe finden häufig zeitversetzt statt. Zwar ist nicht beliebig, sondern traditionell vorgeschrieben, dass und häufig auch was gegeben wird, einen Anspruch aber auf eine gleichwertige Gegenleistung besitzt der Geber nicht. Gabe und Gegengabe stehen nicht in einem Verhältnis der Äquivalenz, sondern der »*Adäquanz*« oder Angemessenheit. Gabentauschbeziehungen können asymmetrisch sein, ja der Gabentausch kann seinerseits soziale Asymmetrien begründen, indem die eine die andere Seite durch eine außerordentlich große oder dauerhaft besondere Gabe in ein Verhältnis der Inferiorität drückt (Baudy 1983). Entscheidend für die Unterscheidung von Gaben- und Warentauch ist jedoch, dass Ersterer, auch wenn er sich unter Umständen bestimmter wertvoller Dinge bedient, nicht darauf zielt, dass diese ihren Besitzer wechseln, sondern darauf, eine soziale Beziehung zwischen Geber und Nehmer zu etablieren, zu bekräftigen oder auch infrage zu stellen, wohingegen Letzterer, wenn und wo es ihn und das heißt zumindest Märkte in embryonaler Form gibt, den Zweck hat, die Tauschakteure in den Besitz bestimmter, eben genau der qua Tausch zu erwerbenden Güter zu bringen. Die soziale Beziehung zwischen den Tauschpartnern ist in diesem Fall ein lediglich punktueller Kontakt, der nach dem Besitz(er)wechsel der Waren prinzipiell (wenn auch nicht unbedingt empirisch) gleich wieder erlischt.

Ähnlich verhält es sich mit zeremoniellen Geldern (Hénaff 2009, S. 452–481), irgendwie, das heißt nicht notwendigerweise aufgrund ihrer Materialeigenschaften, sondern auch oder nur aufgrund ihrer Geschichte wertvollen, durchaus zähl- und manchmal auch teilbaren, gebrauchsspezifischen, nicht oder wenigstens nicht beliebig ersetzbaren Gegenständen wie zum Beispiel Perlen, Edelsteinen, Muscheln oder Fellen, die aufgrund ihrer unserem (Handels-)Geld vergleichbaren Eigenschaften immer wieder mit diesem verwechselt oder wenigstens für Frühformen desselben gehalten werden. Es ist durchaus richtig, ja sehr gebräuchlich, dass derartige Gelder im Gegenzug gegen die Annahme einer Gabe an den Geber derselben überreicht werden, und zwar in durch die Tradition bestimmter, durch die besonderen Umstände des Gabentauschs oder gar die besonderen Qualitäten der Gabe selbst bestimmter Höhe, so dass der Schluss, es handele sich um geldvermittelte Tauschgeschäfte, für einen lebensweltlich mit Geld und Markt vertrauten Beobachter durchaus naheliegt. Gleichwohl trügt dieser Eindruck, denn auch und gerade dort, wo, wie zum Beispiel bei der Verheiratung einer Frau mit einem anderen Clan, zeremonielle Gelder oder, besser vielleicht, geldförmige Gegengaben zum Einsatz kommen, werden nicht Gegenstände oder Waren beziehungsweise, um bei unserem Beispiel zu bleiben, zu solchen degradierte Frauen verkauft, sondern vielmehr symbolische Pfänder überreicht, das heißt dingliche Zeichen des Dankes und vor allem der *Anerkennung* einer Schuld.

So erhält ein patrilinearer Clan, in den eine Frau einheiratet, nicht nur und nicht einmal unbedingt diese, sondern vor allem die Kinder, die sie gebiert. Weil die Frau Leben schenkt oder zumindest zu schenken vermag, steht der Clan, der sie empfängt, dem gebenden Clan gegenüber in einer »Lebensschuld« (Rospabé 1995), für die er, und zwar nicht um sie zu tilgen, sondern ganz im Gegenteil, um sie einzugestehen, mit zeremoniellem Geld »bezahlt«. Gelöscht wird diese Schuld oder vielmehr umgedreht wird dieses Schuldverhältnis erst mit der Verheiratung einer Frau in der Gegenrichtung. Ebenso wie nun die vormaligen Empfänger zu Gebern werden, erhalten diese von den jetzigen Empfängern eben in Form des zeremoniellen Geldes das, wenn nicht öffentliche, so doch materiell dokumentierte Akzept ihrer erneuerten Bringschuld. Zeremonielle Gelder werden zwar insbesondere, aber nicht nur beim Tausch oder genauer der häufig wechselseitigen Gabe von gebärfähigen Frauen oder – worauf im nächsten Abschnitt zurückzukommen sein wird – »anderem Leben« entrichtet. Gezahlt wird unter Umständen auch (nicht für, sondern) in Reaktion auf objektförmige oder immaterielle Gaben. In jedem Fall aber bilden Gabe und Zahlung eine Einheit, schaffen oder bestätigen sie eine soziale Beziehung, die über den Austausch von Dingen oder Menschen hinausgeht, der darum auch kein Kauf ist, sondern, sofern man sich in diesem Kontext überhaupt ökonomischer Kategorien bedienen will, ein Schuldverhältnis etabliert, anstatt es zu beenden. Insofern auch zeremonielle Gelder (ab-)gezählt, kleinere oder größere Mengen angehäuft oder gezahlt werden können, lassen sich mit ihrer Hilfe durchaus Wertverhältnisse ausdrücken. Der Wert, den sie bezeichnen oder an den sie erinnern, kann jedoch nicht von der konkreten Beziehung, dem spezifischen Schuldverhältnis der Interaktionspartner, abgelöst und auf beliebige Gegenstände übertragen werden. Zeremonielles Geld ist das Pfand, das Anrecht auf Erwiderung einer besonderen Leistung, nicht aber generalisierte Kaufkraft und kein universelles Äquivalent. Allein dies wäre ein Grund, zeremonielles Geld gar nicht als Geld zu bezeichnen, nur dass uns dann ein Terminus fehlte, die Zahlungsmittel der durch den Gabentausch bestimmten und von diesem über die einzelnen Familien, Clans oder Segmente hinaus zusammengehaltenen Gesellschaften zu bezeichnen.

Unser Geld, das Geld des Handels und der Märkte, geht jedenfalls nicht zwanglos aus dem zeremoniellen Geld hervor, ebenso wenig wie der Gabentausch der Vorläufer oder gar Wegbereiter des Warentauschs ist, sondern vielmehr eine von diesem prinzipiell geschiedene Interaktionsform darstellt. Umgekehrt gibt es jedoch Indizien dafür – und eine lange Reihe namhafter Autoren von Marx (1844/1968a; 1844/1968b) und Simmel (1900/1989, S. 375–404, 542–562) bis hin zu Igor Kopytoff (1986) und Michael Sandel (2012) –, die argumentieren, dass es das allgemeine Tauschmittel Geld ist, welches vormoderne (Gaben-)Tauschpraktiken zerrüttet und zeremonielle Gelder verdrängt. Berühmt ist etwa eine Studie des Ethnologen Paul Bohannan (1955) über die Effekte der Monetarisierung der Ökonomie der im heutigen Nordnigeria ansässigen Tiv, die genau dies zu belegen versucht. Damit ist zwar immer noch nicht geklärt, woher unser Geld rührt – denn es stammt nicht aus dem Handel und ist auch kein Derivat des zeremoniellen Geldes –, auf dem Umweg über die Tiv aber werden wir einer (ersten) Antwort näherkommen.

Die viehzüchtenden und ackerbauenden, patrilinearen Tiv unterschieden in vorkolonialer Zeit drei Sphären des Tauschs. Eine erste, marktähnliche, in der landwirtschaftliche Produkte und Dinge des alltäglichen Gebrauchs in individuell ausgehandelten Verhältnissen, wenn auch geldlos, gegeneinander getauscht wurden (das Land selbst war unveräußerlich); eine zweite, prestigereichere Sphäre, in der vor allem Stoffe, Vieh und Sklaven unter Zuhilfenahme von Messingstäben getauscht wurden (wobei die Stäbe selbst einen Prestigewert besaßen); und eine dritte und »höchste« Sphäre, in der zwar freie, wohl aber von den Männern abhängige Personen, insbesondere heiratsfähige Frauen, zwischen exogamen Verwandtschaftsgruppen ausgetauscht wurden.[9] Gefeilscht werden konnte nur in der ersten, subsistenzwirtschaftlichen Sphäre. Die Tauschraten der Prestigegüter der zweiten Sphäre waren demgegenüber fix. In der dritten Sphäre schließlich konnten Frauen nur mit Frauen »bezahlt« werden.

(Nicht unerwähnt bleiben soll dabei, dass diese in ihre konkrete Verheiratung einzuwilligen hatten.) Im Grunde war eine Vermischung der Tauschsphären nicht vorgesehen, ausgeschlossen war sie indes nicht, etwa wenn Akteure aus wirtschaftlicher oder ehelicher Bedürftigkeit heraus gezwungen waren, Messingstäbe gegen Lebensmittel zu tauschen oder Messingstäbe als Pfand für eine noch »ausstehende« Frau anzunehmen. Verborgen blieb den Tiv die Asymmetrie derartiger Tauschakte nicht. Es war vielmehr ehrenwert, Objekte einer niederen in solche einer höheren Sphäre einzutauschen. Ein Makel hingegen war es, »nach unten« zu tauschen.

Der Austausch wirtschaftlicher Güter fand wie erwähnt geldlos statt. Wurden im Rahmen des Frauentauschs Messingstäbe benutzt, dann geschah dies in ihrer Eigenschaft als zeremonielles Geld. Auf der Ebene des Prestigegütertauschs dienten die Messingstäbe dagegen als Tauschmittel. Gleichwohl war das Spektrum der gegen Messingstäbe einzutauschenden Gegenstände beschränkt. Zudem bestand das Ziel eines solchen Tauschs nicht im Ausgleich und damit der Diversifizierung der materiell zu befriedigenden Wünsche der Tauschakteure, sondern in der Zurschaustellung (und der Verausgabung) von Prestigeobjekten. (So konnten die Messingstäbe selbst zu Schmuckgegenständen umgearbeitet werden.) Und selbst wenn die Messingstäbe bisweilen über die Grenzen der Tauschsphären hinweg für Lebensmittel veräußert oder als Pfand für eine zukünftig zu verheiratende Frau ausgereicht wurden, dann nicht, weil sich mit ihnen alles hätte kaufen und in seinem Wert beziffern lassen, sondern weil wirtschaftliche Not oder ein zeitweiliger Mangel an heiratsfähigen Frauen ihren grenzüberschreitenden Gebrauch erzwangen. Die Metallstäbe sind für Bohannan darum zwar nicht exklusiv zeremonielles Geld, ebenso wenig aber sind sie allgemeines Tauschmittel. Vielmehr macht er die Einführung eines solchen durch die britischen Kolonialherren für den Zusammenbruch der »Sphärenökonomie« der Tiv verantwortlich.[10]

Zwar berichtet der Ethnologe, dass die Engländer die Sklavenhaltung und den Sklavenhandel sowie die Tauschheirat untersagten und damit zwei der drei Sphären weitgehend zerstörten; auch spricht er davon, dass im Zuge der kolonialen Erschließung und Pazifizierung Nordnigerias früher mit den Tiv verfeindete Gruppen zu neuen Handelspartnern wurden und neue Produkte neue Begehrlichkeiten weckten; dennoch ist es für ihn das koloniale Geld, welches die Differenzierung der Tauschsphären zum Einsturz bringt. Denn noch bevor es praktisch als Tauschmittel zum Einsatz komme, ermögliche es die Entdeckung der Tauschbarkeit und des Tauschwerts der Dinge.

Nun leuchtet es ein, dass die Einführung eines allgemeinen Wertmaßstabs die Tauschbarkeit der vormals zwar nicht wert-, aber doch preislosen Dinge des alltäglichen Lebens ebenso befördert, wie sie den Wert der ehedem gerade aufgrund ihrer eingeschränkten Erwerblichkeit kostbaren Prestigegüter relativiert. Auch liegt es nahe, dass ein solches Geld den Gabentausch, wenn auch nicht abschafft, so doch mit der Vorstellung, ja der praktischen Möglichkeit eines restlosen Ausgleichs der Schuld und das heißt der Substitution sozialer Beziehungen durch den Austausch von Dingen »infiziert«. Bohannan erkennt damit – seine Argumentation legt es zumindest nahe –, dass der Wertstandard(isierungs)funktion und nicht oder nur sekundär der Tauschmitteleigenschaft des Geldes besonderes Augenmerk geschenkt werden muss. Gleichwohl überschätzt er den »technischen« Aspekt des kolonialen Gelds, als universeller Wertmesser zu dienen, wenn er annimmt, dass der allgemeine Wertvergleich sich zwanglos aus dem neuen Geld selber ergibt. Dies jedoch ist nicht der Fall. Das koloniale Geld setzt sich nicht oder wenigstens nicht allein deshalb durch, weil es »mehr kann«, sondern weil, wie Bohannan sehr wohl weiß, der Kolonialstaat seinen Untertanen auferlegt, ihre Steuerpflicht in Gestalt von Kolonialgeld zu begleichen. Die Tiv werden mithin genötigt, sich des Kolonialgelds zu bedienen, mehr noch, sie sind, wie etliche andere kolonialisierte Völker auch (vgl. z.B. Servet 1998), gezwungen, sich für dieses zu verdingen oder durchaus treffend *cash crops* genannte landwirtschaftliche Produkte zu erzeugen, die sie gegen Kolonialgeld an die Kolonialisten selbst verkaufen. Die Effekte des Kolonialgelds auf die Tiv-Ökonomie sind damit nicht in Abrede gestellt; bloß ergeben sie sich nicht automatisch daraus, dass die Briten in fremder Währung bezahlen, sondern ganz im Gegenteil aus dem Zahlzwang, mit dem sie die Tiv konfrontieren.

Und genau dies ist die These der von Georg Friedrich Knapp (1905) formulierten staatlichen Theorie des Geldes. Zwar nicht ohne Vorläufer, jedoch gegen die zum Zeitpunkt ihrer Publikation mehr oder weniger unangefochten herrschende Meinung, der zufolge Geld durch Gold oder zumindest einen anderen objektiven Wert gedeckt werden müsse, um seine Rolle als Wertstandard, Wertspeicher und Tauschmittel verlässlich spielen zu können, war Knapp der Auffassung, dass Geld unabhängig von seiner konkreten Materialisierung in Form von Edelmetallen ein Geschöpf der Rechtsordnung sei. Geld ist für Knapp ein materiell nur fakultativ wertvolles, im Grunde jedoch allein nominell bestimmtes Zahlungsmittel, mit dem die (oder eine Gruppe der) Angehörigen eines Staates die ihnen von diesem abverlangten Abgaben zu begleichen hätten. Die eigentliche Aufgabe des Geldes sei mithin die *Schuldentilgung* und nicht der Erwerb von Gütern oder die Erleichterung des Tauschs. Praktisch definiere der Staat, in welchen Einheiten welcher Währung die von ihm belasteten Rechtssubjekte ihre Schulden ihm gegenüber zu begleichen hätten.

In der Tat war genau dies den Tiv widerfahren: Der britische Kolonialstaat machte diese nicht nur steuerpflichtig, sondern er schrieb ihnen weiterhin vor, dass Steuern nicht etwa in Form von Messingstäben, sondern allein in kolonialer Münze zu entrichten waren, und zwar nicht deshalb, weil diese anders als jene an sich wertvoll(er) gewesen wäre, sondern um die neue Währung allererst in Wert zu setzen. Wertvoll ist oder vielmehr wird das »chartale« Geld dadurch, dass derjenige, der es verlangt und zu verlangen imstande ist, dasselbe, ganz gleich, woraus es gemacht ist, zum definitiven Zahlungsmittel erklärt und es darüber hinaus, wie im Fall der Tiv, unter Umständen allererst in Verkehr bringt. Wenigstens bei den Tiv ist es mithin ein politischer Abgabezwang und kein wirtschaftlicher Annahmereiz, der dazu führt, dass das koloniale Geld sich durchsetzt.

Bei Knapp findet sich zu der naheliegenden Frage, ob und wie die Tauschmittelfunktion zur primären Zahlungsmittelfunktion des Geldes hinzutritt, nur wenig. Das Beispiel der Tiv legt jedoch nahe, dass *jene* sich zwangsläufig aus dieser ergibt. Denn der britische Kolonialismus schafft nicht nur einen neuen, größeren Wirtschaftsraum, in dem der Handel aufblühen kann; ebenso werden die Tiv gezwungen, sich durch Tätigkeiten gleich welcher Art und so auch durch Handel in Besitz desjenigen Zahlungsmittels zu bringen, das sie benötigen, um sich aus ihrer Schuldnerposition zu befreien. Mit anderen Worten, nicht ein sich eigendynamisch intensivierender Handel führt zur Entdeckung eines allgemeinen Tauschmittels (oder, wie im Falle der Tiv, zur Generalisierung der Tauschmittelfunktion der Messingstäbe), sondern die gleichzeitige Einführung, der Oktroi von Steuerschuld und Schuldentilgungsmittel belebt, ja begründet die Tauschwirtschaft.

Man sieht, die Unterscheidung der Zahlungs- von der Tauschmittelfunktion des Geldes ist alles andere als belanglos. Sie ist vielmehr das Schibboleth, an dem (neo-)klassische und institutionalistische, man könnte auch sagen ökonomisch-orthodoxe und soziologisch-heterodoxe Geldtheorien sich voneinander scheiden. Diese gehen, schematisch gesprochen, davon aus – wenn auch mit der Einschränkung, dass die Unterscheidung von funktional differenzierten, etwa ökonomischen und politischen Bereich(slogik)en in vormodernen Gesellschaften eine Rückprojektion eines späteren Entwicklungsstands darstellt –, dass das Geld, welches das ökonomische Geschehen zweifellos stimuliert, außerökonomische Ursprünge hat. Jene hingegen argumentieren, wie im ersten Kapitel gesehen, dass das Geld dem Handel entstamme. Die Zahlungsmitteltheorien des Geldes sind indes kein homogenes Gebilde. Wir werden nachstehend verschiedene, nicht ohne Weiteres miteinander in Einklang zu bringende Varianten derselben kennenlernen.

Systematisch und für alle gemeinsam lassen sich über die Abgrenzung zur Tauschmitteltheorie des Geldes allerdings zwei weitere wichtige, miteinander verflochtene Aspekte festhalten. Erstens stellen die Zahlungsmitteltheorien des Geldes die herkömmlicherweise kolportierte Reihenfolge der Entwicklung von Geld und Kredit vom Kopf auf die Füße. Wenn nämlich Geld zunächst ein Zahlungsmittel ist, wenn es als Zahlungsmittel entsteht, dann geht nicht das Geld dem Kredit voraus, sondern dann ist es ein Kredit oder allgemeiner ein Schuldverhältnis, aus oder in dem das Geld entsteht (Mitchell Innes 1913/2004). Zahlungsmittel dienen dazu, Schulden zu tilgen, das heißt ein vorab bestehendes Schuldverhältnis aufzuheben. Logisch geht das Schuldverhältnis damit dem Schuldentilgungsmittel voraus. Zweitens ist, wenn Geld als solches fungiert, mit diesem immer schon ein Wertstandard gesetzt. Die klassische Formulierung dieses Sachverhalts stammt von John Maynard Keynes:

»Money of account [d.h. der Wertstandard; AP] [...] is the primary concept of a theory of money. A money of account comes into existence along with debts, which are contracts for deferred payment, and price lists, which are offers of contract for sale or purchase. Such debts and price lists [...] can only be expressed in terms of a money of account. Money itself, namely that by delivery of which debts contracts and price contracts are discharged, and in the shape of which a store of general purchasing power is held [d.h. Geld als Zahlungsmittel; AP], derives its character from its relationship to the money of account, since the debts and prices must first have been expressed in terms of the latter. [...] Money proper [...] can only exist in relation to a money of account« (Keynes 1930/1971, S. 3).[11]

Als Zahlungsmittel tilgt Geld mithin eine vorab bestimmte Schuld. Das aber heißt, die Kategorie des ökonomischen, also quantifizierbaren und damit vergleichbaren Werts – mit Marx: die *Wertform* und nicht die Wertgröße – musste und konnte nicht der Natur der Dinge abgeschaut werden, sie entspringt weder deren Nutzen noch der Arbeit, die in ihnen steckt, sondern sie ist eine Setzung.

2. Geld und (das Ende der) Gewalt

Während Knapp und die Mehrzahl der heutigen »Neochartalisten« (Tcherneva 2006) zwar um den Zwangscharakter des Geldes wissen, genauer gesagt darum, dass ein Gewaltmonopolist in der Lage ist, den Gebrauch eines bestimmten Zahlungsmittels zu oktroyieren, die politische Besteuerungskompetenz des Staates jedoch für eine marktwirtschaftliche Notwendigkeit, wenn nicht einen wirtschafts- und sozialpolitischen Segen halten, streicht David Graeber (2011) in seiner Geschichte der Schulden den historischen und strukturellen Konnex von Geld und Gewalt heraus. Deutlich machen will er, dass die Entstehung und die Geschichte des Geldes blutgetränkt sind (und noch das heutige Finanzsystem ohne die Androhung massiver Gewalt nicht denkbar ist). Das breite Echo, welches sein Buch und seine Thesen – freilich außerhalb der Wirtschaftswissenschaften – gefunden haben, lassen es angezeigt erscheinen, sich auch im Rahmen dieser Einführung mit ihnen auseinanderzusetzen, auch wenn ich Graeber an entscheidender Stelle nicht folgen werde. Mein Einwand lautet, dass er bei aller berechtigten Kritik an der Gewaltvergessenheit des klassischen wie auch einiger neuerer Spielarten des Chartalismus[12] die eben eingeführte und für alle Entstehungsgeschichten des Geldes wichtige Unterscheidung von *money proper* und *money of account* zugunsten einer überzogenen »Alchemie der Gewalt« (Graeber 2009, S. 124) verwischt. Über eine bloße Kritik Graebers hinaus aber werden die nachstehenden Ausführungen auf die anschließende Herleitung des Wertstandards aus der mesopotamischen Tempel-»Wirtschaft« hinführen (Kap. II/3).

Als mit den Interaktions- und Wirtschaftsformen traditioneller Gesellschaften bestens vertrauter Ethnologe unterscheidet auch Graeber prinzipiell zwischen zeremoniellen Geldern oder, wie er sie nennt, sozialen Währungen einerseits und Handels- oder »ökonomischem« Geld andererseits. Wo es zwar soziale Währungen, aber kein Handelsgeld gibt – und dies dürfte im historischen Rückblick die längste Zeit fast überall der Fall gewesen sein –, spricht er von »Humanökonomien«, in denen zwar auch Gelder gebraucht werden mögen, nur dass es, wie im vorherigen Abschnitt erläutert, bei den Zahlungsvorgängen dann nicht um den Erwerb einer Ware geht, sondern vielmehr um die Übergabe oder besser den sozialen Ortswechsel einer an sich einzigartigen Person und in der Gegenrichtung um die Übergabe einer Art von inkonvertiblen Pfändern, mit welchen die empfangende Seite ihren Dank und vor allem ihre Erwiderungspflicht der »ein Leben« gebenden Partei gegenüber ausdrückt und anerkennt. In kommerziellen Ökonomien oder Marktgesellschaften wird Geld demgegenüber als (wirtschaftliches) Tausch- und (staatliches) Zahlungsmittel benutzt, mithilfe dessen Verbindlichkeiten quantifiziert und deswegen verrechnet (Graeber 2011, S. 21), das heißt beglichen oder akkumuliert werden können.

Graebers zentrale Frage lautet, wie sich die Transformation von Human- in kommerzielle Ökonomien und das heißt von Verpflichtungen in Schulden vollzogen haben dürfte. Und seine alles andere als unentschiedene Antwort lautet: durch Gewalt. Damit ist zum Beispiel die koloniale Gewalt gemeint, mit der die Tiv in die koloniale Ökonomie eingebunden wurden. Allerdings handelt es sich aus Graebers Perspektive bei dieser zwangsweisen Integration noch um einen vergleichsweise harmlosen Fall eines im Prinzip weitaus brutaleren Prozesses. Am Grunde nämlich der Verkehrung von Human- in kommerzielle Ökonomien macht er die Sklaverei oder genauer den Sklavenhandel aus. Noch der moderne Kapitalismus ist für ihn eine Spielart der Sklaverei (Graeber 2006). Wer jenen – und mit ihm das Geld – begreifen wolle, müsse darum zunächst die Heraufkunft dieser rekonstruieren.

Den für die Deutung der gesamten Geldgeschichte entscheidenden Hinweis liefern ihm die Humanökonomien, die in den Randbereichen der kolonialen Imperien bis ins 20. Jahrhundert hinein überlebten. Drastisch schildert Graeber deren Auflösung am Beispiel des westafrikanischen, nicht erst von den Europäern eingeführten, von diesen im 18. und 19. Jahrhundert jedoch intensivierten und brutalisierten Sklavenhandels (Graeber 2011, S. 148–155): Die immer tiefer ins Hinterland der Küste vordringenden Raubzüge der Sklavenjäger zerrütteten die betroffenen Gemeinschaften allein schon durch den Verlust an zumeist jungen

Männern und Frauen. Darüber hinaus aber waren es die die Handelsrouten als Gegenleistung für die Beschaffung von Sklaven an Mittelsmänner hinaufströmenden Güter, welche selbst (noch) nicht von der Sklavenjagd betroffene Gesellschaften korrumpierten. Gegen Vorkasse in begehrten europäischen Waren oder auch kommerziellem europäischen Geld, gleichzeitig jedoch gegen Gestellung eigener Familien- oder Gemeinschaftsangehöriger als erst durch die Herbeischaffung eigentlicher Sklaven auszulösender Geiseln beteiligten sich mehr und mehr Afrikaner an dem dunklen Geschäft mit dunkler Haut. Im Falle des Scheiterns solcher mit eigenen Stammesgenossen oder gar Verwandten besicherter »Kommissionsgeschäfte« wurden die Geiseln selbst von den Financiers der Expeditionen in die Sklaverei entführt. Aus Menschen, die aufgrund ihres einzigartigen Werts nicht gegeneinander getauscht, sondern nur wechselseitig gegeben werden konnten, waren damit Handelsgüter geworden.

Freilich setzt diese Variante der Zerstörung von Humanökonomien bereits die Existenz von militärisch, politisch und wirtschaftlich fortgeschrittenen, aus humanökonomischer Sicht hingegen »degenerierten« Gesellschaften, das heißt von kommerziellen Ökonomien, voraus. Demgegenüber beschreibt Graeber am Beispiel der auf dem Gebiet der heutigen Demokratischen Republik Kongo lebenden Lele die den Humanökonomien eigenen Probleme und Anlässe, die Menschen aus diesen, wenn auch nicht gezielt, so doch beiläufig ausschließen und damit dem Menschenhandel das Feld bereiten (ebd., S. 137–144). Das Einfallstor sei in diesem Fall der Frauen-»Tausch« (vgl. Meillassoux 1986). Falls Frauen durch ihre Verheiratung in andere Familien ihren sozialen Ort wechselten, würden zwar neue Beziehungen geknüpft und dafür alte gelockert, diese aber nicht aufgelöst. Auch Graeber zufolge ist es ein ökonomistisches Missverständnis, die matrimonialen Praktiken humanökonomischer Gesellschaften als Kaufehe zu interpretieren. Vielmehr werde in der »Bezahlung« von Ehefrauen mit sozialer Währung ganz im Gegenteil zum Ausdruck gebracht, dass der »Erwerb« einer einzigartigen Ehefrau allein durch die zukünftige Gabe einer ebenso einzigartigen Ehefrau vergolten werden könne (Graeber 2011, S. 131–133).

Bei den Lele – und sicherlich nicht nur bei diesen – konnte eine wie auch immer bedingte Schwäche einer im Zyklus des Frauentauschs empfangsberechtigten Partei allerdings dazu führen, von der zur Gabe verpflichteten Partei nicht bedient zu werden. So sehr die Nehmer unter moralischem Druck standen, die Gabe einer Frau zu erwidern – einzuklagen war dieser Anspruch nicht. In einem solchen Falle war es den »Wartenden« allerdings möglich, ihre Ansprüche gegen eine in Wertgegenständen zu entrichtende »Gebühr« an eine dritte, stärkere, am Zyklus des Frauentauschs überhaupt nicht beteiligte Partei abzutreten, welche sich dadurch zum Überfall auf die »Verweigerer« und zum Raub sowie dem Weiter-»Verkauf« einer beliebigen Frau aus dieser Gruppe berechtigt sah. Eine solche aus dem Schutzraum der Eigengruppe entrissene Frau konnte nun zwar ebenso (wie die weiblichen Sklaven bei den Tiv) in das Heiratssystem der raubenden Gruppe eingespeist werden, doch selbst die für die geraubte Frau gruppenintern zu leistende Zahlung war dann nicht länger Ausdruck einer Bringschuld, sondern ganz im Gegenteil ein die »Lieferung« der Frau ein für alle Mal quittierender Akt. »In this sense, the term ›human economy‹ is double-edged. These are, after all, *economies*: that is systems of exchange in which qualities are reduced to quantities, allowing calculations of gain and loss« (ebd., S. 159).

Mit anderen Worten, die Gewalt, welche den Frauen widerfährt, und der Menschenhandel, der sich daraus ergibt, dass sie aus dem Heiratssystem herausgesprengt werden, brechen nicht nur von außen in die Humanökonomien herein, sondern, so stabil dieser Gesellschaftstyp an sich auch gewesen ist, die faktische Ungleichheit exogamer Gruppen kann von sich aus eine Unwucht erzeugen, die das Prinzip der Nichtveräußerbarkeit menschlichen Lebens aufhebt. Das aber heißt, dass die Grenze, die Graeber zwischen der wechselseitigen Gabe von Frauen und einem Frauentausch zieht, in dem diese nur noch, vielleicht keine bloßen Tauschobjekte, aber doch vornehmlich Instrumente einer von den Männern bestimmten Heiratspolitik sind, weniger scharf ist, als von ihm zunächst postuliert. Gleitende Übergänge zwischen bindender Gabe und lösendem Tausch, zwischen Human- und kommerziellen Ökonomien sind vielmehr möglich. Die Gewalt ist mithin nicht »das ganz Andere« der Humanökonomien, sondern ein Teil von ihnen, so gut wie aller anderen Gesellschaftsformationen auch.

Das nächste und für die Einsicht, wenn nicht in Graebers »Fehler«, so doch sein konzeptionelles Ungenügen entscheidende Stadium der Verwandlung von Human- in kommerzielle Ökonomien ist für ihn erreicht, wenn durch die Gewöhnung an den Menschenhandel und über diesen hinaus nicht nur Mitglieder der eigenen Gesellschaft gewaltsam auf den Status eines Wertgegenstands erniedrigt und an oder in die Fremde verkauft werden, sondern eine objektivierende Bepreisung von »an sich« einzigartigen, unersetzlichen und darum nicht vergleichbaren Personen zum innergesellschaftlichen Regelfall wird, wenn anders gesagt die Gewaltpraxis der Sklaverei eine Art binnenmoralischer Perversion nach sich zieht. Die von Graeber so genannten Ehrgesellschaften sind es, in denen der Kult um die (männliche) Ehre einerseits zwar noch an die für ihn ursprüngliche und eigentliche Würde des Menschen erinnere, diese andererseits jedoch bereits zu einer Form von akkumulierbarem Kapital geworden sei.

Das Beispiel, an dem er seine These entfaltet, ist das des frühmittelalterlichen Irland (ebd., S. 171–176; vgl. Gerriets 1985). Es handelt sich dabei um eine in eine Vielzahl von strukturidentischen Gruppen zersprengte und insofern noch segmentär organisierte, innerhalb der von Häuptlingen angeführten Segmente jedoch in Statusgruppen differenzierte, also stratifizierte Klientelgesellschaft. Die irische Bevölkerung lebte von Landwirtschaft und Viehhaltung. Warenmärkte gab es nicht; Warenpreise ebenso wenig. Gleichwohl war das damalige Irland eine auf spezifische Weise hochgradig monetarisierte Gesellschaft.[13] Gezahlt wurde unter anderem für handwerkliche Dienste, künstlerische Darbietungen, medizinische Ratschläge und nicht zuletzt bewaffneten Beistand. Gleichwohl war all dies keine Lohnarbeit. Die wenigen Spezialisten erhielten ein Honorar, die Patrone oder Edelmänner Tribut. In beiden Fällen waren die Zahlungen Achtungserweise. Eben dies waren auch die meisten der überhaupt zu leistenden Zahlungen: Achtungserweise oder genauer Kompensationen dafür, jemandes Ehre verletzt zu haben. Dies konnte bedeuten, einen Ehrenmann geschmäht oder verleumdet, ihn oder seine Angehörigen angegriffen oder verletzt, seiner Frau oder Tochter schöne Augen gemacht oder seine Autonomie auf andere Weise infrage gestellt zu haben. Zwar war jeder freie Mann ein Ehrenmann, doch man konnte mehr oder weniger Ehre besitzen, von hohem oder geringem Ansehen sein, zusätzliche Ehre erwerben oder (von) seine(r) Ehre verlieren. Gedeckt und zugleich bedroht war die Ehre der Männer durch physische Gewalt, das heißt das Vermögen (beziehungsweise das Versagen), sich gegen ihrerseits selbstbehauptungswillige und gewaltkompetente Andere zu behaupten. Die Ehre eines Mannes war sein kostbarster und zugleich gefährdetster Besitz. Sie zu reizen hieß, mit dem Feuer zu spielen. Um der Gewalt jedoch zuvorzukommen, waren in rechtlichen Codices für alle möglichen Fehltritte und Vergehen Kompensationszahlungen festgelegt, auf die ein je nach Status der geschädigten Person variierender Ehrenpreis aufgeschlagen wurde. Gezahlt wurde in in definierten Einheiten – »einem« *money of account*[14] also – gemessenen Mengen an Vieh, Getreide oder (ungemünztem) Silber als verschiedenen Formen von *money proper*. Die freien Männer, mithin auch und gerade diejenigen, die sich unfreiwilliger, formeller Abhängigkeit, der Unterwerfung oder gar Versklavung entziehen konnten, besaßen demnach einen bestimmten Preis; ihr Status konnte in Geldeinheiten gemessen werden und war damit, so unterschiedlich er im Einzelnen ausfallen mochte, im Prinzip vergleichbar.

Die Verwandlung von »einzigartigen«, »an sich unschätzbaren« Menschen in zwar verschieden teure, nichtsdestotrotz aber, wenn auch nicht im eigentlichen Sinne käufliche, so doch ihrem jeweiligen Wert präzise bestimmbare »Gegenstände« hat darum in Graebers Augen im frühmittelalterlichen Irland und allgemein allen vergleichbaren Ehrgesellschaften eine neue Qualität erreicht. Wie die Ehrgesellschaften zu Ehrgesellschaften, das heißt, wie aus egalitär-segmentären politisch und wirtschaftlich stratifizierte Gesellschaften geworden sind, wird von ihm nicht näher verfolgt. Für nicht zufällig aber hält er, dass viele, wenn nicht alle von ihnen mit der Institution der Sklaverei vertraut waren. Schließlich sei das Ringen um Ehre insgesamt ein Nullsummenspiel; was der Eine an Ehre gewinne, verliere ein Anderer, so dass derjenige, der Andere gar um ihre Freiheit zu bringen, also in die Sklaverei zu stoßen verstehe, ein besonders geachteter Ehrenmann sei. Zumindest für den irischen Fall bestätigt sieht Graeber diesen Zusammenhang darin, dass, auch wenn die christianisierten Iren des Frühmittelalters keinen Sklavenhandel mehr betrieben, eines der gebräuchlichen Wertmaße auf *cumal*, das heißt auf Sklavenmädchen, lautete. Der Wertstandard entspringt ihm zufolge damit einem Gewaltverhältnis. Denn Menschen zu versklaven heißt zunächst einmal »nur«, sie in eine Position absoluter Abhängigkeit zu bringen. Erst sie zu versklaven, um sie zu verkaufen, oder genauer gesagt, insofern ohne Geld von Kauf und Verkauf noch keine Rede sein kann, um sie einzutauschen, heiße, das eigentlich Unvergleichliche mit Anderem zu vergleichen. Paradoxer- oder vielmehr perverserweise würde also die Vergleichbarkeit von Wertgrößen der gewaltsamen Gleichsetzung von an sich unvergleichlichen Menschen entspringen. Das eigentlich Unvergleichliche, der Mensch, würde als Sklave, also als Menschen-Ding, zum Maßstab der Dinge. Sklaven wären mithin – ohne dass Graeber diesen Begriff verwendet – das erste *money of account.*

Die Argumentation ist suggestiv. Allerdings ist eine alternative Deutung nicht nur des irischen Materials, sondern allgemeiner der *leges barbarorum* und anderer vorstaatlicher Strafsysteme möglich und wahrscheinlicher. Es ist die von Philip Grierson (1978) gegen die logisch und empirisch unhaltbare Ableitung des Geldes aus dem Tausch ins Spiel gebrachte »juristische« Theorie des Geldes.[15] Graeber ist diese Theorie bekannt, und er lobt sie als »[t]he closest I know to a proposed solution« (Graeber 2009, S. 122), allerdings verdreht er Griersons, wie wir sehen werden, zutreffende These, dass das Konzept eines abstrakten Wertmaßes ein Instrument der innergesellschaftlichen *Befriedung* gewesen sei, in ihr Gegenteil.

Die frühmittelalterlich-europäischen und allgemeiner segmentär-vorstaatlichen Gesellschaften sind mit einem Ausdruck von Trutz von Trotha (1995) »Ordnungen der gewalttätigen Selbsthilfe«. Es handelt sich wohlgemerkt um soziale Ordnungen, um Regelsysteme also und nicht chaotische Verhältnisse. Das bei schweren innergesellschaftlichen Konfliktfällen letzte Regulativ, nicht die zentrale Sanktionsinstanz, sondern vielmehr die oberste dezentrale Sanktionsinstitution dieser Ordnungen ist die Rache, die freilich nicht als lediglich individual-psychologischer Affekt einer geschädigten Person missverstanden werden darf, sondern vielmehr den Anspruch der geschädigten Gruppe auf eine mehr oder weniger komplementäre Schädigung der Partei des oder der Täter darstellt (Paul 2005). Auch in Ordnungen der gewalttätigen Selbsthilfe gab es ungeschriebene Regeln oder zumindest überlieferte Standards dafür, wer sich an wem für welche Vergehen zu rächen hatte. Dennoch war die Rache, sofern gerächt wurde, ein blutiges Geschehen, und aufgrund des Fehlens eines Gewaltmonopols bestand durchaus die Gefahr, dass die involvierten Akteure sich in Rachespiralen verstrickten und zunächst unbeteiligte Dritte in die Auseinandersetzungen hineingezogen wurden. Die konsentierte Einführung von in ihrer Höhe fixierten Schadensersatzzahlungen an die geschädigte Partei oder zumindest das Angebot solcher war darum ein rechtsgeschichtlicher, ja ein zivilisatorischer Meilenstein.

Im germanischen Raum hießen diese die Rache und damit die Gewalt im Idealfall unterbindenden Zahlungen Wergeld. Vergleichbare Rechtsinstitutionen waren global weitverbreitet. In aller Regel dürfte ein weiterer, deren »eigentlicher«, Leben verpfändender Funktion überhaupt nicht fern liegender Zweck der sozialen Währungen eben in der Beschwichtigung der Rache gelegen haben. Was die europäisch-frühmittelalterlichen Gesellschaften anderen Gesellschaften gegenüber auszeichnet, aber vielleicht auch nur der verschriftlichten Überlieferung – respektive der Schrift – geschuldet ist, ist das exakte und detaillierte Tarifsystem der Wergeldzahlungen. Die geldgeschichtlich besondere Rolle derartiger Tarifsysteme besteht in der Tat darin, an sich nicht oder nicht ohne Weiteres zu vergleichende »Gegenstände«, das heißt in diesem Fall verschiedenste Delikte, mit ein und demselben Maßstab zu messen und damit der Idee der Gleichwertigkeit von vorderhand Unvergleichlichem auf die Sprünge zu helfen. Nur ist diese Verallgemeinerung oder, wie man mutmaßen könnte, vielleicht sogar Entdeckung des Äquivalenzprinzips keine Folge einer vorgängigen Versklavung von Menschen, sondern ganz im Gegenteil Ausfluss eines Befriedungswunsches. Nicht der gewaltsame Vergleich steht am Ursprung des ökonomischen Wertbegriffs, sondern die Kategorie des Geldwerts hilft, Gewalt zu überwinden.

Verglichen wurden in den *leges barbarorum* nicht unvergleichliche Menschen, verglichen wurden als solche durchaus vergleichbare Verletzungen. Zwar ist vorstellbar, dass die Tarifsysteme für Kompensationszahlungen sukzessive auch auf »Sachbeschädigungen« ausgedehnt wurden und die Dinge eben so erstmalig Preise erhielten. Da jedoch bei den Germanen – und nicht nur bei diesen – der Sklavenhandel dem Warenhandel vorausging, könnte die Sklaverei durchaus eine Brücke gewesen sein, auf welcher die Vorstellung eines gemeinsamen Wertmaßes von Menschen auf Dinge überging (Grierson 1978, S. 15). Wie freie Menschen auch, konnten Sklaven einen Preis haben, zugleich aber waren sie eine Art Ding. Dass der Sklavenhandel der Verallgemeinerung des Äquivalenzprinzips Vorschub geleistet haben könnte, ist also durchaus möglich. Nur folgt daraus nicht, dass das Konzept selbst ein Abkömmling des Menschenhandels ist.

3. Opfer-Wirtschaft

Doch woher könnte das Konzept, die »Denkform« der Äquivalenz rühren, falls nicht aus der Wergeldpraxis selbst? Einer älteren, zwar immer wieder einmal zitierten, bis vor Kurzem jedoch nicht wirklich rezipierten, geschweige denn weiterentwickelten Theorie Bernhard Laums (1924/2006) zufolge entstammt es dem Opfer. Der Altphilologe, Ökonom und Knapp-Anhänger Laum liest die Homerischen Epen *Ilias* und *Odyssee* als wirtschafts- beziehungsweise geldgeschichtliche Quellen und stellt fest, dass in der von Homer beschriebenen archaischen Epoche, der Zeit des 8. und 7. Jahrhunderts v. Chr., zwar von Märkten keine Rede sei (vgl. Finley 1979), der älteste griechische Dichter wohl aber von Rindern als Wertmaß berichtet. Und daraus, dass Rinder als Hauptopfer(gut) fungierten, sie das Kostbarste waren, was die Griechen ihren Göttern opfern konnten, schließt Laum, dass die Kategorie des wirtschaftlichen Werts außerökonomische, quasichartale, nämlich religiöse oder genauer sakrifizielle Anfänge habe. Auf das alte Griechenland komme ich im vierten Abschnitt zurück. Laums These lässt sich indes auch und schon für die noch einmal älteren mesopotamischen Verhältnisse (Renger 1995; 2011) fruchtbar machen. Denn was sich hier beobachten lässt, ist, noch vor der »griechischen« Erfindung der Münze – und, insofern man »vertikalisierte« »Ehr«- oder »Wergeldgesellschaften« als evolutionären Vorläufer strikt stratifizierter Reiche ansehen kann, nach der Erfindung eines ersten Wertstandards –, die Erfindung eines »eigentlichen« *money of account.*[16]

Die Anfänge der altorientalischen Stadt und damit der ersten Hochkultur sind religiöser Natur. Die frühe Stadt des 4. Jahrtausends v. Chr., das ist zunächst der Tempel, und dessen Zweck ist es, den Göttern zu opfern. Die ersten Städte waren zunächst keine Wohnorte, an denen sich Menschen zum Zwecke eines erleichterten Austauschs oder der arbeitsteiligen Ausnutzung ihrer von der Natur ungleich verteilten Talente zusammengefunden hätten, sondern Ansammlungen, die um Opferstätten herum zu deren Unterhalt, Pflege und dem Ausbau von Zweck- und Prachtbauten entstanden (Schmid 2006). Es waren Orte, an denen Opfertiere und andere landwirtschaftlich erzeugte Produkte vorgehalten, aber auch geschlachtet, zubereitet und den Göttern dargebracht werden konnten. Neben den eigentlichen Opferspezialisten, den Priestern, wurden sie allmählich von (Hilfs-)Arbeitern, ersten Handwerkern und geschickten Baumeistern, sicherlich auch von Schutzpersonal und nicht zuletzt von Verwaltungskräften bevölkert. All diese Menschen, die direkt oder indirekt damit beschäftigt waren, die Götter mit Opfern bei Laune zu halten, mussten selbstredend versorgt werden. Ein Teil der Opfergaben wird darum von den Priestern zur Bezahlung ihres »Apparats« und zum eigenen Konsum zweckentfremdet worden sein. Die Opfergaben mögen ursprünglich freiwillig von Einzelnen oder vielmehr einzelnen (Dorf-)Gemeinschaften auf- und beigebracht worden sein, doch sowohl um den andauernden Hunger der Götter zu stillen – deren Macht mit ihrer »Gefräßigkeit« und deren »Gefräßigkeit« umgekehrt mit ihrer Macht stetig gewachsen sein dürfte –, als auch um die internen Bedürfnisse der Tempelwirtschaft zu befriedigen, kann man davon ausgehen, dass der ländlichen Bevölkerung sehr bald auch Arbeitsdienste und Unterhaltsleistungen abverlangt wurden. Der Übergang vom Opfer zum Tribut oder zur Steuer wird ebenso unmerklich und fließend vonstattengegangen sein wie der vom Tempel zum Palast. Alle frühen Könige waren sakrale Könige. Ihre Herrschaft gründete sich nicht allein auf (Waffen-)Gewalt, sondern speiste sich auch aus ihrer Nähe zu den Göttern.

Je größer das Einzugsgebiet der Tempel wurde, das Gebiet, auf dem Abgaben eingezogen wurden, desto mehr musste das Tempelpersonal auf Hilfsmittel sinnen, die Güter- (nicht: Waren-)Ströme im Blick zu behalten und nach Bedarf lenken zu können. In diesem Kontext, dem der Tempelverwaltung und das heißt der weltgeschichtlich ersten Bürokratie, sind die sogenannten Zählsteine oder *tokens* als Vorläufer der Keilschrift entstanden (Schmandt-Besserat 1996). Es handelt sich bei diesen Zählsteinen um kleine gebrannte Tonfiguren, die je nach Form im Verhältnis eins zu eins bestimmten Gütern zugeordnet wurden. Die einen standen für eine bestimmte Menge an Getreide, die nächsten für Schafe, die dritten für Krüge mit Öl und so weiter. Daraus, dass die ältesten, bereits aus dem 7. Jahrtausend v. Chr. stammenden Zählsteine in größeren Siedlungsverbünden und hier wiederum in Gräbern reicherer, vornehmer Personen und alle jüngeren Zählsteine vor Erfindung der eigentlichen Schrift um 3000 v. Chr. in den Überresten der Tempel- und Palastbauten gefunden wurden, lässt sich schließen, dass diese von Anbeginn ein Instrument zur Verbuchung von Abgaben und umgekehrt auch zur Dokumentation von Abgabepflichten gewesen sind. Beispielsweise konnte einem Viehzüchter oder Dorfvertreter, der dem Tempel viermal pro Jahr ein Schaf zu stellen hatte und dieses fristgemäß ablieferte, in Gestalt von vier Schaf-Zählsteinen eine Art Quittung ausgestellt werden, nur dass diese Quittung dem Dorfvertreter nicht ausgehändigt, sondern zusammen mit anderen *tokens* in ein von den Abgabepflichtigen und dem Empfänger versiegeltes Tongefäß eingeschlossen wurde, das im Tempel(-»Archiv«) verblieb. Damit konnte betrügerischen Manipulationen vorgebeugt beziehungsweise, wenn das Tongefäß in Anwesenheit der beiden Parteien zerbrochen wurde, überprüft werden, ob der fällige Tribut entrichtet worden war.

Ein nächster Schritt bestand darin, die Zählsteine vor der Versiegelung des noch feuchten Gefäßes in dessen Außenwand einzudrücken und auf diese Weise eine Art Durchschrift der Quittung(en) zu erstellen. Das Gefäß musste nicht mehr zerschlagen werden, nur um nachzuschauen, wer wem was geliefert hatte. Für die Entstehung der eigentlichen Schrift (Bottéro 2000, S. 19–30) entscheidend war indes, dass die *tokens* überhaupt nicht mehr versiegelt, sondern als nun mit Zahlzeichen »multiplizierte« Logogramme auf Tontafeln gepresst wurden. (Man könnte fast sagen, dass die »Druck«-Schrift der Handschrift damit vorausging.) Die ersten Schriftstücke waren Inventarlisten, Verzeichnisse bestimmter Mengen von Gütern. Die Zählsteine wurden damit nicht zu Vorläufern irgendeines *money proper*, sondern zu Vorläufern der Schriftzeichen, die in den folgenden Jahrhunderten nicht mehr nur für irgendwelche Lagerbestände, sondern für alle möglichen Gegenstände und schließlich auch Abstrakta verwendet wurden. Ähnlich wurden die Zahlzeichen im Laufe der weiteren Entwicklung (der Mathematik) zu abstrakten Zahlen; anfänglich und für uns bedeutsamer waren sie zugleich Maßeinheiten je konkreter Güter und damit der unmittelbare Vorläufer des bereits Mitte des 4. Jahrtausends v. Chr. nachweisbaren Silber-Gerste-Wertstandards.

Dieser legte fest (Hudson 2004a, S. 113; 2004b, S. 312–314), dass ein Schekel, die erste uns bekannte und über Jahrtausende hinweg gültige monetäre Einheit, dem Gewicht von 240 Gerstenkörnern (ca. 8 Gramm) in Silber entsprach. Nun waren acht Gramm Silber jedoch nicht 240 Gerstenkörner »wert«; das wäre selbst für heutige Verhältnisse exorbitant teuer. Vielmehr war ein Schekel der Gegenwert zu einem Gur oder 120 Litern Gerste. Dies war die Getreidemenge, die pro Monat für einen Tempel-»Arbeiter« veranschlagt wurde. (Die Sumerer hatten mithin nicht nur ein Wertmaß, sondern auch »unseren« Kalender erfunden. Sie teilten das Jahr in zwölf Monate à 30 Tage. Zur Synchronisation des Sonnen- und des Kalenderjahres gab es »Schaltmonate«.) Ein Schekel entsprach also dem Monatslohn eines Arbeiters. Dessen Versorgung mit zwei Mahlzeiten pro Tag (= 1/60 Schekel) bildete wiederum die Basis für das sexagesimale Währungssystem: 60 Schekel wurden zu einer Mine und 60 Minen zu einem Talent zusammenfasst. Einmal abgesehen davon, dass die Währungseinheiten ohnehin nicht als Münzen und nur in Ausnahmefällen als Rohsilber umliefen – das Gewicht eines Schekels hätte in etwa dem einer heutigen Zwei-Euro-Münze entsprochen; eine Mine wog ca. 500 Gramm, ein Talent ungefähr 30 Kilo –, weist auch ihr hoher Wert (von einem, 60 oder 360 Monatslöhnen) darauf hin, dass sie nicht als alltägliches Tauschmittel benutzt worden sein oder sich aus dem täglichen Austausch von Waren ergeben haben können. Sie sind durch ein administratives Fiat entstanden.

Festgelegt wurden durch die Tempelbürokratie ferner die (Schekel-)Preise anderer Güter als Gerste und anderer Dienstleistungen als des Arbeitslohns des Tempelpersonals. Wohlgemerkt, fixe Preise gab es für alle möglichen zunächst seitens der Bevölkerung dem Tempel geschuldeten und sekundär für die von dieser möglicherweise untereinander getauschten Güter und Arbeiten. Dies bedeutete, dass eine in Schekel denominierte Abgabe in je unterschiedlichen Gütern entrichtet werden konnte, ja, dass »auf dem Markt« durchaus Ziegen gegen Fische getauscht werden konnten, ohne die Tauschrelation in jedem individuellen Fall neu bestimmen oder finden zu müssen. Dass Handel und Warentausch begünstigt werden, wenn ein Wertstandard existiert, ist unstrittig; nur erwächst dieser nicht zwanglos aus einer geldlosen Tauschwirtschaft. Der Markt kommt vielmehr in Schwung, sobald den Akteuren ein Maßstab vorgegeben wird, an dem sie sich orientieren können. Und genau dies geschah erstmalig vor 4000 oder 5000 Jahren in Mesopotamien. Der Durchbruch zur kommerziellen Ökonomie ist mithin ein unbeabsichtigter Effekt des frühesten Verwaltungshandelns. Dessen eigentlicher Zweck war es, Güterströme und Arbeitslasten zu erfassen und zu steuern. Etwas überspitzt formuliert, ist es eine Planwirtschaft, welche die Marktwirtschaft gebiert. Und ein wesentlicher Operator dieser weltgeschichtlich fundamentalen Transformation ist die Erfindung eines Verrechnungsstandards. Schon am Anfang »der Zivilisation« steht also das Geld, wenn auch nicht in der Form von Bargeld, sondern vielmehr als Denkform, als von Menschen erdachte Kategorie, die es erlaubt, unterschiedlichste Dinge oder Qualitäten als quantitativ gleichwertig zu behandeln.

Das Geld oder vielmehr das *money of account* ist indes lediglich ein und nicht der einzige Operator dieser Transformation, weil es zu einem ganzen Bündel von »ökonomischen« Innovationen, das heißt Innovationen mit ökonomischen Effekten, gehört, die von den mesopotamischen Tempelbürokraten ersonnen und ausprobiert worden sind. Dazu gehören, wie schon erwähnt, der Kalender oder die exakte Zeitrechnung und auch der Zins (Van de Mieroop 2005). Der Zins ist, anders als die neoklassische Standardökonomik meint, *kein* realwirtschaftliches, immer schon beobachtbares und geldlos mögliches Phänomen (vgl. Kap. III/1). In segmentären, vom Gabentauch bestimmten Gesellschaften ist die Akkumulation von materiellem Reichtum, zumal dessen individuelle Akkumulation, verpönt. Dass sie gleichwohl vorkommt und dazu angetan ist, der sozialen Stratifizierung und sogar der Entstehung embryonaler Formen von Staatlichkeit Vorschub zu leisten (Sahlins 1963), ist kein Gegenargument, sondern vielmehr der Grund dafür, dass allerorten Umverteilungs- und »Reichtumsvernichtungsmechanismen« wie zum Beispiel »kommunale Verteilungsschlüssel« der Jagdbeute oder Feierlichkeiten zum Verprassen von Überschüssen zu beobachten sind. Wer (außerhalb des, wie in den ersten beiden Abschnitten dieses Kapitels gesehen, unter Umständen zur Erzeugung »politischer« Ungleichgewichte tendierenden Frauentauschs) Bedarf nach materieller Unterstützung und das heißt zumeist nach Lebensmitteln hat, dem wird unentgeltlich geholfen. Das ist zwar kein Ausdruck von ursprünglicher Güte, sondern vielmehr des allgemeinen Wissens darum, selber in Notlagen geraten zu können. Das Ergebnis jedoch sind Ausgleich und Aushilfe. Wenn darum der Zins, zunächst wohl die Erhebung eines Aufschlags auf das Leihgut und später eines rechnerischen Mehrwerts dem ausgeliehenen »Kapital« gegenüber, in Mesopotamien eingeführt und durchgesetzt werden konnte, legt dies nahe, dass nur ein mit besonderer Autorität versehener Akteur sich über die herkömmlichen, außerordentlich stabilen Reziprozitätsnormen hat hinwegsetzen können. Und dieser Akteur dürfte wiederum der Tempel gewesen sein (Hudson 2002, S. 12).

Die Tempel waren in der Lage, Zwangsabgaben zu erheben, und sie waren in der Lage, einen Zins zu verlangen, weil ihre Gegenleistung über das hinausging, was man von seinesgleichen verlangen durfte. Den Göttern zu opfern versprach Schonung vor größerem Unheil, ja diente dem Erhalt der kosmischen Ordnung (Bottéro 2000, S. 34–66). Im Außenverhältnis, schwächeren, fremden Gruppen gegenüber, war es seit jeher möglich und sogar üblich, ihnen zu nehmen, was man ihnen nehmen wollte und konnte. Der Tempel fungierte nun als eine Art inneres Äußeres. Zwar lebten Götter und Priester materiell auf Kosten der Gläubigen, gleichwohl konnten Erstere Letztere ideell, weil man es glaubte, »von oben herab« behandeln, als Wesen minderer Güte, auf die Rücksicht zu nehmen von diesen allererst erkauft werden musste. Genau andersherum als in der islamischen Tradition oder im christlich-europäischen Mittelalter, in dem die Zinsnahme im Namen der Religion verurteilt wurde (Le Goff 1988), dürfte die Zinsnahme in Mesopotamien im Namen der Religion gerechtfertigt gewesen sein. Gut möglich ist, dass die Tempel den Zins, bevor »einheimische« Bauern ihn für die Ausleihe von Saatgut zu zahlen hatten, zunächst nur von den von ihnen mit der Beschaffung von Baumaterialien und Silber beauftragten, an die gebirgigen Ränder des mesopotamischen Tieflands geschickten Karawanenhändlern, also im Außenhandel, verlangten. (Vergütet wurden die Importe im Übrigen durch Getreide und in den Tempelwerkstätten erzeugte handwerkliche Produkte. In dem Maße, in dem bei den Tempeln ein Mehrprodukt anfiel, konnte mit diesem Handel getrieben werden.) Erst sekundär könnte diese Praxis in das Binnenverhältnis des Tempels zu »seinen« Bauern eingesickert sein, forciert vielleicht dadurch, dass dieser sukzessive dazu überging, die Abgaben nicht mehr selbst einzutreiben, sondern die Erhebung und das Beibringen der Tribute »privaten« Steuerpächtern zu überlassen.

Konnte ein Bauer seinen Abgabepflichten nicht nachkommen, konnte er sich nicht auf seine Gemeinschaft verlassen, sondern musste beim Tempel um Stundung der Schuld und je nach Ausgang der Ernte um einen Vorschuss in Form von Saatgut nachsuchen. Dafür erhoben der Tempel respektive die Steuerpächter ab Mitte des 3. Jahrtausends Zinsen. Ein solcher Kredit wurde schriftlich dokumentiert. Der Bauer musste mehr liefern, als ihm vorgestreckt worden war, und zwar zu einem vorab festgelegten Termin ein in Schekel bepreistes Quantum zum Beispiel (und in der Regel) an Gerste. Der Zins variierte nicht, sondern war administrativ festgesetzt.[17] Sollte der Bauer seine Schulden nicht begleichen können, stand den Gläubigern das Recht zu, in sein Eigentum einzugreifen, das heißt sich das (in agrarischen, nichtstaatlichen Gesellschaften nirgends veräußerbare) Land und, falls dieses den »Schaden« nicht decken sollte, auch die Arbeitskraft des Bauern und seiner Familie anzueignen.

Tatsächlich ist es der Kredit, der eine neuartige, wirtschaftlich bedingte Form der Ungleichheit in die Welt setzt, auf welche die mesopotamischen Herrscher mit regelmäßigen Schuldenerlassen reagieren (Hudson 2002, S. 29–31). Erlassen wurden den Bauern (nicht aber den Händlern) Zins und Tilgung, gepfändetes Land wurde restituiert und in Schuldknechtschaft geratene Personen wurden befreit. Sinn und Zweck dieser Schuldenerlasse war es nicht nur, die sozialen Spannungen, den weltgeschichtlich ersten und vielleicht sogar grundlegenden Klassenkampf zwischen Gläubigern und Schuldnern der religiös beziehungsweise zentral-»staatlich« angestoßenen Kreditwirtschaft abzufedern, sondern auch die Reihen der aus freien und darum zur Verteidigung ihres Landes motivierten Bauern bestehenden Armee aufzufüllen – stehende Heere und Söldner gab es noch nicht – und zugleich den Reichtum und damit die Autonomie der Steuerpächter zu beschränken.

Diesem sozialstrukturellen und politischen (Re-)Stabilisierungsmechanismus zum Trotz wurde in den mesopotamischen Reichen die alte und außerhalb dieser (und anderer, späterer Hochkulturen und bis vor nicht allzu langer Zeit selbst außerhalb des neuzeitlichen Weltkapitalismus) fortexistierende Welt des Gabentauschs gesprengt. Es wurden, in Graebers Terminologie, Humanökonomien durch kommerzielle Ökonomien abgelöst, anders als er annimmt (2009, S. 122; 2011, S. 176f.) jedoch nicht durch den »perversen« Gebrauch sozialer als kommerzieller Gelder, sondern durch die bürokratische Erfindung eines *money of account.* Die zentralisierte und zentralisierende Tempelwirtschaft erforderte den Aufbau eines administrativen Apparats. Dieser ersann Techniken der Buchführung und mit diesen unweigerlich auch den Kredit. Bürokratische, perspektivisch durchaus gewaltgedeckte, als solche jedoch nicht gewaltgeborene Innovationen waren es, welche den Gabentausch zwar nicht überhaupt zum Verschwinden brachten – ganz im Gegenteil sollten »desinteressierte« Gaben nun erst möglich werden –, ihn wohl aber aus seiner für die Vergesellschaftung, für die Stiftung und die Aufrechterhaltung sozialer Kohäsion zentralen Stellung vertrieben. Die neuerdings politische Verfassung der Gesellschaft ersetzte den herrschaftsfreien »Sozial-Vertrag« gabentauschender Kollektive, insbesondere löste der zunächst vertikale, der Bevölkerung von oben auferlegte Kredit den Gabentausch auch in der Interaktion der Kollektive und Individuen ab.

Denn aller oberflächlichen Ähnlichkeit oder sogar tatsächlichen Verwandtschaft von Gabentausch und Kredit zum Trotz – hier wie dort gibt es Geber und Nehmer, Gläubiger und Schuldner, hier wie dort muss nach Ablauf einer gewissen Frist die ursprüngliche Gabe dem Geber erstattet werden – sind es die Bestimmungen des Kredits, welche religiöse und soziale Schuld(igkeit) in wirtschaftliche Schulden transformieren und damit ein neues gesellschaftliches Universum eröffnen. Tatsächlich sind es die formelle Vertraglichkeit, der Termin, das Wertmaß und gegebenenfalls die vereinbarte Sanktion, welche wirtschaftliche oder genauer monetäre Schulden von einer bloßen Erstattungs- oder der aus dem Gabentausch bekannten Erwiderungspflicht unterscheiden. Eine »Rück-Gabe« wird nicht vereinbart, sondern erwartet; sie kann früher oder später erfolgen – oder auch gar nicht; ob es sich bei ihr um denselben, den gleichen oder einen ähnlichen Gegenstand oder um etwas »ganz Anderes« handelt, ist, wenn auch im Rahmen eingespielter Gepflogenheiten, genauso unbestimmt wie ihr Wert unbestimmbar; und schließlich folgt aus ihrer Verweigerung nicht die gewaltsame Aneignung eines Pfandes, sondern, wenn überhaupt, der Abbruch der Beziehungen. Der Zins, insofern »er« das (Be-)Rechnen und die formelle Sanktion voraussetzt, ist einerseits nur das i-Tüpfelchen, das den auch zinslos schon eingeleiteten Bruch mit der Welt der Gabe vollendet, andererseits jedoch, insofern er die soziale Ungleichheit dynamisiert, der Hebel, der ungekontert ganze Gesellschaften aus dem Gleichwicht wirft (vgl. Hudson 1992).

4. Das Geheimnis der Münze

Die weltgeschichtlich erste »durchmonetarisierte« Gesellschaft begegnet uns im klassischen Griechenland des 5. Jahrhunderts

v. Chr. (Seaford 2004, S. 96–100; Schaps 2014, S. 40–44). Das ist natürlich insofern eine Übertreibung, als dass die Käuflichkeit der Dinge und die Abhängigkeit vom Geld in unserer Zeit noch sehr viel weitergetrieben worden sind als vor zweieinhalbtausend Jahren in Griechenland. Die damalige griechische Gesellschaft war geprägt von einer Vielzahl von persönlichen Abhängigkeitsverhältnissen, allen voran der Sklaverei, und das nicht nur aristokratische Ideal, sondern auch die Lebenswirklichkeit zumindest der ländlichen Bevölkerung dürfte die wirtschaftliche Selbständigkeit gewesen sein (Finley 1981). Gleichwohl rührt die Modernität der griechischen Antike »neben« ihrer Erfindung der Demokratie, dem Erwachen der Philosophie als rationaler Ergründung der von abstrakten Prinzipien oder Gesetzen und nicht göttlichen Launen zusammengehaltenen Natur oder dem Erblühen des profanen Dramas auch daher, dass uns im alten Griechenland und dort insbesondere in Athen eine vergleichsweise entwickelte Marktwirtschaft entgegentritt.

Märkte und allgemeiner noch den Tausch von Überschüssen und Spezialprodukten hat es auch vorher und andernorts gegeben. Nirgends jedoch, und zwar auch nicht in Mesopotamien, war der Markt eine Instanz, von der die Versorgung oder Reproduktion der Gesellschaft abhängig gewesen wäre. Das zentrale (nicht nur) ökonomische Prinzip dieser ersten Hochkultur war die Redistribution, die zentralisierte Einsammlung und Umverteilung von Gütern, und nicht der dezentrale, von einer Vielzahl von Anbietern und Nachfragern weniger organisierte als vielmehr erzeugte Markt. Und der im östlichen Mittelmeerraum im ersten vorchristlichen Jahrtausend von den Phöniziern getragene Handel war im Wesentlichen Groß- und Fernhandel mit und zwischen Handelshäusern und politischen Akteuren (Sommer 2004). Ein von Menschen aller Schichten und Klassen besuchter, dauerhafter Markt, auf dem man individuell erzeugte

Produkte absetzen und alles Mögliche, auch und gerade Lebensmittel erwerben konnte, auf dem eine Vielzahl von Einzelhändlern eben vom Einzelhandel leben, war ein griechisches Novum. Gleichzeitig begegnet uns im klassischen Griechenland oder zumindest – worauf gleich noch zurückzukommen sein wird – in seinen Randbereichen erstmalig dasjenige Geld, das die meisten (wie auch nahezu alle kleineren Kinder) für das eigentliche Geld halten dürften: nämlich die Münze.

Sie war zwar nicht das erste *money proper*, das erste auf einen Wertstandard bezogene Zahlungs- und Tauschmittel. Als solches fungierte gewogenes Silber auch schon in Mesopotamien und vor allem bei den Phöniziern. Wohl aber war sie das erste *money proper*, das nicht mehr oder weniger umständlich gewogen werden musste, sondern einfach gezählt werden konnte. Das aber setzte voraus, auf ihren Wert zu vertrauen, gewissermaßen das Wertzeichen selbst für bare Münze zu nehmen.[18] So falsch es also ist, Geld mit Münzen gleichzusetzen, einem an sich wertvollen »Gelding«, das sich erst im Laufe seiner Entwicklung von der Münze über den Geldschein bis zum elektronischen Zeichen immer weiter von seiner materiellen Basis gelöst habe – geldgeschichtlich grundlegend war vielmehr die Entwicklung eines an sich immateriellen Wertmaßstabs –, so richtig ist es, dass das Geld erst als Münze zum universellen Tauschmittel wurde und damit den Markttausch beflügelte. Aus der Gleichzeitigkeit von Markt und Münze folgt jedoch nicht, dass diese zur Erleichterung des Markttauschs ersonnen worden sein muss. Tatsächlich scheint es sich umgekehrt verhalten zu haben. Zwar wäre es einigermaßen absurd, zu behaupten, man habe sich den Markt ausgedacht, um etwas mit den Münzen anfangen zu können. Wohl aber sprechen die Indizien dafür, dass erst die, wie wir sehen werden, wiederum politische Erfindung Münze und deren religiöse Rahmung zur Folge hatten, dass Märkten oder allgemeiner dem Warentausch eben die nicht bloß quantitative, sondern vergesellschaftende Bedeutung zuwuchs, welche ihnen das geläufige ökonomische Vorurteil immer schon unterstellt.

Bei der Erfindung der Münze handelt es sich, anders als bei der Entwicklung von Geld, um ein recht präzise datierbares Ereignis. Münzen als kleine und handliche, rundliche und vor allem geprägte, das heißt mit einem Zeichen, einem Symbol oder Bild versehene Metallobjekte wurden erstmalig im 7. Jahrhundert v. Chr. in Lydien an der heutigen türkischen Ägäis-Küste geschlagen. Mitte des 6. Jahrhunderts tauchten sie in Griechenland auf, über das und in dessen außergriechischen Kolonien sie sich in für damalige Verhältnisse kürzester Zeit verbreiten (Davies 2002, S. 61–86). Einer unüberschaubaren Vielzahl von Münzen unterschiedlicher Provenienz und unterschiedlichen Werts zum Trotz – oder auch gerade deswegen – setzte sich die (auf dem Buchdeckel abgebildete) athenische Tetradrachme im 5. Jahrhundert als griechische Leitwährung durch. Für Aristoteles, den griechischen Philosophen des 4. vorchristlichen Jahrhunderts, war Münzgeld bereits ein in seinen die menschliche Gier anstachelnden Konsequenzen zwar bedauerliches, gleichwohl aber für die Koordination des Lebens in der Polis unverzichtbares Tausch- und für die Herstellung von Gerechtigkeit notwendiges Zahlungsmittel (Meikle 2000; Hénaff 2009, S. 121–141, 484–505). Erstaunlich an dieser Entwicklung ist zum einen ihre Geschwindigkeit, insbesondere die beinahe explosionsartige Verbreitung der Münzen in Griechenland selbst, und zum anderen der Umstand, dass es weder die Handel treibenden Phönizier noch mesopotamische Verwaltungsspezialisten waren, welche auf die Münzprägung verfielen, obwohl diese ihnen technisch ohne Weiteres möglich gewesen wäre.

Geprägt wurden die ersten Münzen vielmehr an der Nahtstelle zwischen alten und im Inneren weitgehend pazifizierten

Großreichen und aufstrebenden, aber auch von bürgerkriegsartigen Konflikten heimgesuchten griechischen Stadtstaaten. Lydien war ein nicht-griechisches, ebenso wenig jedoch in Abhängigkeit von den Persern stehendes prosperierendes Königreich. Seine Häfen, insbesondere Ephesos in der Nähe des heutigen Izmir, waren Anlaufpunkte für phönizische Schiffe und Umschlagplätze des inter-»nationalen« Warenverkehrs. Seinen Königen wurde ein außerordentlicher Reichtum nachgesagt; der letzte von ihnen war Krösus, dessen Name uns der Inbegriff eines reichen Menschen ist. Der Reichtum des Königreichs stand mit der Münzprägung gewiss in Zusammenhang, nur wurden die lydischen Münzen definitiv nicht für Fernhandelszwecke geschlagen: Nicht nur kamen die Phönizier ohne Münzen aus, auch wurden diese nur im lydischen Kernland und nicht an den Enden der Fernhandelsrouten gefunden (Kraay 1964).

Zur Erleichterung des Einzelhandels dürften sie ebenfalls kaum geprägt worden sein, zumindest nicht von den Händlern selbst. Zum einen wären der Aufwand und das unternehmerische Risiko zu hoch gewesen, zum anderen und vor allem aber hätte einzelnen Händlern die Autorität gefehlt, die Münzen in Verkehr zu setzen, beziehungsweise wäre ihnen kaum das nötige Vertrauen zur Abnahme der Münzen entgegengebracht worden, unterscheiden diese sich doch gerade dadurch von gewogenem Silber (oder sonstigem Edelmetall), dass ihr Nominalwert von ihrem Metallwert abweichen konnte. Tatsächlich wurden die ersten Münzen nicht gegossen und dann geprägt. Vielmehr wurden ähnlich große, in den Flüssen Lydiens geschürfte natürliche Metallstücke mit den jeweils selben Zeichen gestempelt. Hinzu kommt, dass die lydischen Münzen nicht aus Reinmetall, sondern aus Elektron oder Weißgold, einem in unterschiedlichen Mischungsverhältnissen vorkommenden Amalgam aus Silber und Gold, bestanden. Die Münzen besaßen also einen unterschiedlichen Metallwert; es war das Münzzeichen, das sie dennoch gleichsetzte. Schon die ersten Münzen waren buchstäblich »ein Stück Glauben«, (auch) daran nämlich, dass ihr Nominalwert in etwa ihrem Metallwert entsprach. Einem Händler, Schmied oder Juwelier, einmal angenommen diese hätten die ersten Münzen geschlagen, hätten ihre Kunden kaum abgenommen, dass es sich bei den Münzen um »vollwertige« Stücke handelte.

Wenn der Handel als Quelle der Münzen ausscheidet, was könnte dann aber der Grund ihrer Einführung gewesen sein? Von Robert Cook (1958) stammt die These, dass sie zur Bezahlung von Söldnern geprägt worden seien. In der Tat führten die Lydier mehr oder weniger ununterbrochen Krieg gegen benachbarte Königreiche. Das allein war indes kaum etwas Besonderes. Neu jedoch war, dass die Lydier Söldnerheere einsetzten. Bauernarmeen besaßen zwar den Vorteil, dass die Bauern, zumindest dann, wenn sie frei waren, auch für sich und ihre Freiheit kämpften, doch konnten die Feldzüge weder räumlich noch zeitlich allzu ausgedehnt sein, weil ansonsten das Land der Bauern unbestellt blieb. Eine Alternative war die Vergabe von Land auch und gerade an bislang unfreie Soldaten. Diese alte Methode der Feudalisierung taugte durchaus, um gegebenenfalls überschüssige Männer zu »exportieren« und das Herrschaftsterritorium zu erweitern. Ihr Nachteil jedoch war, dass die neuen »Feudalherren« in den eroberten Territorien ansässig wurden, zumeist selbst Landwirtschaft betrieben und dem König oder »eigentlichen Landesherrn« gegenüber mehr oder weniger Selbständigkeit beanspruchen konnten.[19] Zur dauerhaften Sicherung von Landesgrenzen fernab des Zentrums bedurfte es stehender und gleichwohl mobiler Truppen. Man brauchte eine Berufsarmee. In Lydien bestand diese vor allem aus Griechen. Wollte man verhindern, dass die Truppen das Land, das sie verteidigen oder erobern sollten, plündern, musste man sie alimentieren. Dies in

Form von aus dem Kernland herbeigeschafften oder mitgeführten Lebensmitteln zu tun überstieg jedoch die logistischen Möglichkeiten der lydischen Könige. Um eben dieses Problem zu lösen, könnten die Münzen erfunden worden sein. Mit diesen hätten die lydischen Könige ihre griechischen Söldner bezahlt. Und wer gut bezahlt wird, der plündert nicht.

Doch noch bleiben Fragen: Warum hätte die Entlohnung in Form von Münzen und nicht ungemünztem, wohl aber gewogenem Silber erfolgen sollen? Und, einmal vorausgesetzt, dass es eine entwickelte, leistungsfähige Marktwirtschaft noch nicht gab, was hätten die Söldner im Feld mit ihrem (Münz-)Geld anfangen können? Warum hätte die örtliche, weitgehend subsistent lebende Bevölkerung es annehmen sollen? Eine ältere, klassisch-chartalistische Antwort auf diese Fragen lautet (ebd.; Kraay 1964), dass der Staat, in unserem Fall also der lydische König, der Bevölkerung eine in Form von Münzen zu begleichende Steuer auferlegt habe. Um in den Besitz von Münzen zu gelangen, mussten zunächst die Bewohner des Grenzlandes den Soldaten, welche anfänglich als einzige Münzen besaßen, Güter zum Tausch anbieten. Die Soldaten konnten damit aufs Plündern verzichten, und die Bauern hinter der Front konnten ihre Steuern begleichen. Falls alle Bewohner des Landes (münz-)steuerpflichtig wurden, mussten in der Folge auch die Menschen in der Etappe mit den Grenzlandbewohnern ins Geschäft kommen. Qua Steuerzwang und Bereitstellung eines »Steuertilgungsmittels« würden also überschüssige Ressourcen mobilisiert und getauscht, die Bauern dazu angehalten, über ihre Subsistenzproduktion hinaus ein für Dritte attraktives Mehrprodukt zu erwirtschaften. Ähnlich wie in Mesopotamien ein preisregulierter Markt die unbeabsichtigte und vor allem für den Erhalt des Gesellschaftssystems irrelevante Folge der Verwaltungspraxis des Tempels gewesen war, wäre in Lydien ein freier Markt ein von den politischen Autoritäten zur Lösung der Versorgungsprobleme ihres Söldnerheers erstrebter Effekt der Einführung von Münzen und einer in Münzen zu begleichenden Steuerschuld gewesen. Rohes, abgewogenes Silber hätte diesen Effekt nicht oder wenigstens nicht ebenso gut erzielt, weil es von den steuerpflichtigen Bauern im Prinzip auch anderweitig als durch den Tausch von Lebensmitteln gegen Sold hätte beschafft werden können. Quellenbelege für diese Interpretation gibt es zwar nicht, eine ganze Reihe von analogen, ihrerseits besser und sogar eindeutig dokumentierten Fällen aus der späteren, nicht nur antiken Geschichte (Schoenberger 2008) legen indes nahe, dass es erstmalig so auch in Lydien gewesen sein könnte.

So elegant diese Erklärung ist, sie unterstellt den lydischen Königen eine erstaunliche, fast unglaubliche Weitsicht. So sehr man ökonomistischen Herleitungen des Geldes vorhalten muss, dass sie aus der Funktion von Geld als Tauschmittel nicht schließen dürfen, Geld könne nur als Tauschmittel entstanden sein, so sehr muss man chartalistische Erklärungen, welche die Herstellung eines Marktes für den ausdrücklichen Zweck eines politischen Oktrois von Zahlungszwängen halten, mit einem Fragezeichen versehen. Wahrscheinlicher ist es, dass der Markt, wie in Mesopotamien, ein unbeabsichtigter Effekt politischer Entscheidungen beziehungsweise des Verhaltens von politischen oder religiösen Autoritäten gewesen ist.

Außer Frage steht freilich, dass die lydischen Könige in andauernde Kriege verstrickt waren, und ebenso, dass Berufssoldaten in ihren Heeren kämpften und diese sich selbst versorgen mussten. Allerdings dürften die Soldaten auf ihren Feld- und Beutezügen nicht nur Lebensmittel, sondern auch und gerade leicht transportable Wertgegenstände beziehungsweise Prestigeobjekte geplündert haben, namentlich Silber und Schmuck. Das (lydische Hinter-)Land war nicht nur von armen Bauern bevölkert. Von der Landwirtschaft lebende Gesellschaften sind stratifizierte Gesellschaften oder zumindest solche, in denen erhebliche Unterschiede im Reichtum der jeweiligen Familien oder Wirtschaftseinheiten bestehen. Als Schatz oder Schmuck und Objekte des Gabentauschs reicher Familien waren Edelmetalle durchaus gebräuchlich. Dieses geraubte Silber könnten die Soldaten der von ihnen unterjochten Bevölkerung im Tausch gegen Lebensmittel und andere Versorgungsgüter angedient haben. Deren Motiv, sich auf einen solchen Tauschhandel einzulassen, dürfte darin zu finden sein, lieber halbwegs überflüssige Güter herzugeben – wo Landwirtschaft betrieben wird, muss es Vorräte geben – und dafür an sich begehrtes, »aristokratisches« Silber zu erhalten, als Plünderungen zu erdulden. Die Erweckung von Märkten zur Versorgung der Heere braucht mithin kein Kalkül der politischen und militärischen Führung gewesen zu sein. Ein rudimentärer, für die (Selbst-)Versorgung der Truppen dennoch wesentlicher Tauschhandel zwischen diesen und der örtlichen Bevölkerung könnte vielmehr das auf die Dauer betrachtet für beide Seiten vorteilhafte Substitut eines asymmetrischen, selbst für die überlegene Seite nur kurzfristig, ja im Grunde nur einmalig vorteilhaften »Tauschs« von Gewalt gegen Güter gewesen sein.

David Schaps (2007, S. 315) zufolge könnte die Beobachtung, dass der Umlauf von Edelmetallen (Proto-)Märkte stimulierte, welche den Unterhalt der Truppen erleichterten, die lydischen Könige allererst auf die Idee gebracht haben, nicht nur die Soldaten, sondern alle »Hoflieferanten« mit Münzen zu bezahlen, um auf diese Weise auch im befriedeten Hinter- und friedlichen Kernland einen Handel anzuregen, welcher, wie zunächst das Rohsilber im Feld, bisher »versteckte« Güter mobilisieren und damit die »Steuerbasis« verbreitern sollte, das heißt das Ausmaß der Güter und Tätigkeiten, bei deren Austausch eine (Art Markt-)

Gebühr an »die Krone« abzuführen war. Die Prägung hätte dabei den doppelten Sinn gehabt, die Münzen zum einen annehmbar zu machen und zum anderen im Verkehr zu halten; der Stempel hätte dafür gesorgt, einerseits den Wert der Münzen zu verbürgen und andererseits der Verwendung des Geldmaterials für andere Zwecke als den Markttausch vorzubauen. Die lydischen Könige hätten also – und immerhin – entdeckt, dass sich durch die Serienproduktion von Münzen ein kriegsbedingt umfänglicher werdender, nur bar- oder münzgeldlos nach wie vor umständlicher Handel befördern ließ und dieser auf dem Umweg der Besteuerung zur weiteren Mehrung des eigenen Reichtums beitrug. Selbst dies jedoch wäre ein durch und durch rationaler, gewissermaßen wirtschaftspolitischer Schachzug gewesen, den zu unterstellen eine gewisse Skepsis angebracht scheint.

Auf jeden Fall kann es so, wie hier für Lydien geschildert, in Griechenland nicht gewesen sein. Auszuschließen ist, dass (auch) die griechische Münzwirtschaft ihre Anfänge in der Besoldung stehender Heere gefunden hat. Denn bezahlte Berufsarmeen werden hier erst über einhundert Jahre nach Einführung der Münze aufgestellt. Haben die Griechen also, wie Schaps (ebd., S. 317 f.) meint, die lydische Münze einfach übernommen, vermittelt vielleicht über aus Lydien in die Heimat zurückkehrende griechische Söldner? Vielleicht, ja wahrscheinlich sogar. Doch was genau haben sie mit der Münze übernommen, und wozu haben sie die Münze übernommen? Wollten die griechischen Stadtherren, wie mutmaßlich der lydische König, den Handel anregen, um indirekt selbst davon zu profitieren? Dem steht entgegen, dass der Handel im archaischen Griechenland, auch wenn es ihn gab, randständig war und Händler kein besonderes Ansehen genossen. Einem politischen Führer hätte die Förderung des Handels kaum zur Ehre gereicht. Dass (auch) in Griechenland mittels der Münze generierte Handelsgewinne abgeschöpft werden sollten, ist mithin höchst unwahrscheinlich. Doch selbst wenn die Münze »nur« als dem auch in Griechenland nicht unbekannten Rohsilber gegenüber praktischeres, zählbares und damit das Wiegen erübrigendes Tauschmittel genutzt worden sein sollte, warum haben dann gerade die dem Handel eher abholden Griechen (und nicht etwa die Phönizier) es imitiert? Warum sollten gerade sie darauf verfallen sein, sich statt mit »vollwertigem« Metall mit einem auf Metall gestempelten Wertversprechen abspeisen zu lassen? Was sollte sie noch vor dem Gebrauch zur Akzeptanz dieser eventuell unterwertigen Geldstücke motiviert haben? Vielleicht aber war es, wie Schaps selbst vermutet, nicht nur oder gar nicht das Tauschmittel, das die Griechen mit der Münze übernahmen, sondern das Konzept eines universellen Maßstabs. Wozu aber sollten sie diesen brauchen? Und warum sollte er gerade der Münze abzulesen sein? Hatten wir nicht gesehen, dass es der, sei es gewaltsam erzwungene, sei es um des »lieben Friedens« willen »in Kauf genommene« Vergleich ist, der etwas zum Stellvertreter von etwas Anderem (und irgendwann vielleicht auch zum universellen Äquivalent) macht, weder aber der Tausch als solcher noch ein *money proper* an sich?

Die Übernahme oder Imitation der Münze kann also nicht schlicht und voraussetzungslos vonstattengegangen sein. Allerdings sind sehr wohl zwei uns bereits bekannte Kanäle zu identifizieren, auf welchen die Münze sich gerade in Griechenland zum Inbegriff noch des heutigen Geldes hat aufschwingen können: das Straf-»Recht« und das Opfer. Zum einen können wir im archaischen Griechenland beobachten, wie in logischem und wohl auch empirischem Anschluss an vorausgehende Wergeldzahlungen protostaatliche (weil das Werden der griechischen Polis allererst begleitende oder gar vorbereitende) Geldstrafen an die Stelle vorstaatlicher, »privater« Vergeltungspraktiken rücken (Peacock 2013). Zum anderen dürfen es, folgen wir Laum und seinem neben Türcke (vgl. Fn. 16) zweiten Wiederentdecker Richard Seaford (2004), Besonderheiten des griechischen Opfers gewesen sein, welche die Münze als Wertzeichen, dessen Nominal- und Materialwert voneinander abweichen konnten, allererst gesamtgesellschaftlich akzeptabel machte.

Was schon Drakons, dann und vor allem aber Solons Gesetzgebung (um das Jahr 600 v. Chr.) auszeichnet, ist, neben der Verschriftlichung von Gesetzen überhaupt (die es zuvor freilich auch schon in Mesopotamien gab), die Festsetzung von tatspezifischen Strafzahlungen an die (sich seinerzeit erst bildende) Polis (ebd., S. 90–93; Peacock 2013, S. 289–292). In vorstaatlichen Gesellschaften sind es die Familienverbände, Clans oder Segmente, welche die Ahndung ihnen zugefügter Schäden an Leib, Besitz oder Ehre in die eigene Hand nehmen. Es sind Ordnungen der gewalttätigen Selbsthilfe. Überlieferte Gerechtigkeitsvorstellungen bilden zwar einen groben Maßstab, an dem Vergeltungsmaßnahmen orientiert werden; und das Interesse des Stammes beziehungsweise der nicht am Konflikt beteiligten Einheiten, diesen nicht auf Kosten der Gesamtheit eskalieren zu lassen, setzt dem Recht auf Vergeltung gewisse Grenzen. Gleichwohl können Rachespiralen den Zusammenhalt und die Autonomie des Stammes aufs Spiel setzen. Gerade die *Ilias* und die *Odyssee* bieten oder sind gar Beispiele dafür, welches Gewaltpotential in fehlgeschlagenen oder zurückgewiesenen Gabentauschbeziehungen steckt: In der *Ilias* verweigert der Krieger Achill sowohl die Gaben, die der griechische Anführer Agamemnon ihm als Entschädigung dafür anbietet, ihm eine wohlgemerkt geraubte Braut genommen zu haben, als auch diejenigen, welche der Troerkönig Priamos ihm in Aussicht stellt, wenn er die Leiche von dessen Sohn Hektor herausgäbe. In beiden Fällen folgt aus der Weigerung Achills, sich auf einen Tausch einzulassen, ein Aufbranden der Kämpfe. In der *Odyssee* weist der Held des Epos das Angebot der um seine Frau Penelope buhlenden Freier zurück, sich ihrem Festmahl anzuschließen. Was folgt, ist ein Gemetzel, das allein Odysseus überlebt. Seaford (2004, S. 38f., 44) deutet diesen Umstand als *Krise der Reziprozität*. Jedenfalls entscheiden in der von Homer beschriebenen Ehrgesellschaft der Rang und die Stärke der Helden darüber, ob und wie Konflikte mittels der Gabe geschlichtet oder durch schiere Gewalt (auf-)gelöst werden.

Demgegenüber verlangen die Gesetze Solons, dass nicht nur der geschädigten Partei Wiedergutmachung zu leisten, sondern auch dem Staat, also dem Gesetzgeber selbst, eine allein nach der Schwere des Delikts und nicht dem Status von Opfern und Tätern zu bemessende Strafe zu zahlen ist. Die Polis beansprucht mithin ein Recht, das ihr bislang nicht zukam, und sie behandelt ihre freien Bürger als Gleiche. Das Medium, das sie dafür in Anspruch nimmt, ist das Geld. Einerseits werden durch die Geldstrafe verschiedenste Taten zu Delikten zusammengefasst, andererseits werden diese durch eine je Delikt variierende Höhe differenziert. Das gewogene Silber, das sich Anfang des 6. Jahrhunderts noch hinter den von Solon als Strafen festgesetzten Drachmenbeträgen verbergen muss, fungiert zwar noch nicht als universales Äquivalent, wohl aber als Gleichmacher qualitativer (andererseits jedoch auch als Maßstab quantitativer) Differenzen. Und dies galt nicht nur für Strafen. Ebenfalls in Drachmen gemessen wurden nach Einkommensklassen abgestufte Steuerlasten und ebenso Zahlungen der Polis *an* ihre Bürger, als Belohnung etwa dafür, einen Wolf getötet zu haben, oder als Preis für einen Sieg bei Sportwettkämpfen. Das aber heißt, dass Silber als *money of account* und *money proper*, selbst dann, wenn es in beiden Funktionen auch im Fernhandel eine gewisse Rolle gespielt haben sollte, sich innerhalb der Polis im Zuge politischer Reformen durchgesetzt hat (Peacock 2013, S. 292–294). Die Griechen besaßen mithin schon ein chartales Geldsystem, bevor sie die Münze für sich entdeckten. Dass diese erstmalig im alten Griechenland ihren Siegeszug antrat, ist damit indes noch nicht hinreichend plausibel zu machen. Durchsetzen konnte sie sich nur, weil das griechische Opfer der »Fiduziarität« der Münze, der in ihr angelegten Selbständigkeit (der Idee) des ökonomischen Werts der Wertsubstanz gegenüber (Seaford 2004, S. 7, 136), dem Vertrauen, das in jedes Geld gesetzt werden muss (Simmel 1900/1989, S. 214–216), vorgearbeitet hatte.[20]

Von Laum (1924/2006, S. 15–52) stammte das Argument, dass ein Wertstandard zuerst im Verkehr der Menschen mit ihren Göttern entstanden sei. Entwickelt hatte er diesen Gedanken am griechischen Fall. Türcke universalisiert ihn und projiziert ihn in die Menschwerdung zurück. Und wie gesehen, besitzt die Überlegung, dass das Konzept der Stellvertretung und damit eine Vorform der Äquivalenz der Opferpraxis entsprungen sei, durchaus spekulative Evidenz. Das erste eigentliche *money of account*, welches den Wert unterschiedlicher Güter und Dienstleistungen zueinander ins Verhältnis setzt, entsteht allerdings erst im Kontext der mesopotamischen Tempelwirtschaft. Diese ist gekennzeichnet durch die zentrale Requisition von tierischen und pflanzlichen Opfergütern, die, abgesehen von ihrer säkularen, wirtschaftlichen Umwidmung und Indienstnahme, hinter den Tempelmauern in nach wie vor erheblichen Quantitäten den Göttern übereignet werden (Seaford 2004, S. 74). Auch für die archaischen Griechen war das Opfer(n) eine unverzichtbare Praxis. Folgt man Seaford respektive Homer, lässt sich gar sagen, dass es im Unterschied zum agonalen Gabentausch, zur im vorherigen Absatz skizzierten Krise der Reziprozität, diejenige Institution ist, welche die griechische Gesellschaft (re-)integriert (ebd., S. 48–67). Zwar ist das griechische Opfer im Vergleich zu den mesopotamischen Verhältnissen wirtschaftlich unerheblich, zugleich jedoch beziehungsweise eben darum ist es eine gemeinschaftliche und vergemeinschaftende Praxis. »Das Opfer ist im Homer eine Mahlzeit [...], und man darf hinzufügen: Jede Mahlzeit ist im Grunde genommen ein Opfer« (Laum 1924/2006, S. 59; vgl. Baudy 1983). Durch das Opfermahl, die gemeinsame Feier des Opfers und die gleichmäßige Verteilung des Fleisches – dieses wurde nicht einfach verbrannt, sondern vielmehr von den und für die Teilnehmer an der Zeremonie gebraten und gemeinsam verzehrt – wurde die Zugehörigkeit zur Gemeinschaft beschworen und ausgedrückt. Umgekehrt besaß jeder, der zur Gemeinschaft gehörte, ein Anrecht auf (s)einen Anteil am gebratenen Rind. Dies war die egalitäre Seite des griechischen Opfers.

Auf der anderen Seite steuerten nicht alle Griechen gleichermaßen Opfergüter bei. Wer viel besaß, wer es sich leisten konnte, der opferte mehr (Seaford 2004, S. 53–60). Es waren mithin nicht die Tempel, die als feste Bauten in Griechenland erst im 8. Jahrhundert entstanden, welche wie in Mesopotamien als Lagerhäuser und Stallungen fungierten, aus welchen die Priester »sich« nur zu bedienen brauchten. Diese waren vielmehr von freiwilligen, privaten Schenkungen von Opfergut abhängig. Insofern war auch das griechische Opfer eine Institution, durch die redistribuiert oder umverteilt wurde. Die mit Blick auf die Opferlogik, das heißt das Prinzip der Substitution, nach dem möglicherweise neolithischen Ersatz des Menschen- durch das Tieropfer, eigentliche Innovation auch und gerade der Griechen war indes der Ersatz von landwirtschaftlichen und damit verderblichen Opfergütern durch »tote«, dafür jedoch dauerhafte und besonders wertvolle, aus edlem Material bestehende oder aufwendig gefertigte Weihgaben (Laum 1924/2006, S. 100–126; Seaford 2004, S. 60–67). Diese wurden nicht etwa vernichtet, sondern in den Tempeln verwahrt. Die griechischen Tempel waren mithin von Anbeginn Schatzhäuser.

Ebenfalls ganz auf der Linie der Opferlogik lag eine weitere, spezifisch griechische Entwicklung. In dem Maße nämlich, in dem das Opferritual von religiösen Spezialisten monopolisiert und aus der Verantwortung kleinerer Familien- und Stammesverbände in die Hände größerer politischer Einheiten gelegt wurde, wurden die Mitglieder der Ritualgemeinschaft nicht mehr nur mit Fleisch, sondern auch und irgendwann vielleicht nur noch mit den Bratenspießen, auf denen das Fleisch geröstet wurde, »abgespeist« (ebd., S. 101–109). So wie die Teilnehmer am Opfermahl ehedem gleiche Fleischstücke erhielten, bekamen die vom eigentlichen Opfermahl Ausgeschlossenen nun gleiche beziehungsweise eine *gleiche Anzahl* von Bratenspießen. Ein solcher aus Eisen gefertigter Bratspieß, zu Griechisch *obelos*, symbolisierte Zugehörigkeit zur (Opfer-)Gemeinschaft der Polis. Seinen Wert bezog er nicht daraus, dass Eisen ein besonders wertvolles Metall gewesen wäre, sondern dass er dem Opfer entstammte. Er war geweiht, ein mit besonderer Bedeutung aufgeladenes, seinem bloß praktischen Gebrauch enthobenes Instrument. Er war mehr wert als das bloße Eisen, aus dem er bestand. Zudem war ein Bratspieß nicht einzigartig, sondern nur ein Exemplar einer Serie. Man musste Bratspieße nicht wiegen, um abzuschätzen, wie groß ein dargebrachtes Opfer war; es genügte, die Spieße zu zählen. Eine Handvoll von ihnen nannte man *drachmon*. Die Münze, auf Griechisch *obolos*, als wenn nicht materiell unterwertiges, so doch in seinem materiellen Wert schwankendes, gleichzeitig Wert überhaupt präzise, nämlich zählbar ausdrückendes Geldstück, hatte ihren unmittelbaren Vorläufer mithin in einem Opferutensil. Metallstücken zu vertrauen, genauer gesagt darauf, dass Andere ihnen eine ähnliche, insofern man sie zählen konnte, sogar die gleiche Wertschätzung entgegenbringen wie man selbst, mussten die Griechen nicht erst an der lydischen Münze lernen. Sie taten es längst.

Zu erwägen bleibt, wie aus dem *obelos* der *obolos* werden konnte. Das archaische Griechenland befand sich in einem sozialstrukturellen und politischen Umbruchprozess. An die Stelle alter ethnischer Gemeinschaften traten politische Gebilde. Die Polis, der politische Verband einer Gruppe von formal gleichberechtigten Männern, war eine Antwort auf die andauernden Rachefehden und außer Kontrolle geratenen Klassenkämpfe, die das Land erschütterten. Die überkommenen Mechanismen der Streitschlichtung und des sozialen Ausgleichs funktionierten nicht mehr. Zusammengehalten wurde die griechische Gesellschaft gleichwohl durch das Opfer. Allerdings ließ die zunehmende soziale Stratifikation auch dieses nicht unberührt. Auf der einen Seite wurde das eigentliche Opfermahl mehr und mehr zu einer exklusiven Angelegenheit einer politisch-religiösen Elite. Auf der anderen Seite setzten Aristokraten sich dadurch von der einfachen Bevölkerung ab und versuchten, sich wechselseitig auszustechen, indem sie die Priester beziehungsweise die Tempel mit immer kostbareren Weihgaben beschenkten. Kann es nicht sein, dass diese eben auch religiöse Krise der archaischen Zeit, das heißt die der altgriechischen Opferidee und -praxis widrige Verwandlung der Tempel in Schatzspeicher, in Horte der ihnen von reichen Individuen zugedachten Silber- und Goldgeschenke, zugleich die Voraussetzung ihrer politischen Lösung enthielt? War es nicht die besondere, ja die ihr konsubstantielle Leistung der Polis, beispielhaft verkörpert in Solons Reformen, die in ihren Grundfesten erschütterte Gemeinschaft der Griechen dadurch vor der Auflösung zu retten, dass einerseits in gewogenem Silber nominierte Steuerpflichten und öffentliche Strafen an die Stelle von Bestechung und Selbstjustiz traten, andererseits jedoch die Bürger der Stadt durch regelmäßige, der religiösen Verteilung des Fleisches analoge beziehungsweise abgeschaute Ausschüttungen von Silber am akkumulierten Reichtum des unter staatlicher Verwaltung stehenden Tempels beteiligt wurden? Könnten die bereits ab dem 6. Jahrhundert in Griechenland von den politischen Autoritäten geschlagenen Münzen nicht als Substitut für oder vielmehr konzeptuelles Amalgam aus zählbaren Eisenspießen und gewogenem Edelmetall in die Welt gelangt und dementsprechend aufgeladen sowohl als letztgültiges Zahlungsmittel als auch neuartiges Tauschmittel – ob über den Umweg der Steuer oder direkt im Handel ist dabei sekundär – gebraucht worden sein?

Die griechische Münze, mit der die genotypische Vorgeschichte des Geldes ihren Abschluss findet und die gewissermaßen »nur noch« phänotypische Geschichte beginnt, war zwar kein intrinsisch wertloses Zeichengeld, dessen Material nur ästhetische Ansprüche erfüllte, nicht aber einen Teil ihres Wesens ausmachte. Silber wurde sehr wohl seines Eigen- oder »inneren« Wertes wegen begehrt, und es ist auszuschließen, dass ein reines Zeichengeld sich in der Antike wie die Münze ohne Zwang auch außerhalb religiös und politisch eng geschlossener Räume verbreitet haben könnte. Auf der andern Seite jedoch symbolisierte der Prägestempel mehr als das Gewicht oder den Feingehalt eines Geldstücks; er verbürgte seine Akzeptanz, und zwar auch dann und gerade weil, wie im Altertum schon aus technischen Gründen unvermeidlich, zwischen Nominal- und »faktischem« Wert Differenzen bestanden. Der Prägestempel standardisierte ein nur erst irgendwie – und sei es nach Gewichten gequantelt – wertvolles Material und trieb damit, dass er sie einkleidete, die (Geld-)Idee einer unsichtbaren, homogenen Wertsubstanz gewissermaßen rückwirkend aus sich heraus – eines Maßstabs, der fürderhin zum Leisten alles Übrigen wurde. Die Münze war damit in zweifachem Sinne ein gemünztes Stück Glauben: Glaube daran, dass es so etwas wie Wert an sich überhaupt gibt, und Glaube daran, dass andere ihn teilen.

III. Geld und Finanz

1. Zeit und Geld

Haben wir uns im vorherigen Kapitel damit befasst, woher das Geld kam – wie es zu dem hat werden können, als das wir es kennen –, untersucht dieses Kapitel, wozu das Geld dient. Freilich kann es nicht darum gehen, aufzuzählen, was sich mit Geld alles anstellen lässt – eine solche Auflistung wäre ein unabschließbares und darum vergebliches Unterfangen –, sondern aufgezeigt werden soll, was das Besondere des Geldgebrauchs ausmacht. Allerdings stehen in diesem Kapitel nicht die im engeren Sinne sozialen, die sozialstrukturellen und psychosozialen, Umgangsformen mit Geld zur Diskussion (vgl. dazu Kap. V), sondern es geht um die gewissermaßen selbstläufige Entwicklung vom Geld zum modernen Finanzmarkt. Dieser entspringt zwar nicht unmittelbar und auch nicht notwendig aus jenem, gleichwohl werden wir sehen, dass es so etwas wie eine wirtschaftliche Logik des Geldes gibt, die ausgereizt wird, bis sie an Grenzen stößt, »nur« um auf höherer »finanzieller« Stufe wiederentdeckt und im doppelten Sinne erneut ausgespielt zu werden. Über die Einsicht in die »Entwicklungsgesetzlichkeit« der Finanzmärkte hinaus soll damit gezeigt werden, dass jede Theorie und insbesondere die wirtschaftliche oder politisch-ökonomische Fragen zu ihrem eigenen Schaden allzu häufig ausklammernde Soziologie des Geldes (Deutschmann 1999, S. 16–28, 36–45; Dalziel/Higgins 2006) sich notgedrungen auch mit »Finanziellem«, das heißt den Prinzipien und Praktiken der Geldanlage, zu befassen hat.

Theoretischer, aber auch historisch-empirischer Ausgangspunkt der folgenden Überlegungen ist eine durchmonetarisierte Gesellschaft, wie sie uns im neuzeitlichen Europa spätestens ab dem 17. Jahrhundert begegnet (für England Appleby 1978, S. 199–241; Muldrew 1998). Zwar waren zu diesem Zeitpunkt noch nicht alle Gesellschaftsmitglieder, vor allem also die Untertanen des einen oder anderen Fürsten, vollständig und das heißt lebensnotwendig von überregionalen und damit unausweichlich anonymen Märkten abhängig – dies war gesamtgesellschaftlich selbst in West- und Mitteleuropa und ebenso in den USA erst im 20. Jahrhundert der Fall –, wohl aber machte sich die Marktabhängigkeit der Menschen weit über die Städte hinaus in zunehmendem Maße auch für die ländliche Bevölkerung geltend. Selbst wo diese, was die Produktion von Lebensmitteln anging, noch weitgehend autark war, war sie, auch und schon um an Gegenstände des alltäglichen Bedarfs heranzukommen, nicht mehr nur auf die örtlichen Handwerker, sondern auf zunächst fahrende und später ortsansässige Händler angewiesen, welche die Gebrauchsgüter aus der Ferne herbeizuschaffen wussten. Immer mehr Güter waren nur als Waren auf dem Markt gegen Geld erhältlich, und immer mehr der eigenen Produkte, wenn nicht gar die gesamte Produktion musste gegen Geld veräußert werden. Daneben (und deswegen) nahm die Anzahl der Lohnarbeitsverhältnisse zu, auch wenn die Lohnarbeit erst im Zuge der industriellen Revolution zum Schicksal der Bevölkerungsmehrheit wurde. Ebenso weitverbreitet, in Notlagen unausweichlich und deshalb selbstverständlich war es, einen Kredit aufzunehmen und Zinsen erwirtschaften zu müssen. Marktabhängig zu sein hieß und heißt bis heute, geldabhängig zu sein.

Und diese praktische Nötigung hat kognitive Folgen: Die Menschen lernten, die Dinge, die sie besaßen und erzeugten, nicht anders als die Dinge, die sie brauchten oder begehrten, mit Preisen zu versehen und als Verkörperungen eines je bestimmten, in der Höhe zwar variablen, an sich aber doch gleichartigen Tausch- oder Geldwerts aufzufassen. Dasselbe galt für die Fertigkeiten, die sie besaßen, und die Leistungen, die sie erbrachten. Wer sich ein Paar neue Stiefel kaufen wollte und dafür ein ganzes Jahr lang als Knecht auf einem Hof zu dienen hatte, lernte, seine Fähigkeiten und seine Arbeitskraft mit eben dem Preis zu versehen, der für die Stiefel zuzüglich der ohnehin notwendigen Einkäufe fällig war. Die zunehmende Abhängigkeit von einem anonymen Markt, der Umstand, dass unbekannte Dritte die Dinge erzeugten und anboten, auf die man angewiesen war oder wenigstens schielte, und diese Dritten sich natürlich in Geld bezahlen ließen, führte unausweichlich dazu, das, was man selber anzubieten hatte, an den Bedürfnissen des Marktes und das heißt den dort gezahlten Preisen und nicht den Erwartungen seines sozialen Umfelds auszurichten. Für jeden von uns ist dies heute eine Selbstverständlichkeit. »Ich wollte mal meinen Marktwert testen«, ist eine geläufige Floskel und zudem ein legitimes Motiv zur Erklärung unseres Verhaltens nicht nur dann, wenn wir Gehaltsverhandlungen führen. Und doch haben wir alle diese Orientierung am Markt und die damit einhergehende Bepreisung der Welt im Laufe der Kindheit allererst lernen müssen. Angeboren ist sie uns nicht. Zu vermeiden indes ebenso wenig. Die Erfahrung nämlich, dass Andere nahezu alle materiellen Güter und darüber hinaus eine unüberschaubare Vielzahl von Verhaltensweisen als mit einem Geldwert versehen betrachten, zwingt oder vielmehr veranlasst uns dazu, es ihnen gleichzutun, wodurch wir die an uns herangetragene Wahrnehmung der Welt als monetär imprägniert freilich zugleich bestätigen.

Gemessen daran, wie die Welt »eigentlich« ist, nämlich an sich frei von Tauschwert, handelt es sich hierbei natürlich um einen »objektiven Verblendungszusammenhang« (Adorno 1966, S. 395), nur gilt dieses Verdikt, wenn nicht für alle, so doch für sehr viele menschengemachte Institutionen wie zum Beispiel Geschlechterrollen oder das Recht, die ihre Stabilität eben daraus beziehen, dass wir sie als natürlich oder wenigstens selbstverständlich behandeln (Douglas 1987). Soziale Institutionen überformen die Natur und damit auch den Menschen selbst. Wenn auch nicht in den konkreten Formen, in denen sie bestehen, sind sie ein an sich unverzichtbarer Bestandteil der Welt, in der wir leben. Stets entmachten sie, schränken sie ein, was auch anders möglich wäre, aber sie eröffnen zugleich neue Handlungsspielräume, indem sie davon entlasten, sich stets aufs Neue Gewissheit zu verschaffen, ob die Welt und ihre Bewohner, vor allem die Menschen, denen man regelmäßig begegnet und auf deren Kooperation oder wenigstens Stillhalten man angewiesen ist, sind, wie sie sind (Gehlen 1956/1986, S. 7–121; Berger/Luckmann 1966, S. 47–91). Indem sie Sicherheit bieten, erlauben sie weiterhin eine Spezialisierung und Differenzierung von Fertigkeiten und Handlungsorientierungen, die andernfalls nicht möglich (gewesen) wären. Das Geld und der Markt sind mithin nur Beispiele oder Spezialfälle einer grundlegenderen, institutionellen, anthropologisch-historischen Dialektik von Entmachtung und Entlastung.

Die Markt- und Geldabhängigkeit der Menschen schränkt ihre Selbständigkeit auf der einen Seite ein. Niemand von uns ist in der Lage, ein auch nur ansatzweise normales Leben zu führen, ohne sich gegen Bezahlung mit dem Lebensnotwendigen und den meisten anderen über das Lebensnotwendige hinausgehenden Annehmlichkeiten zu versorgen. Und dazu gehört wohlgemerkt nicht nur der Einkauf von Lebensmitteln, sondern ebenso der Arztbesuch oder die Mitgliedschaft im Sportverein, auch dann, wenn jener zunächst einmal von der Krankenkasse getragen wird und diese keine echte Belastung darstellen mag. Die Krankenkasse verlangt erhebliche Beiträge, und die Kosten für den Sport enden nicht bei der Finanzierung der Vereinsmitgliedschaft. Wir leben in einer Geldgesellschaft, weil schon die Teilnahme an und in nicht seltenen Fällen auch das Reüssieren in nicht-wirtschaftlichen Lebensbereichen von der Verfügung über Geld abhängt (Moriz 2016, S. 150–196). Ob man vor Gericht Recht bekommt oder sich »sein Recht« gerichtlich zu erstreiten vermag, ist bisweilen ein Effekt dessen, dass man sich einen guten Anwalt leisten kann. Bildungserfolge sind nicht das Resultat von Talent und Fleiß allein, sondern auch eine Frage der mehr oder weniger kostspieligen Rahmung des Bildungsverlaufs oder sogar des kostenpflichtigen Zugangs zu den »richtigen« Bildungseinrichtungen. Es gibt keine andere Ressource, für die dies gleichermaßen gilt. Wir alle sind unweigerlich auf den Erwerb von Geld angewiesen, mehrheitlich nach wie vor auf Lohnarbeit oder aber auf die »Qualifikation« zum Bezug von Transfereinkommen oder ein hinreichendes Vermögen. Es versteht sich, dass soziale Teilhabe, beruflicher Erfolg oder gar ein einigermaßen, wenn nicht erfülltes, so doch zufriedenstellendes Leben nicht allein dadurch bestimmt werden, dass man über ökonomisches (Start-)Kapital verfügt; gleichwohl ist davon auszugehen, dass die Chancen auf Freundschaft, Karriere und Glück bis zu einer gewissen Schwelle sehr wohl mit monetärer Sicherheit korrelieren.

Von der ethisch und politisch durchaus nicht unerheblichen Frage abgesehen, bis zu welchem Maße soziale und das heißt nicht zuletzt monetäre Ungleichheit akzeptiert werden kann und soll, steht der Geldabhängigkeit der modernen Menschen indes das Freiheitsversprechen des Geldes gegenüber. Praktisch dürfte der Arme seine Geldabhängigkeit gar nicht als solche verspüren, nicht als Einschränkung seiner Autarkie, sondern vielmehr als Mangel an Freiheit oder wenigstens Mangel an Möglichkeiten, die mit der Verfügung über Geld einhergehen. Doch worin genau besteht das Freiheitsversprechen des Geldes und damit ein zentrales Motiv für den allgemeinen Heißhunger des modernen Menschen auf Geld? Was macht, dass wir das Geld zumindest praktisch nicht als Medium der Entfremdung, sondern ganz im Gegenteil als kongeniales Werkzeug unserer Selbstverwirklichung begreifen?

Es ist seine äußerste Fungibilität, sein Gebraucht-werden-Können zu allem Möglichen (ausführlich und klassisch Simmel 1900/1989, S. 263–307). Genau diese Fähigkeit, seine Eigenschaft, nicht nur universelles Äquivalent, nicht nur Spiegel aller anderen Waren, sondern eine Art »Joker« zu sein, eine »Karte«, die in jedem Spielzug gespielt werden kann, egal was gerade verlangt wird, und mit der sich, je nach Spiel, gar bestimmen lässt, was auf den Tisch gelegt werden muss, ist der Grund dafür, dass alle in den Besitz von Geld gelangen wollen.

Diese Überlegenheit des Geldes über alle anderen Waren zeigt sich in verschiedenen Dimensionen: Zunächst ist der Geldbesitzer frei darin, bei oder von wem er Waren erwirbt. Das ist die soziale Dimension. Zwar mag man aus Gewohnheit seinen Kaffee immer wieder im selben Laden, vielleicht sogar bei demselben Verkäufer erstehen, sollte dieser jedoch unsere aus Erfahrung gewonnene Erwartung, freundlich und zuvorkommend bedient zu werden, nicht länger erfüllen, haben wir die Möglichkeit, unseren Kaffee in einem anderen Geschäft zu erwerben. Und wir wissen dies, ebenso wie der Verkäufer es weiß und uns möglicherweise, zumindest dann, wenn es sich um sein eigenes Geschäft handelt, nur aus eben diesem Grunde freundlich bedient. Des Weiteren konnen wir wählen, wofür wir unser Geld ausgeben. Das ist die sachliche Dimension. Selbst wenn wir mit einem fixen Betrag aus der Haushaltskasse den Wocheneinkauf bestreiten müssen, können wir uns zwischen verschiedenen Produkten entscheiden. Über je mehr Geld wir verfügen, umso freier wird unsere Wahl. Wer auf einen Einkaufsbummel geht, tut dies häufig, ohne von vornherein zu wissen, was er schließlich mit nach Hause bringt. Und wer ist nicht schon einmal mit dem Vorsatz, sich eine Badehose zu kaufen, ins Kaufhaus gegangen und stattdessen mit einem T-Shirt wieder herausgekommen? Unsere gesamte Konsumwelt ist darauf ausgelegt, uns dazu zu verführen, uns für eben dieses und nicht jenes, im Grunde ebenso brauchbare oder überflüssige Produkt zu entscheiden. Da in den allermeisten Fällen das eine Produkt »an sich« so gut oder schlecht wie das andere ist, suggeriert uns die Werbung, gerade mit den weniger preiswerten Produkten ein besonderes Erlebnis, eine Haltung, ein persönliches Statement oder gar einen Lebensstil mitzukaufen. Auch den wechselnden Moden können wir uns nicht entziehen. All das schränkt unsere Wahlfreiheit ein, aber es hebt sie nicht auf.

Schließlich – und hierin liegen sowohl ein besonderer Reiz als auch eine eigentümliche Problematik des Geldes – sind wir als Geldbesitzer frei darin, wann wir es ausgeben. Das ist die zeitliche Dimension. Außer den (materiellen) Grundbedürfnissen, regelmäßig zu essen, sich zu kleiden und zu behausen (die ihrerseits freilich auf recht unterschiedliche Weise befriedigt werden können), lassen unsere Bedürfnisse sich aufschieben. Auch weil ich nicht jetzt kaufen müsste, versuchen der freundliche Verkäufer und die süße Werbung, mich zum sofortigen Kauf zu verleiten. Der Vorteil, mein Geld heute, morgen, übermorgen oder auch erst in einer Woche, in einem Monat oder gar erst im nächsten Jahr ausgeben zu können, ist mehr und etwas Anderes als eine in die Zukunft verschobene Entscheidung. Denn indem ich meinen Kauf aufschiebe, schiebe ich die Wahl selber auf, ohne allerdings auf die Wahlfreiheit zu verzichten. Unter der Bedingung stabiler wirtschaftlicher und monetärer Verhältnisse und erst recht in einer Überflussgesellschaft, in der nicht die Waren, sondern die Käufer knapp sind, gehe ich davon aus, dass ich auch morgen noch kaufen kann, und zwar egal was und bei wem. Geld ist mithin ein Mittel, eine Entscheidung zu vertagen, falls die Zeit noch nicht reif ist (Shackle 1972, S. 160, 206–208). Es hilft mir, meine Chancen zu wahren, gerade insofern ich mich nicht festlege. Als Geldhalter weiß ich, dass ich mich noch werde entscheiden können, ohne zu wissen oder auch nur wissen zu müssen, welche Alternativen es überhaupt zu entscheiden gibt. Geld, so kann man auch sagen, hilft mir, Ungewissheit zu ertragen, mit Zuversicht in die Zukunft zu blicken, auch dann, wenn ich nicht weiß, was da kommt. Geld ist ein Mittel des Umgangs mit Zeit oder genauer ein Mittel, sich die Zukunft, wenn auch nicht zu erschließen, so doch offenzuhalten.

Die Zukunft selbst gewinnt damit an Tiefe und Plastizität. Wenn es, wie Reinhart Koselleck (1979, S. 349–375) herausgearbeitet hat, zu den Kennzeichen der Neuzeit gehört, dass der Erfahrungsraum und der Erwartungshorizont der Menschen auseinandertreten, dass man mit anderen Worten damit zu rechnen beginnt, dass es in Zukunft grundlegend anders sein wird oder wenigstens grundlegend anders sein könnte, als man es aus Vergangenheit und Gegenwart kennt, dürfte darum neben der kollektiven Erfahrung vielfältiger technologischer und politischer Umbrüche auch der voranschreitenden Monetarisierung der wirtschaftlichen und sozialen Verhältnisse geschuldet sein. Es gilt mithin nicht nur, wie Benjamin Franklin 1748 in seinen *Ratschlägen für junge Kaufleute* schrieb, »daß Zeit Geld ist« (zit. n. Weber 1904-05/1988, S. 31), die Zeit also wirtschaftlich genutzt werden sollte, sondern auch und ebenso sehr, dass Geld Zeit ist.

Was für mich ein enormer Vorteil ist, ist für andere indes ein Nachteil. Denn weil ich mich als Geldbesitzer mehr oder weniger frei entscheiden kann, wann ich was bei wem kaufe, erhöhe ich für diese Dritten die Unsicherheit, ob sie ihre Waren, wie von ihnen vorgesehen und für ihren Erfolg oder auch nur ihr wirtschaftliches Überleben notwendig, absetzen können. Selbst wenn es der oder wenigstens ein großer Vorteil des Geldes ist, das Problem der doppelten Koinzidenz der Wünsche zu lösen (vgl. Kap. I/1), bedeutet die Existenz von Geld oder vielmehr die Alltäglichkeit des geldvermittelten Markttausches mitnichten, dass alle Waren auch Abnehmer finden. Geld reduziert also meine Unsicherheit, erhöht sie aber für Andere. Wirtschaftliche Krisen haben vielfältige Ursachen, auch und schon der schlichte Umstand, dass Geld auf unbestimmte Zeit gehalten werden kann, kann jedoch dazu führen, dass die Nachfrage und, wenn das entsprechende Kapital fehlt, auch die Produktion von Gütern ins Stocken geraten. Geld nämlich kann von gewöhnlichen wirtschaftlichen Akteuren nicht einfach geschaffen werden (vgl. Kap. IV/1). Gerechnet werden muss vielmehr mit den vorhandenen Beständen. Wenn nun aber das im Grunde vorhandene Geld bis auf Weiteres nicht ausgegeben wird, wird aus dem Geld als Schmiermittel des Marktes Sand im Getriebe der Ökonomie.

Für John Maynard Keynes (1936/1976) war ein solcher »Mangel an effektiver Nachfrage« der eigentliche Grund für die große Weltwirtschaftskrise von 1929ff., dem durch staatliche, wenn nötig kreditfinanzierte Konjunkturprogramme Abhilfe geschaffen werden musste. Wenn die privaten Geld- oder Kapitalbesitzer dieses lieber vorhielten, als es auszugeben und zu investieren, und damit eine Krise auslösten, sollte Keynes zufolge der Staat einspringen, um die Konjunktur wieder auf Trab zu bringen und nicht zuletzt die Arbeitslosigkeit abzubauen. Wenn der Staat sich dafür verschulden musste, war dies nicht weiter dramatisch, sofern es gelang, dafür eine Rezession zu verhindern, den Wirtschaftskreislauf anzukurbeln und Wachstum zu stimulieren, aus dem heraus oder genauer durch dessen Besteuerung die öffentlichen Schulden wieder abgebaut werden konnten. Tatsächlich bestimmte der Keynesianismus nach dem Zweiten Weltkrieg die Wirtschaftspolitik der westlichen Welt bis in die 1970er Jahre hinein (Pollard 1984). Und auch danach verschwand er nicht wirklich, nur machte er seither einen mehrfachen, verteilungspolitisch alles andere als neutralen, nämlich private Gläubiger privilegierenden Gestaltwandel durch (Crouch 2009; Streeck 2013).

Aus Warte streng marktliberaler Ökonomen ist der Keynesianismus indes gescheitert und musste er scheitern, nicht nur weil die von den Staaten zum Zwecke der Ankurbelung der Konjunktur im Laufe der Jahrzehnte angehäuften Defizite auch in Zeiten wirtschaftlicher Prosperität nicht abgebaut wurden, sondern grundsätzlicher noch, weil politische Eingriffe in den Markt den natürlichen oder wenigstens systemischen Ausgleich von Angebot und Nachfrage, im Falle eines Nachfrageausfalls die Anpassung der Preise – einschließlich der Löhne, versteht sich – an die Ausgabebereitschaft der Konsumenten verzögern, wenn nicht gar verhindern würden. Der Ausgleich von Angebot und Nachfrage vollzieht sich für die orthodoxe Ökonomik indes nicht allein über den Preismechanismus oder genauer gesagt auf dem Gütermarkt, sondern vermittelt über den Zins ebenso auf dem Geldmarkt.

Der Zins gilt neoklassisch als Preis des Geldes, der die Nachfrage nach Geld, das heißt Investitionen, und das Angebot von Geld, und das heißt die Sparneigung, zum Ausgleich bringt (Barfuß 2005, S. 517). Steigt zum Beispiel die Konsumneigung, fragen Unternehmen vermehrt Kredite nach. Um mehr Geld einzuwerben, muss indes ein höherer Zins angeboten werden. Geldhalter werden durch diesen höheren Zins dazu verlockt, mehr zu sparen und weniger zu konsumieren. Schließlich macht sich die durch höhere Zinsen verursachte Konsumzurückhaltung auch bei den Investoren bemerkbar. Diese drosseln ihre Produktion und fragen weniger Kredite nach. Der Zins sinkt, es fließt mehr Geld in den Konsum, und das System reagiert. Geldhaltung, ohne dass dieses, sofern es nicht in den Konsum fließt, nicht gespart und das heißt gegen Zins verliehen würde, gibt es in diesem Modell nicht, beziehungsweise es wird unterstellt, dass die Kassenhaltung, das Zur-aktuellen-Verfügung-Halten eines gewissen Bargeldbetrags für den laufenden Bedarf statistisch gesehen zinsunempfindlich ist und den geschilderten Mechanismus darum nicht außer Kraft setzt.

Empirisch konnte der unterstellte Zusammenhang allerdings nicht nachgewiesen werden; die Sparneigung korreliert nicht mit dem Zinsniveau (wohingegen dieses einem Unternehmen sehr wohl die Schwelle vorgibt, die genommen werden muss, damit oder besser bevor eine Investition sich lohnt). Folgt man Keynes (1937/1973, S. 112–119), hat dies damit zu tun, dass der Zins anders als von der Neoklassik angenommen kein Gradmesser der Konsumlust, sondern vielmehr der Zukunftsangst ist. Für die Neoklassik ist der Zins ein sogenannt realwirtschaftliches, das heißt auch geldlos gültiges und damit allgemeines Phänomen, das sich durch die Gegenwartsvorliebe der Tauscher oder Marktakteure erklärt (Issing 1993[21]). Weil diese in der Lage seien, den zukünftigen Genuss mit dem aktuellen Genuss beliebiger Güter zu vergleichen, und diesen jenem gegenüber prinzipiell bevorzugten, ließen sie sich ihren aktuellen Konsumverzicht in Form eines (unter Umständen güterförmigen) Zinses bezahlen. Einmal abgesehen davon, dass eine derartige innere Kalkulation, nicht nur die vermeintlich selbstverständliche Bevorzugung, sondern die relative Bewertung des gegenwärtigen Genusses einem künftigen gegenüber, wenn überhaupt, dann kaum anders als auf Basis einer bereits etablierten und universalisierten Geldrechnung vorstellbar ist (Brodbeck 2009, S. 1020–1026), ist sie gleichbedeutend damit, den kategorialen Unterschied von Ungewissheit und Unwahrscheinlichkeit zu verwischen. Die Zukunft als solche »zum Beispiel« ist ungewiss, nicht nur weil wir nicht wissen können, was in Zukunft geschieht, sondern weil die Zukunft davon abhängt, was wir heute tun, unser Handeln jedoch, selbst dann, wenn es in jedem Einzelfall determiniert wäre, für Dritte, die uns beobachten und ihr Handeln an unserem orientieren, nicht determinierbar ist. Anders gesagt, selbst wenn es keinen freien Willen gäbe, müssen wir so miteinander umgehen, als besäßen wir einen.

Unwahrscheinlich, mehr oder weniger wahrscheinlich, mithilfe der Stochastik bestimmbar wahrscheinlich gar ist hingegen der Ausgang eines konkreten Geschehens, ohne dass etwas ganz Anderes passieren könnte als das, worum man im Voraus weiß. Spiele ich Lotto, so ist es sehr unwahrscheinlich, dass ich aus den Zahlen 1 bis 49 die sechs richtigen einer zufälligen Ziehung vorhersage; ich kann jedoch berechnen, wie unwahrscheinlich es ist, vor allem darüber hinaus sicher sein, dass die Zahl 50 nicht vorkommt. Die möglichen Ausgänge sind mithin bekannt. Ungewiss ist demgegenüber, was sich überhaupt ereignen mag. Wollte ich also, wie von der neoklassischen Zinstheorie angenommen, eine vorgestellte Zukunft diskontieren, also berechnen, welchen Wert mir mein künftiger Konsum verschafft, dann ginge dies nur, wenn ich heute schon wüsste, mit welcher Wahrscheinlichkeit ich bestimmte Gelüste hätte und diese auch befriedigen könnte. Sehr viel »wahrscheinlicher«, wenn auch ungewiss, ist jedoch, dass mein Geschmack, meine Vorlieben und Ansprüche sich ändern. Das aber heißt, die neoklassische Zinstheorie ist schon in ihren Prämissen unhaltbar. Sie kann weder das Wesen noch die Höhe des Zinses erklären. In ihrem Bemühen, der Zeitlichkeit auch des Wirtschaftens gerecht zu werden, annulliert sie deren Ereignishaftigkeit.

Keynes formuliert demgegenüber eine monetäre Theorie des Zinses, die um die auch ökonometrisch unhintergehbare Ungewissheit menschlichen Handelns, ja der menschlichen Existenz weiß. Tatsächlich haben wir bereits gesehen, dass das Geld den einzelnen Akteuren den Umgang mit Ungewissheit erlaubt. Natürlich kann man Geld nicht essen, wer jedoch in einer Geld- oder Marktgesellschaft über Geld verfügt, hat, was er braucht, auch wenn er noch gar nicht weiß, was es ist – ein Stück Brot oder eine Kopfschmerztablette. Geld hebt die existentielle Ungewissheit zwar nicht auf – für diejenigen, die über kein Geld verfügen oder nur ihre Waren losschlagen können, radikalisiert es diese sogar –, aber es erlaubt dem Geldbesitzer einen vergleichsweise gelassenen Umgang mit ihr. Es ist der Freiheitsgewinn oder das Handlungspotential, welches ihm zuwächst, insbesondere »seine« Fähigkeit, Entscheidungen aufzuschieben, welche die Ungewissheit ein Stück weit zähmt.

Geld kann man allerdings nicht nur nicht essen, als solches generiert es auch keinen Ertrag. Eben darum kann die Neoklassik sich nicht vorstellen, dass Geldbesitzer ihr Geld, das nicht direkt in den Konsum fließt, nicht zur Bank tragen respektive zinsträchtig anlegen. Wirtschaftliche Akteure halten jedoch Geld auch über ihren normalen oder eigentlichen Bedarf hinaus – praktisch stecken sie es zumeist nicht unter die heimische Matratze, sondern lassen es durchaus auf ihrem Girokonto liegen, nur binden oder investieren sie es nicht –, weil es Optionen offenhält und genau deswegen beruhigt. Auch wenn – eigentlich eben weil – Geldhaltung keinerlei materiellen Nutzen hat, bietet sie Sicherheit. Sie stellt heute schon sicher, dass ich mich morgen noch werde entscheiden können.

Das Geld oder genauer die Höhe der Geldhaltung, vorausgesetzt wohlgemerkt, sie ist den Akteuren überhaupt möglich, ist der Gradmesser des Vertrauens, welches diese den gegebenen Verhältnissen entgegenbringen. Je größer es ist, desto weniger Geld wird gehalten. Und umgekehrt: Je unsicherer die Akteure die Umstände einschätzen, sei es, dass sie sinkende Einkommen erwarten oder einfach nur auf bessere Anlagechancen lauern, desto höher fällt die Geldhaltung aus. Und der Zins ist eben derjenige künftige Geldbetrag, ein Aufpreis, der den Geldhaltern aktuell versprochen werden muss, um sie zur Aufgabe ihrer qua Geldhaltung gegebenen Sicherheit zu bewegen. Er bringt nicht die Sparneigung und das Investitionsvolumen zum Ausgleich – sinkende Zinsen erhöhen nicht automatisch die Investitionsbereitschaft der Unternehmen, höhere schranken sie nicht unbedingt ein –, sondern er setzt auch dann, wenn er am Markt entsteht – was angesichts der Macht, aber auch der wirtschaftspolitischen Aufgabe der Zentralbanken, einen Leitzins zu setzen (vgl. Kap. IV/1), nur eingeschränkt gilt –, eine Marke, welche die Gewinnaussichten überspringen müssen. Sind diese schlecht, hilft auch ein niedriger Zins nichts. Gezahlt wird der Zins für das, was Keynes (1936/1973, S. 226) die »Liquiditätsprämie« des Geldes nennt und Simmel (1900/1989, S. 268) zuvor als dessen »Wertplus« bezeichnet hatte, das heißt den Vorteil des Geldes, unmittelbar und bis auf Weiteres handlungsfähig zu sein.

Der Zins ist ein monetäres und nicht auch natürliches oder realwirtschaftliches Phänomen, weil er einen spezifischen Vorteil des Geldes kompensiert. Tatsächlich kommt der Zins in nichtmonetären Gesellschaften nicht vor (Heinsohn/Steiger 1996, S. 147–162). Zum einen müsste bereits in Geld gerechnet, müssten Güter in Geldwerten gemessen werden, um einen Mehrwert zu beziffern. Zum anderen gibt es in Gesellschaften, deren Reproduktion nicht über Markt und Geld organisiert ist, keinen Joker, der in jeder Situation gespielt werden könnte und darum besonders begehrt wäre. Zwar kommt es auch in traditionalen Gesellschaften vor, dass jemand etwas verleiht und bei der oder als Rückgabe mehr verlangt, mehr Saatgut etwa, als er gegeben hat; er tut dies jedoch nicht, weil er sich für seinen Konsumverzicht oder die Einschränkung seiner Handlungsfreiheit entschädigen ließe, sondern weil er über die Macht verfügt, mehr zu verlangen. Und auch der Potlatch (vgl. Mauss 1923–24/1989, S. 59–80) kommt nicht als Vorläufer des zinsbelasteten Kredits infrage, weil es in ihm nicht um die Vermehrung von Reichtum durch ein Verleihen desselben, sondern um den Erwerb von Ehre durch Verschwendung geht. Nicht die wirtschaftliche Befähigung eines Schuldners, sondern der Ruin der Beschenkten ist Zweck dieses Ritus.

Allerdings hat die ganze Konstruktion einen Haken. Die Vorteile der Geldhaltung lassen sich nur realisieren, wenn nicht alle dies tun. Damit ich mich als Käufer darauf verlassen kann, zwischen verschiedenen Waren und zwischen verschiedenen Anbietern entscheiden zu können respektive aktuell noch gar nicht kaufen oder entscheiden zu müssen, muss es eine hinreichend große Anzahl von Marktakteuren geben, die ihre Waren hier und jetzt zu verkaufen gezwungen sind oder es wenigstens wollen. Die Überlegenheit des Geldes allen anderen Waren gegenüber rührt daher, dass es sich in alle anderen Waren »umtauschen« lässt, diese aber, zumal in Anbetracht eines allgemeinen Überangebots, nicht notwendigerweise Käufer finden. Menger hatte durchaus recht, als er das Geld durch dessen überlegene Marktgängigkeit charakterisierte, nur bedeutet dies nicht, dass das Geld sich aus dem Warentausch entwickelt hätte. Der entwickelte Warentausch setzt das Geld vielmehr voraus, weshalb seine Ursprünge außerhalb des Marktes gesucht werden müssen – und auch gefunden werden konnten (vgl. Kap. II). Möglich ist weiterhin, dass das Geld oder besser eine bestimmte Währung ihre Marktgängigkeit einbüßt und durch eine andere ersetzt wird. Doch selbst wenn man, wie ich es in diesem Büchlein tue, von religiösen und politischen Anfängen des Geldes ausgeht, vermögen politische oder religiöse Autoritäten die Geltung einer Währung nicht zu erzwingen. Gleichwohl – und darauf kommt es hier an – ist in einer mehr oder minder stabilen Währungsordnung die Asymmetrie von Allzweckgeld und bedürfnisspezifischen Warenbeständen der Normalfall. Und eben diese begründet das Freiheitsversprechen des Geldes beziehungsweise das »Vermögen« des Geldbesitzers im Sinne eines erweiterten Handlungspotentials (Simmel 1900/1989, S. 276). Sollten sich jedoch sehr viele oder gar alle Geldhalter dazu entschließen (und das setzt natürlich voraus, dass sie aufgrund ihrer wie auch immer sichergestellten materiellen Versorgung dazu in der Lage sind), ihr Geld zu horten, verlöre es seine Liquiditätsprämie. Um von dieser zu zehren, um diesen immateriellen, in Form entgangener Zinseinnahmen durchaus schätzbaren Vorteil zu genießen, muss das Geld zwar knapp sein, zugleich jedoch zirkulieren. Einfach gesagt: Liquide ist man nur auf Kosten Dritter.

Es gibt diverse Gründe für die Dynamik der Geldwirtschaft, ihre Konjunkturzyklen, ihre Krisenanfälligkeit und zugleich ihre erstaunliche Resilienz, auch das Liquiditätsparadox trägt indes dazu bei, sie in Unruhe zu versetzen. Einerseits ist mit dem Geld positiv die Möglichkeit des einseitigen »Tauschs« und negativ die der Krise, der Nicht-Korrespondenz von Angebot und Nachfrage, gegeben. Andererseits verleitet das Geld zur Verschiebung des in ihm selbst angelegten Widerspruchs, dass sein besonderer Wert aus seinem allgemeinen Gebrauch erwächst, jener diesem jedoch auch im Wege stehen kann. Diese Paradoxie muss den Geldhaltern gar nicht also solche vor Augen stehen, um, wenn auch nicht unbedingt im Interesse der Allgemeinheit, aufgelöst zu werden. Dies qua Zins für möglich zu halten ist geldblinden Marktfundamentlisten vorbehalten; es zumindest zu versuchen, Aufgabe der Geldpolitik (vgl. Kap. IV/4). Doch sie führt seltener zu Blockaden, als eigentlich zu erwarten stünde. Es genügt oder, vorsichtiger formuliert, es ist hilfreich, dass die Akteure höhere Einkommen zu erzielen versuchen, sei es, um sich mehr Wünsche erfüllen zu können, sei es, um besser vorzusorgen. In einem geschlossenen System wäre der Gewinn des Einen der Verlust eines Anderen. Die Alternative dazu aber heißt Wachstum. Einzelne Akteure können mithin versuchen, ihr Geld so auszugeben, dass in Zukunft mehr Geld zurückfließt. Eben dieser Umgang mit Geld, es aus Profitinteresse zu investieren verwandelt Geld in Kapital. Derartige Ausgaben zu erleichtern ist die Aufgabe von Finanzmärkten. Sie versuchen, Anlagechancen und Liquiditätsvorteile miteinander zu kombinieren.

2. Die Logik der Finanzmärkte

Gängigen Darstellungen (z.B. Hellwig 2000, S. 4) zufolge erleichtern oder ermöglichen Finanzmärkte, wie schon das Geld selbst, den intertemporalen Tausch. Sie leisten die Vermittlung oder »Intermediation« von Spar- und Investitionskapital. Sie bewerkstelligen es, dass Kapitalgeber und Kapitalnehmer zueinanderfinden und jene diesen ihr Geld leihen beziehungsweise gegen Zins für einen befristeten Zeitraum zur Verfügung stellen. (Dass der Zins, wie gesehen, die Sparneigung oder vielmehr das Sicherheitsbedürfnis der Geldhalter und den Fremdkapitalbedarf von Unternehmen nicht notwendig ins Gleichgewicht bringt, spielt dabei zunächst einmal keine Rolle.) Eine derartige Darstellung ist nicht falsch, wohl aber unvollständig oder gar einseitig. Daneben nämlich – wenn nicht davor – lassen sich Finanzmärkte als Antwort auf beziehungsweise als Lösungsversuch des Liquiditätsparadoxes begreifen. Sie dienen dazu, das Dilemma, nur auf Kosten Dritter liquide sein zu können, respektive das Problem, die Liquiditätsvorteile des Geldes perspektivisch nur durch Investition und das heißt die wenigstens zeitweise Aufgabe von Liquidität wahren zu können, zwar nicht ein für alle Mal aus der Welt zu schaffen, wohl aber zu bearbeiten und zu verschieben.

Institutionell waren und sind es vor allem Banken und Börsen, welche der Aufgabe nachkommen, das ungenutzte Kapital der Einen in die fleißigen Hände der Anderen zu kanalisieren (oder auch bloßes Geld allererst in Kapital zu verwandeln). Sie versorgen die Marktakteure indes nicht nur mit Liquidität; weiterhin minimieren sie Anlagerisiken, informieren sie über das Marktgeschehen und verbessern sie die wechselseitige Kontrolle der Marktakteure. Aus der Aufzählung dieser Funktionen darf allerdings nicht geschlossen werden, dass diese in jedem Fall ein »organisches« oder nur funktionales Ganzes ergäben. Wir werden vielmehr sehen, dass einzelne Funktionen sich, wiederum nicht anders als im Falle des Geldes, wechselseitig im Wege stehen können. Und nicht nur das: Das grundlegende Problem, das zu lösen sie sich anschicken, das Liquiditätsparadox, kehrt auf höherer Ebene wieder, im Falle der Banken in Form endemischer Krisen, im Fall der Börsen in Form von spekulativem Überschwang.

Sowohl Banken als auch Börsen verbessern, erstens, die Liquidität und steigern damit die Tauschchancen und letztlich die tatsächliche Umschlagsgeschwindigkeit von Waren, auch ohne dass die insgesamt zur Verfügung stehende Geldmenge erhöht werden müsste. Banken gewähren vor allem Kredite. Wie wir noch sehen werden (Kap. IV/1), schöpfen Banken auf diesem Wege tatsächlich neues Geld. Doch selbst wenn Kredite stets aus zuvor eingesammelten Sparguthaben finanziert werden müssten, würde die Liquidität erhöht, der Zugriff auf Geld insgesamt erleichtert, weil die aktuell Geldbedürftigen, wenn auch um den Preis des Zinses, über das Geld der aktuell »über-flüssigen« Geldbesitzer verfügen können. Das Geld fließt »also« dahin, wo es gebraucht wird. Ähnliches leisten Börsen. An diesen werden nicht nur und längst nicht mehr in erster Linie standardisierte Waren, sondern vor allem Wertpapiere gehandelt. Bei diesen handelt es sich um fungible Vermögenstitel wie zum Beispiel Aktien oder Schuldverschreibungen. Aktien sind Anteilsscheine an wirtschaftlichen Unternehmungen, deren Inhaber in Form einer Dividende an den Gewinnen der Unternehmung beteiligt werden. Schuldverschreibungen, auch Anleihen oder Rentenpapiere genannt, sind handelbare Kredittranchen oder besser Dokumente der Gewährung eines Teilkredits, deren Inhaber dem Emittenten der Schuldverschreibung gegenüber Anspruch auf Rückzahlung und Zins haben. Indem Unternehmen Aktien oder Rentenpapiere anbieten, nehmen sie Geld auf. Auch Börsen dienen mithin der Finanzierung. Sie leiten damit nicht nur wie die Banken brachliegendes Kapital einer gewinnträchtigen Verwendung zu. Durch die Handelbarkeit der Beteiligungen ermöglichen sie es zudem – fast möchte man sagen, vollbringen sie das Wunder –, Investition und Liquidität zu kombinieren. Der Käufer einer Aktie oder Anleihe legt sein Geld mit der Aussicht auf die Ausschüttung einer Dividende oder den Erhalt von Zins und Tilgung zwar fest, aber er bleibt insofern flüssig, als dass er sein Wertpapier an der Börse jederzeit wieder verkaufen kann. Genau diese Möglichkeit des Wiederverkaufs, der Um- oder Rückverwandelbarkeit von Wertpapieren in Geld, dürfte mehr Geldbesitzer zur Anlage ihres Geldes verlocken, als sich Anleger fänden, wenn die Investition sich nicht rückgängig machen ließe.

Das Risiko, eine Aktie oder Anleihe gegebenenfalls nur zu einem niedrigeren als dem ursprünglichen Kaufpreis verkaufen zu können, dürfte umgekehrt natürlich eine ganze Reihe von Geldhaltern davon abschrecken, sich an die Börse zu wagen. Im Rückblick auf die langfristige durchschnittliche (seit geraumer Zeit in Aktienindizes wie dem amerikanischen Dow Jones oder dem deutschen DAX abgebildete) Kursentwicklung der Aktienwerte waren entsprechende Investments zeitweiligen Einbrüchen zum Trotz bislang zumindest deutlich lukrativer, als sein Geld zur Bank zu tragen, ganz abgesehen davon, dass natürlich auch Banken Konkurs machen und allgemeine Preissteigerungen beziehungsweise der Wertverfall einer Währung oder auch nur niedrige Zinsen bloßes Sparen zu einer wenig nachhaltigen Vermögenssicherungsstrategie machen können. Dem Risiko eines Kursverlusts steht auf der anderen Seite allerdings die Möglichkeit eines Kursgewinns gegenüber. Für Rentenpapiere gilt dies nur eingeschränkt. Die Zinshöhe und der Rückzahlungstermin liegen in der Regel fest. Aktien haben demgegenüber eine im Prinzip unendliche Laufzeit. Weder die Höhe der künftigen Dividenden noch und vor allem nicht die des künftigen Kurses oder Börsenwerts sind sicher prognostizierbar. Die im Vergleich zum Kauf von Anleihen empirisch in aller Regel höhere Rendite von Aktieninvestments wird durch die Risikoprämie erklärt; dafür, dass der Aktionär ein höheres Risiko eingeht als der »Rentier«, erzielt er, langfristig und im Durchschnitt zumindest, einen höheren Ertrag als dieser. Der Kauf von Anleihen wiederum war und ist zumeist ertragreicher, als sein Geld zur Bank zu bringen. Banken und Börsen erlauben den Anlegern mithin, zweitens, so etwas wie die Wahl eines persönlichen Risikoprofils. Diese wiederum dürfte nicht zuletzt davon abhängen, welche Geldbeträge einigermaßen risikolos investiert werden können. Gerade diejenigen also, die aufgrund eines relativ großen Vermögens finanzielle Verluste zu tragen imstande sind, dürften bereit sein, riskanten, möglicherweise scheiternden, im Erfolgsfall jedoch besonders profitablen Unternehmungen Geld vorzuschießen. Dies ist indes nicht notwendigerweise ein Privileg der Reichen. Die Stückelung der Beteiligungen erlaubt es auch weniger Bemittelten, an der Börse zu spekulieren. Zudem können Kleinanleger sich zu Anlegervereinen zusammenschließen, das heißt in Fonds investieren, um sich als Gruppe an verschiedenen Unternehmungen zu beteiligen und auf diese Weise das Risiko durch Streuung zu minimieren. Die Börse ist mithin ein Mechanismus, der Risiken zu individualisieren und umzuverteilen erlaubt und damit die Risiko- und grundlegender die Anlagebereitschaft insgesamt erhöht, ohne deswegen die Einzelnen einem – wohlgemerkt individuell – höheren Risiko auszusetzen als dem, das sie einzugehen bereit sind. Ähnliches gilt für die Banken. Auch sie diversifizieren und minimieren dadurch Risiken, und zwar sowohl für sich als auch für ihre Einleger. Indem sie die Einlagen einer Vielzahl von Sparern bündeln und an eine gewiss deutlich geringere, aber immer noch erkleckliche Anzahl von Kreditnehmern ausreichen, kann das Risiko, dass einzelne Schuldner zahlungsunfähig werden und der Kredit abgeschrieben werden muss, ausgeglichen oder auch überhaupt erst geschultert werden.

Die Banken als Finanzintermediäre, als auf die Vermittlung und Vergabe von Krediten spezialisierte Institute, besitzen ihren Kunden gegenüber darüber hinaus den Vorteil eben der Spezialisierung. Das heißt, sie sind, drittens, in der Lage, die Solidität, die Geschäftsaussichten und die Kreditrückzahlungsversprechen eines prospektiven Schuldners aufgrund ihrer wirtschaftlichen Expertise, ihrer Erfahrung und ihrer Vergleichsmöglichkeiten sehr viel besser als ihre Einleger und sogar einigermaßen verlässlich einzuschätzen. Sie verfügen diesen gegenüber über einen Informationsvorsprung, den zu pflegen und im Idealfall auszubauen sie sich durch die Einrichtung eines Zinsintervalls zwischen dem höheren Kredit- und dem geringeren Einlagenzins ebenso vergüten lassen wie ihre eigentliche Vermittlungstätigkeit. Dieser Informationsvorsprung, ihre Erlaubnis und Befähigung zur Prüfung der wirtschaftlichen Verfassung und Potenz ihrer Schuldner, erlaubt ihnen zudem, und viertens, eine gewisse Kontrolle von deren Geschäften. So kann der Verwendungszweck der Kredite fixiert, können die Aus- oder Rückzahlung einzelner Tranchen an bestimmte Bedingungen geknüpft oder Berichtspflichten vereinbart werden. Die bereits erwähnten Investmentfonds verhalten sich analog. Sind die Kreditnehmer als Kapitalgesellschaften verfasste Unternehmen, sitzen nicht selten Vertreter der Banken oder Fonds in ihren Aufsichtsräten. Auch langjährige Geschäftsbeziehungen können von Vorteil sein. Sie machen die Kreditgeber mit den Stärken und Schwächen ihrer Schuldner vertraut und bieten den Kreditnehmern Sicherheit, nicht für jedes Missgeschick in Haftung genommen zu werden. Fonds sind in dieser Hinsicht allerdings weniger zimperlich. Sie verlangen im Falle unternehmerischer Misserfolge oder auch nur geschäftlicher Durststrecken in der Regel schnellere Reaktionen und bereits kurzfristig sichtbare Verbesserungen. Von möglichen Unterschieden in der jeweiligen Kultur bestimmter Finanzmärkte abgesehen, erklärt sich dieses Draufgängertum der Fonds im Wesentlichen dadurch, dass sie den von ihnen finanzierten Unternehmen im Normalfall keine Kredite zur Verfügung gestellt haben, sondern einen gewichtigen Anteil des jeweiligen Aktienkapitals halten und ihr eigener (unter Umständen wiederum börsennotierter) Wert damit unmittelbar vom Wert der von ihnen gehaltenen Aktien abhängt. Die Börse insgesamt ist das dem Bankwesen gegenüber schnellere Geschäft. Dies muss jedoch nicht heißen, dass »sie« sich den Banken gegenüber als grundsätzlich schlechter informiert erweist. Ganz im Gegenteil lässt sich behaupten, dass die Börse einen im Vergleich zum Bankgeschäft überlegenen Mechanismus der Informationsbeschaffung und -verbreitung und damit indirekt auch der Unternehmenskontrolle darstellt (Jensen 1993; zur Kritik Kühl 2002). Darauf wird gleich noch zurückzukommen sein.

Grundsätzlich kann festgehalten werden, dass sich Informationen über die Profitabilität eines börsennotierten Unternehmens im Prinzip ebenso dezentral wie zentral gewinnen lassen. Gerade aus dem Umstand nämlich, dass ein Unternehmen als Aktiengesellschaft von einer Vielzahl von Aktienbesitzern besessen wird, folgt, dass diese sämtlich ein Interesse an dessen Gedeihen hegen und sich dementsprechend aus verschiedenen Perspektiven um die Einschätzung der Gewinnaussichten bemühen. Und einem solchen kollektiven Interesse an Information wird das betroffene Unternehmen schon deshalb nicht ausweichen, weil die Aktienbesitzer stets mit dem Entzug ihres Vertrauens drohen und das heißt konkret ihre Beteiligungen verkaufen können. Dies wiederum drückte den Börsenwert und damit die Kreditwürdigkeit der Gesellschaft; eine Expansion des Geschäfts oder Innovationen würden teurer, die Rentabilität sänke. Ein wenig überzeichnet oder idealtypisch zugespitzt könnte man mithin sagen, auf beziehungsweise durch Börsen werden Unternehmen durch das systemische Misstrauen der Anleger angestachelt, ihre »*performance*« zu verbessern, wohingegen Banken aufgrund bisheriger Erfolge der von ihnen finanzierten Unternehmen darauf vertrauen, dass diese sich auch zukünftig einstellen.

Doch abgesehen davon, dass Banken und Börsen die Liquiditätsversorgung, die Risikodiversifizierung, die Informationsbeschaffung und die Unternehmenskontrolle auf unterschiedliche Weise bewerkstelligen, lassen sich banken- und börsenspezifische Aufgaben benennen. Banken sind insbesondere mit der sogenannten Fristentransformation befasst (Stützel/Krug 1982). Damit ist gemeint, dass sie ihre in der Regel lang- oder wenigstens längerfristig ausgereichten Kredite mit kurzfristig kündbaren Spareinlagen finanzieren. Insofern die einzelnen Einlagen zumeist von weitaus geringerer Höhe sind als die Kredite und ihrer begrenzten Fristigkeit zum Trotz im Normalfall nicht gleichzeitig abgerufen werden, entstehen den Banken keine Probleme. Eine weitere Sicherheitsmarge besteht darin, dass die Banken ihre Einlagen geringer verzinsen, als sie sich ihre Kredite verzinsen lassen. Dieses Zinsintervall begründet ihren Profit. Eine Sicherheitsmarge ist es, weil die Einlagenzinsen sich im Falle einer drohenden Kapitalknappheit respektive einer unvorhergesehen großen Zahl bankrottierender Schuldner immer noch anheben ließen. Damit würde zwar der Gewinn geschmälert, Kapitalzu- und -abfluss ließen sich jedoch zum Ausgleich bringen. Das oder vielmehr dieses Bankgeschäft besteht also darin, die Liquiditätspräferenzen, den Zeit- oder Anlagehorizont unterschiedlicher Kundengruppen (und ebenso unterschiedlicher Kunden derselben Gruppe), zum Ausgleich zu bringen. Insgesamt steht der Wirtschaft damit nicht nur mehr Kapital, sondern auch mehr Zeit zur Verfügung, als es ohne diese Form der Finanzintermediation der Fall wäre.

Gleichwohl ist dieses Geschäft nicht gefahrlos, und zwar nicht nur für eine einzelne Bank, sondern auch für den Bankensektor insgesamt und sogar die Volkswirtschaft als Ganze. Es birgt ein *systemisches* Risiko. Wir haben gesehen, dass der Zins die Sparneigung und die Investitionsabsichten der Akteure eines Wirtschaftsraums nicht zwingend zum Ausgleich bringt. Und selbst wenn er es täte, bräuchte jede Anpassung Zeit. Banken müssen sich folglich auf Zinsänderungen einstellen, die abzufedern ihnen jedoch nur bedingt möglich ist. Nimmt etwa die Liquiditätspräferenz der Sparer zu und müssen diesen höhere Einlagenzinsen gezahlt werden, wohingegen die Zinseinkünfte aus dem Kreditgeschäft bis auf Weiteres auf dem alten, niedrigeren Niveau festliegen, schmilzt die Gewinn- und Sicherheitsmarge der Banken. Absichern können die Banken ein solches Risiko, indem sie mit ihren Schuldnern variable, an die Marktlage angepasste Zinsen verabreden. Die Zinslast der Kreditnehmer stiege dann in Reaktion auf eine anschwellende Liquiditätsprämie und sänke im umgekehrten Fall. Zwar darf der Schuldner angesichts eines variablen Zinses prinzipiell auch auf günstigere als die ursprünglich ins Auge gefassten Refinanzierungskosten hoffen, zu rechnen aber hätte er von vornherein mit dem Gegenteil; sein Kredit könnte ihn teurer zu stehen kommen als kalkuliert.

Vorsichtige Unternehmen dürften unter diesen Bedingungen ihre Kreditaufnahme und damit ihre Investitionen limitieren. Wagemutigere laufen demgegenüber Gefahr, die höheren Zinsen nicht aufbringen zu können, gestellte Sicherheiten zu verlieren, Unternehmensteile verkaufen oder gar Konkurs anmelden zu müssen. Derartige unternehmerische Fehlschläge tangieren indes auch die Banken. Abgeschrieben werden muss unter Umständen nicht nur der entgangene Zins, sondern der Kredit als Ganzer. So sehr es also im Interesse der Banken sein mag, sich den Schwierigkeiten einer plötzlich zunehmenden Liquiditätspräferenz durch die Vereinbarung variabler Kreditzinsen zu entziehen, so sehr erhöhen sie auf diesem Wege die wirtschaftlichen Risiken der von ihnen finanzierten Unternehmen, deren mögliches Scheitern dann allerdings auch auf das Bankengeschäft selbst durchschlagen würde. Potenziert wird diese Problematik dadurch, dass ein solcher allgemeiner Zinsanstieg nicht nur eine einzelne Bank, sondern den ganzen Bankensektor und sogar die gesamte Volkswirtschaft in Mitleidenschaft zieht. Alle Banken stünden vor der doppelten Schwierigkeit, ihren Einlegern einerseits höhere Einlagenzinsen bieten, ihren Kreditnehmern andererseits höhere Kreditzinsen abnötigen zu müssen, damit jedoch deren Prosperieren zu beeinträchtigen, vielleicht sogar die Konjunktur abzuwürgen und im für sie (und eventuell auch die zu ihrer Rettung gezwungenen Staaten) schlimmsten Fall um den eigenen Fortbestand bangen zu müssen.

Von dem lange Zeit als Außenseiter geltenden, vor dem Hintergrund der jüngsten (wenn auch nicht mehr ganz jungen) Weltfinanzkrise von 2007 ff. allerdings auch vom Mainstream entdeckten Ökonomen Hyman Minsky stammt die These (z.B. 1982), dass Krisen(verläufe) wie die gerade skizzierten ein grundlegendes und unvermeidliches Merkmal des modernen, zwingend auf funktionierende und expandierende Finanzmärkte angewiesenen Kapitalismus darstellen. Auf Finanzmärkte angewiesen ist der zeitgenössische Kapitalismus, weil anders der Kapitalbedarf, aber auch, wie bereits geschildert und noch näher auszuführen, die Informationsversorgung und Risikoverarbeitung des Wirtschaftssystems nicht gewährleistet werden könnten. Minsky geht so weit, von einer Abhängigkeit der Realwirtschaft, also von Produktion und Handel, von den Finanzmärkten zu sprechen und diesen einen auch analytischen Primat einzuräumen. Ob dementsprechend alle größeren Krisen des modernen Kapitalismus als (wenigstens von) Finanzmarktkrisen (ausgelöst) zu verstehen sind, mag dahingestellt bleiben. Als weitgehend unstrittig darf allerdings gelten, dass unser heutiges Wirtschaftssystem als Finanzmarktkapitalismus zu begreifen ist (Windolf 2005; Vogl 2010, S. 141–178) und die von Minsky skizzierte Krisendynamik wenigstens die letzte große Krise in ihren Grundzügen charakterisiert (Cassidy 2009, S. 221–334; Paul 2012, S. 9–44). Angesichts der Lehren beziehungsweise Nicht-Lehren, die aus der letzten Krise gezogen worden sind – Nicht-Lehren, weil man nicht einmal kurzfristig auf Fragmentierung und Regulation, sondern weiterhin auf Integration und Selbststeuerung der Finanzmärkte setzt (z.B. Shiller 2008) –, steht zudem zu erwarten, dass auch die nächste Krise dem Minsky'schen Skript folgt.

Ausgangs- und Fluchtpunkt seiner Überlegungen ist, dass es die Stabilität selbst ist, aus der Instabilität unweigerlich entsteht. Stabilität bedeutet, dass die Geschäftsaussichten gut sind und die erwarteten Gewinne auch erzielt werden. Eben aufgrund dieser Stabilität werden Vorsichtsmaßnahmen zurückgenommen – zum Beispiel Rücklagen aufgelöst, dauerhaft hohe oder weiterhin steigende Umsätze unterstellt oder Eigentumsrechte verpfändet – und die so gewonnenen Mittel investiert. Getragen wird ein Investmentboom in der Regel durch neue technologische Leitbilder (Deutschmann 1999, S. 145–160) wie zu Beginn des Jahrtausends das Internet oder heute die Industrie 4.0. Tatsächlich erfordert die Finanzierung neuer technologischer Entwicklungen umfängliche Investitionen. Doch ist nicht absehbar oder im Keynes'schen Sinne ungewiss, welchen wirtschaftlichen Nutzen sie langfristig bringen werden. Das Versprechen »ganz anderer« Zeiten oder auch »nur« einer *»New Economy«*, in der die Regeln der alten keine Gültigkeit mehr haben, verlockt jedoch eine immer größere Zahl auch und gerade neu gegründeter Unternehmen, weitere Kredite aufzunehmen, immer mehr Banken, weitere Kredite zu vergeben und deren Besicherung für weniger wichtig zu halten als die finanzierte Geschäftsidee. Damit steigt das Verschuldungsniveau zunächst eines Sektors und schließlich der Volkswirtschaft. Finanzielle Innovationen erlauben es, das Kreditvolumen auf gegebener Geldbasis auszuweiten. Ja, die Erfahrung zeigt, dass finanzielle Innovationen zugleich der Kreditausweitung dienen und neue Investitionsmöglichkeiten bieten. Im Vorfeld der letzten Finanzkrise waren es insbesondere die Verbriefung von US-Hypothekenkrediten und deren Verwandlung in anonymisierte und marktgängige Schuldverschreibungen, welche den Kreditüberhang befeuert haben.

Sobald nun jedoch die Zinsen anziehen – sei es, weil einzelnen Geldgebern mulmig wird und sie ihre Kreditvergabe reduzieren, sei es, dass die Zentralbanken den Leitzins erhöhen, zu dem die Geschäftsbanken sich bei diesen »frisches Geld« leihen können (vgl. Kap. IV/1) –, setzt die oben beschriebene Abwärtsspirale ein. Kreditnehmer, nicht nur, aber auch und vor allem Unternehmen, die sich in Anbetracht nicht bloß zukünftiger Gewinne, sondern schon und insbesondere in jüngerer Vergangenheit massiv gestiegener Kapitalpreise in einem Ausmaß verschuldet haben, das nur zu tragen ist, sofern neue Kredite die alten bedienen, geraten in Refinanzierungsschwierigkeiten und sind zu Notverkäufen gezwungen. Weil das Angebot an Unternehmensbeteiligungen und sonstigen Wertpapieren steigt, sinkt jedoch deren Preis. Ohnehin knapp kalkulierte Sicherheiten werden entwertet, und der einstige Kreditboom verkehrt sich in eine Schuldendeflation (Fisher 1933). Zunächst der Finanzmarkt und dann Handel und Produktion geraten in eine Rezession, die erst überwunden wird, wenn hinreichend viel Kapital, genauer gesagt »versehentlich« wie Geld behandelte Wertpapiere und Zahlungsansprüche abgeschrieben oder vernichtet worden sind, um erneut weniger durch reale Profite als durch als realistisch erachtete Profiterwartungen gedeckt zu werden. – Bis der nächste Zyklus einsetzt.

Insofern Banken es im Besonderen mit Fristentransformation zu tun haben, handelt es sich dabei ersichtlich nicht bloß um den Ausgleich von differenten, aber (wenigstens statistisch) fixen Anlagehorizonten, sondern um eine Form von Erwartungsmanagement, das auf mehr oder weniger sprunghafte Änderungen der Liquiditätspräferenz der Geldhalter gefasst sein muss. Das Liquiditätsparadox kann von den Banken zwar entschärft, nicht aber aus der Welt geschafft werden. In gewisser Hinsicht wird es sogar verschärft, weil der Liquiditätsvorliebe einzelner Geldhalter geschuldete wirtschaftliche Stockungen zwar vermieden werden können, das Kreditsystem insgesamt die Liquidität zwar erhöht, die grundsätzliche Anfälligkeit der Wirtschaft für durch steigende Zinsen ausgelöste Krisen jedoch nicht aufhebt. Gelegentliche Stockungen im Verkehr werden sozusagen vermieden um den Preis seltenerer, dafür jedoch größerer Krisen. Wann diese eintreten, ist nicht vorhersehbar, und auch die Errechnung von Krisenwahrscheinlichkeiten aus historischen Schuldenständen (Reinhart/Rogoff 2009) ist kein verlässlicher Indikator dafür, wann die nächste Krise ausbricht. Welches Ausmaß an Schulden tragfähig ist, ist Auslegungssache, weshalb zum Beispiel Japans Staatsverschuldung im Jahre 2015 von knapp 250 Prozent im Verhältnis zum Bruttoinlandsprodukt kein für das ostasiatische Land selbst bedrohliches, Griechenlands Quote von 175 Prozent hingegen ein außerordentlich gravierendes Problem darstellt. Ob und wann die Gläubiger beginnen, sich um ihr verliehenes Geld Sorgen zu machen, hängt nicht zuletzt davon ab, ob sie selbst an den wirtschaftlichen Erfolg ihrer Schuldner glauben. Diesen einzuschätzen helfen indes Börsen.

Die Sonderfunktion der Börsen liegt in der Preisfindung. Gemeint ist damit zum einen eine erleichterte und verlässlichere Preisbildung, als sie sich auf Märkten ohnehin beobachten lässt, zum anderen jedoch – und darauf kommt es hier vornehmlich an – eine Vervollständigung der Märkte um Zukunftsmärkte. Die Börse ermittelt Preise für Güter, die es noch gar nicht gibt, für Beteiligungen an Unternehmen, deren Gewinne erst noch realisiert werden müssen, und für Zahlungsversprechen, von denen niemand weiß, ob sie gehalten werden können. Das Beeindruckende ist, dass Börsen derartige, nicht von einem bereits vorhandenen Angebot sowie einer aktuellen Nachfrage, sondern von bloßen Erwartungen abhängige Preise überhaupt zu finden imstande sind; das Bedrückende indes, dass die Börsenspekulation, anstatt Händler und Produzenten mit Sicherheit zu versorgen, diese desaströsen Preisschwankungen und einer misslungener Fristentransformation vergleichbaren Vermögenspreisschrumpfung aussetzen kann.

Systematisch zu unterscheiden sind zum einen Waren- und Wertpapierbörsen, zum anderen Kassa- und Termingeschäfte (nach wie vor lohnend zum Verständnis der wichtigsten Börsengeschäfte Weber 1894/1988). Auf Warenbörsen werden standardisierbare und standardisierte Produkte wie etwa Getreide oder Erdöl gehandelt, auf Wertpapierbörsen insbesondere Aktien, Rentenpapiere, Währungen und Derivate. Die Standardisierung der Waren und Wertpapiere und deren Überwachung durch eine unabhängige Börsenorganisation bedeuten, dass die eigentlichen Käufer und Verkäufer auf eine Prüfung der Gegenstände ihrer Transaktionen und die fallweise Aushandlung spezifischer Verträge verzichten und sich ganz und gar auf die Preisfindung konzentrieren können. Dies erleichtert die Marktzugänglichkeit und beschleunigt den Umsatz. Sowohl Waren als auch »Effekten« können entweder sofort, *on the spot*, gegen Geld ge- oder verkauft werden; dann handelt es sich um Kassa- oder Spotgeschäfte. Oder es wird heute schon vereinbart, ein solches Geschäft zu einem definierten zukünftigen Zeitpunkt, in der Regel einem auch für Dritte verbindlichen Datum im Kalender, abzuwickeln. Beispielsweise verspricht ein Käufer einem Aktienbesitzer, ihm in einem halben Jahr eine bestimmte Anzahl von Aktien zu einem festen Stückpreis abzunehmen, und leistet dafür eine Anzahlung. Der Grund für einen solchen Terminkontrakt mag akuter Geldmangel des Käufers sein oder seine Hoffnung auf steigende Kurse. Liegt der Preis der Aktie bei Fälligkeit des Vertrags über dem vereinbarten Preis, macht er einen Gewinn. Liegt er tiefer, muss er dem Verkäufer einen höheren Preis zahlen, als dieser am Markt erzielen könnte. In diesem Fall hätte der Käufer sich verspekuliert. Dennoch weiß er bereits bei Vertragsabschluss, wann welche Kosten auf ihn zukommen. Möglicherweise geht er gerade um dieser Gewissheit willen das Risiko ein, einen Aufschlag auf den zukünftigen Spotpreis zu zahlen. Derartige Terminkontrakte können nun ihrerseits gehandelt werden. Sowohl kann der Käufer seine Kaufzusage an Dritte weiterveräußern als auch der Aktienbesitzer seine Lieferverpflichtung.

Der Terminkontrakt hat also selber einen Preis, der unabhängig von der ursprünglich geleisteten Anzahlung schwanken kann. Auch der Terminkontrakt ist mithin ein Wertpapier; sofern es, wie in unserem Beispiel, auf den (Ver-)Kauf eines anderen Wertpapiers bezogen ist, genau genommen ein Wertpapier zweiter Ordnung oder, allgemeiner gesprochen, ein Derivat. Neben den eigentlichen Termingeschäften oder Futures finden sich vor allem Optionen und Swaps. Erstere sind keine (Ver-)Kaufsversprechen, sondern lediglich (Ver-)Kaufsmöglichkeiten, die wahrgenommen werden können oder auch nicht, je nachdem es günstiger oder ungünstiger ist, den (Ver)Kauf zum Zeitpunkt der Fälligkeit *on the spot* zu tätigen. Bei Letzteren handelt es sich um Tauschgeschäfte von bestimmten Zahlungsströmen. Beispielsweise lassen sich fixe Pachteinnahmen für einen festgelegten Zeitraum gegen schwankende Dividenden tauschen, ohne dass deswegen das verpachtete Eigentum oder die Aktien getauscht werden müssten. Wie das Beispiel zeigt, lässt sich auf der Basis von beziehungsweise mit Derivaten mit einem sehr viel geringeren Kapitaleinsatz agieren, als er erforderlich wäre, wenn die ihnen zugrunde liegenden Waren oder Effekten selbst ge- oder verkauft werden müssten. Gleichzeitig aber wächst das Volumen des Derivatehandels tendenziell über das der Basiswerte oder *underlyings* hinaus – und allgemeiner das Handelsvolumen der Finanzmärkte über das der Wirtschaftsleistung –, weil eine prinzipiell unbeschränkte Anzahl von Derivaten auf ein und dasselbe Quantum von Waren oder Wertpapieren erster Ordnung bezogen werden kann.

Die zugrunde liegende Idee dieses Handels »in« oder vielmehr mit der Zukunft liegt darin, einerseits den wirtschaftlichen Akteuren auch angesichts der prinzipiellen Offenheit der Zukunft heute schon verlässliche Preise für morgen offerieren zu können und andererseits die Preisschwankungen insgesamt zu glätten. Jedem »Versicherungsnehmer« muss allerdings ein »Versicherungsgeber« gegenüberstehen. Des Einen Sicherheit, zum Beispiel in Zukunft die Aktie A zum Preis von x verkaufen zu können, ist des Anderen Risiko, mehr bezahlen zu müssen, als nötig wäre, wenn er *on the spot* kaufte, aber auch dessen Chance, einen Gewinn zu machen, allein indem er per Termin billiger kauft, als er gleich wiederverkaufen kann. Mithilfe sogenannter Leerverkäufe oder *short sales* lässt sich im Übrigen auch bei fallenden Kursen ein Profit erzielen: Wer davon ausgeht, dass ein bestimmtes Wertpapier in Zukunft deutlich weniger wert ist als heute, der kann sich dieses Wertpapier gegen eine Gebühr heute von jemandem leihen, der es besitzt und weiterhin zu halten gedenkt, dieses Wertpapier jedoch umgehend verkaufen, um es, wenn der Rückgabetermin naht, billiger wieder einzukaufen. Der Versicherungsgeber, das heißt der Spekulant, wird sich auf das Geschäft respektive das mit diesem verbundene Risiko natürlich nur dann einlassen, wenn er davon ausgeht, mit seiner Einschätzung der Kursentwicklung richtig zu liegen. Im Falle eines Leerverkaufs kann er mit einem relativ geringen Kapitalaufwand (der Gebühr, die er für die Leihe eines Papiers zu bezahlen hat) bei kräftig sinkenden Kursen einen großen Gewinn machen. Sollten die Kurse jedoch nicht wie angenommen fallen, sondern steigen, stellt die Differenz zwischen Verkaufs- und Rückkaufskurs des geliehenen Titels plus der Leihgebühr den Verlust dar.

Termingeschäfte und allgemeiner Derivate entfalten oder implizieren eine unter Umständen große Hebelwirkung (*leverage*), eben wenn unter Einsatz vergleichsweise geringer Mittel um ein Vielfaches größere Basiswerte mobilisiert werden. Um derartige Risiken tragen zu können, muss der Spekulant sich über die Faktoren und Umstände, welche die Kurse in die eine oder andere Richtung treiben könnten, bestmöglich informieren. Spekulanten versuchen, Informationsvorteile auszunutzen, sozusagen ihr Mehr-Wissen in einen Mehr-Wert umzusetzen. Doch leisten sie damit, wenigstens im Modell, auch der Allgemeinheit einen Dienst: Wenn schon der Spot-, ebenso aber und insbesondere der Zukunftspreis für eine Ware oder ein Wertpapier von der Mehrzahl der Spekulanten für zu hoch erachtet wird, dann verkaufen sie diese(s) und nähern damit den Börsenkurs seinem »korrekten« Wert an; umgekehrt kaufen sie, wenn ein Produkt oder Titel mehr verspricht, als sich heute schon in den Preisen darstellt. Idealiter also glättet die Spekulation die Kursverläufe, mildert sie deren Ausschläge nach oben oder unten, begrenzt sie deren, wie der Fachterminus lautet, Volatilität.

Dass die Börsen »korrekte« Kurse ermitteln, wird in der zeitgenössischen Finanzmarkttheorie von der sogenannten Effizienzmarkthypothese (Shiller 2000, S. 171–190) behauptet. Diese besagt, dass auf hinreichend großen und liquiden Finanzmärkten, also an Börsen, an denen laufend ein wesentlicher Anteil der überhaupt gehandelten Titel einer bestimmten Wertpapiergattung umgeschlagen wird, die jeweiligen Kurse alle aktuell verfügbaren Informationen über die Titel oder vielmehr die sich hinter diesen verbergenden Unternehmen und Schuldner, deren Gewinnaussichten und Bonität enthalten. Die Kurse spiegelten die durchschnittliche und damit situativ bestmögliche Einschätzung des aktuellen Werts einer Schuldverschreibung, einer Aktie oder welch anderer Wertpapiere auch immer. Neue Informationen oder abweichende Einschätzungen des Kurspotentials eines Titels würden umgehend eingepreist, eben weil die Käufer oder Verkäufer dieses Titels ihr Wissen – genauer gesagt den Wert ihres Wissens – über den ihres Erachtens richtigen Wert des Titels qua Kauf oder Verkauf unmittelbar verrieten. Besäßen ihre Informationen keine (Ver-)Kaufsrelevanz, würden sie nicht (ver-)kaufen; (ver-)kaufen sie nicht, so wissen sie nichts, was dafür spräche, eine mutmaßliche Differenz von Wert und Preis eines Titels auszunutzen. Es handelt sich bei dieser Hypothese um die Radikalisierung der bereits von Friedrich von Hayek (1946/1976) aufgestellten Behauptung, dass Märkte aufgrund der Vielzahl unterschiedlicher, über je »lokales Wissen« verfügender in sie involvierter Akteure einen zentralen Planungsinstanzen gegenüber überlegenen Mechanismus der Informationsverarbeitung darstellten; um eine Radikalisierung deswegen, weil Finanzmärkte der Effizienzmarkthypothese zufolge nicht nur besser als Zentralplanungsbüros, sondern perfekt funktionieren. Soll heißen: Besser wissen als der Markt kann man es nicht. Das heißt natürlich nicht, dass die Kurse sich nicht bewegten; im Gegenteil, sie bewegen sich, weil Einzelne es einen Moment lang besser zu wissen meinen oder tatsächlich besser wissen. Weil Zeit vergeht und die Umstände sich ändern, veraltet Information. Wohl aber heißt es, dass die aktuellen Kurse das bestmögliche Urteil über den Wert eines Titels darstellen oder, noch einmal anders, dass Preis und Wert eines Titels in eins fallen, bis jemand auftritt, kauft oder verkauft, der es besser weiß.

Träfe die Effizienzmarkthypothese zu, wäre für Börsenanleger eine sogenannte Fundamentalanalyse von Unternehmen, Marktsegmenten, Produktinnovationen, Konsumentenwünschen, staatlichen Schuldenständen und politischen Trends ebenso nutzlos wie eine Vermögensberatung. Im Kontext der Börse oder allgemeiner der Finanzmärkte bedeutet Fundamentalanalyse, dass man den »eigentlichen« Wert eines Wertpapiers im Unterschied zu seinem Kurs oder tatsächlichen Preis dadurch zu bestimmen sucht, dass man den durch das Wertpapier repräsentierten Produzenten oder Schuldnern und ihrem jeweiligen Umfeld auf den Zahn zu fühlen versucht, ihre Bilanzen, Geschäftspläne und -partner taxiert und eine Reihe von Kennziffern erhebt. Wären die Finanzmärkte effizient – informationseffizient wohlgemerkt, denn Allokationseffizienz, die Verwendung der Mittel für diejenigen Zwecke, welche den volkwirtschaftlich größten Nutzen abwerfen, ist noch einmal etwas Anderes und folgt vor allem nicht zwanglos aus Informationseffizienz –, wären Fundamentalanalysen überflüssig, weil selbst die beste aller Fundamentalanalysen nicht besser sein könnte, als das bereits im Marktpreis gebündelte Wissen der Vielen. Und wenn kein Vermögensberater den Markt schlagen kann, wäre es sogar für Großanleger sinnvoller (und billiger zudem), in (Index-)Fonds zu investieren, welche den Markt insgesamt abbilden, als individuellen Anlageerfolgen hinterherzujagen. Wo dieser sich gleichwohl einstellt, handelte es sich um schieres Glück, nicht aber um den verdienten Lohn eines überlegenen Wissens.

Tatsächlich jedoch haben Indexfonds Fundamentalanalys(t)en ebenso wenig verdrängen können wie Vermögensberater, und zwar nicht bloß deshalb, weil beide Gruppen es verstanden haben, sich ähnlich wie Homöopathen den Schuldmedizinern gegenüber als zwar nicht grundsätzlich überlegene, in Fällen, in welchen die herkömmliche Medikation versagt, gleichwohl hilfreiche Experten zu verkaufen. Vielmehr leidet die Effizienzmarkthypothese selbst unter einer logischen Inkonsistenz – mit praktischen, wohltuenden Folgen für die genannten Berufe wie problematischen für das Börsengeschehen insgesamt. Denn wenn der Markt immer schon über alle Eventualitäten Bescheid weiß und es eine verlässlichere »Wertauskunft« als den aktuellen Preis nicht gibt, dann ist es nicht nur möglich, sondern nachgerade vernünftig, sich allein auf das Urteil des Marktes zu verlassen und von einer individuellen Prüfung von Informationen abzusehen (Grossmann/Stiglitz 1980). Wenn der Markt kursrelevante Informationen immer schon einpreist, kann der einzelne Anleger darauf verzichten, sie überhaupt zu erheben. Was sich für den Einen nicht lohnt, lohnt sich indes auch für den Anderen nicht. Anstatt sich also an das verstreute Wissen der Marktteilnehmer und damit wenigstens indirekt sehr wohl an Fundamentaldaten zu halten, genügt es, sich an den bloßen Preisbewegungen zu orientieren, die auf Finanzmärkten, auf denen mit Zahlungsversprechen oder allgemeiner Erwartungen gehandelt wird, freilich eine ganz andere Logik entfalten können als auf Märkten, auf denen konkrete Bedarfe mit tatsächlichen Beständen zum Ausgleich gebracht werden. Wir stoßen hier erneut auf jene mimetische Logik, wie sie uns bereits im Abschnitt über den unwahrscheinlichen Tausch (Kap. I/3) begegnet war.

Während auf Gütermärkten, beispielsweise, steigende Preise tendenziell die Nachfrage drücken und damit den Preisanstieg drosseln, können auf Finanzmärkten steigende Kurse zum Anlass einer steigenden Nachfrage werden. Zieht der Preis eines Wertpapiers an, dann offenbar deshalb, weil sein »wahrer« Wert über seinem bisherigen Preis liegt. Der Preisanstieg selbst beweist dessen »Mehrwert«. Gerade wer sich am Markt orientiert, weil er diesen für unfehlbar hält, wird diesen Titel kaufen. Das aber heißt, dass nicht der Kauf eine Information honoriert, sondern der Kauf selbst darüber informiert, dass er sich lohnt. Zu erwarten steht und tatsächlich immer wieder beobachten lässt sich mithin, dass wie auch immer ausgelöste Preisbewegungen sich selbst verstärken, dass der Kurs eines Wertpapiers, wenn nicht gar das Kursniveau der Börse, häufig sehr viel weiter und zudem sehr viel schneller nach oben oder unten ausschlägt, als im Nachhinein, wenn Zeit ins Land gegangen ist und die Erwartungen, die den Kauf oder Verkauf eines Papiers ausgelöst haben, von der Geschäftsentwicklung eingeholt worden sind, durch effektiv erzielte Gewinne oder Verluste gerechtfertigt gewesen wäre.

Interessanterweise hat Keynes (1936/1976, S. 147–164) schon vor Formulierung der Effizienzmarkthypothese gezeigt, dass es auf Finanzmärkten strukturell zur Abkoppelung der »Werturteile« von den realwirtschaftlichen Daten kommen *muss*. Seine Spekulationstheorie ist gewissermaßen das börsenorientierte Gegenstück zu Minskys »bankenlastiger« Krisentheorie. Finanzmärkte sind immer auch Foren der Beobachtung zweiter Ordnung (vgl. Baecker 1988, S. 198–209, 281–298). Das heißt, dass die Marktakteure nicht unabhängig voneinander beobachten, was in der Realwirtschaft geschieht, um, wenn sie es für angezeigt halten, ihr Portfolio umzuschichten – »as though a farmer, having tapped his barometer after breakfast, could decide to remove his capital from the farming business between 10 and 11 in the morning and reconsider whether he should return to it later in the week« (Keynes 1936/1976, S. 151) –, sondern dass sie ebenso beobachten und zu beobachten gezwungen sind, was Andere, ihre Mitstreiter und Konkurrenten, beobachten und welche Konsequenzen sie daraus ziehen. Die Anderen sind Mitstreiter, insofern alle von denselben Trends profitieren, es diese Trends unter Umständen jedoch nur deshalb gibt, weil man sie selber erzeugt und weiterträgt. Konkurrenten sind sie, insofern das, was an der Börse passiert, ein Streit der Meinungen ist und es darum geht, am Ende Recht zu behalten, das heißt zu (ver-) kaufen, bevor die Anderen es tun. Das Erwerben und Abstoßen von Titeln ähnelt dem Kinderspiel »Reise nach Jerusalem«, bei der x Teilnehmer, solange die Musik spielt, um x-1 Stühle herumlaufen, sobald die Musik aufhört, indes einen der Stühle ergattern müssen. Runde um Runde scheidet ein Teilnehmer aus. Gewinner ist, wer am Ende sitzen bleibt. Solange die Musik von draußen durchs Fenster schallt (oder Eltern die Play- und Stopp-Tasten drücken), orientieren die Spieler sich an einer Instanz, auf die sie keinen (unmittelbaren) Einfluss (zu) haben (meinen). Sobald jedoch der Lärmpegel anschwillt und die Musik inmitten des Kindergeschreis kaum noch auszumachen ist, müssen die Spieler (erst recht) darauf achten, was die Anderen tun. Hören sie etwas, was man selbst nicht mehr hören kann? Anders aber halten es diese Anderen auch nicht. Auch sie beobachten Andere und sind genötigt, ihr eigenes Handeln auf das der Anderen abzustimmen. So kann es passieren, ja so kommt es unweigerlich, dass Einer sich setzt und die Anderen folgen, obwohl die Musik gar nicht aufhört, oder aber dass alle die Stühle weiter umkreisen, obwohl die Musik längst aufgehört hat.

Auf das Börsengeschehen übertragen heißt dies: Die wechselseitige Beobachtung ersetzt die gemeinsame Orientierung an einem Dritten. Damit aber wird eine Beobachtungspirale in Gang gesetzt, die intransparent werden lässt, was es »eigentlich« zu sehen gibt. Unweigerlich werden auch Investoren zu Spekulanten. Die Realwirtschaft verschwimmt hinter einem Schleier von Einschätzungen, der ihr nicht nur nicht abgezogen werden kann, weil die eigene Einschätzung sich kaum von derjenigen der Anderen frei machen lässt, sondern auch weil das Wohlergehen, konkret die Finanzierung, der Realwirtschaft ebenso von den Finanzmärkten abhängt wie umgekehrt diese davon, dass jene die auf den Finanzmärkten gebildeten und in ihrerseits handelbare Zahlungsversprechen übersetzten Erwartungen validiert. Doch selbst wenn die wirtschaftlichen Realitäten sich ausmachen ließen, hülfe dies nichts, solange die Anderen sich so verhalten, als wären sie nicht zu erkennen. Gegen das, was sich an der Börse als Trend durchsetzt, kann sich niemand behaupten, weshalb man sich der herrschenden Meinung auch dann, wenn man sie für falsch hält, anschließen muss und sie gerade dadurch bestätigt. Wer an die Zukunft der Deutschen Bank glaubt, damit aber allein auf weiter Flur steht, wird, wenn die Börse die Aktien der Deutschen Bank auf Talfahrt schickt, sein oder auch fremdes, ihm anvertrautes Geld kaum in eben diese Aktien stecken.

Wertpapierpreise spiegeln darum keine objektiven Werte, sondern sie sind Konventionen. Solange sie nicht als bloße Konventionen durchschaut werden beziehungsweise Konsens darüber besteht, dass sie im Prinzip reale Werte abbilden oder belastbare Zahlungsversprechen darstellen, gelten Kursschwankungen als Resultat gewöhnlicher, unvermeidlicher und gewinnträchtiger Meinungsverschiedenheiten. Sobald jedoch neue Verheißungen die Runde machen oder umgekehrt Zweifel auftauchen, ob die einstmals großen Erwartungen noch gerechtfertigt sind, können Prozesse einsetzen, die sich selbst verstärken. Die Hausse kann die Hausse befeuern, so wie die Baisse die Baisse verlängern mag. Blasen können entstehen und platzen. Blasen sind Blasen, nicht weil sich angeben ließe, was den wahren Wert eines Titels oder Index ausmacht, sondern weil die ontologisch zwar unhaltbare, nichtsdestotrotz aber funktionale Differenz von Wert und Preis eines Titels verwischt wird. Aus Warte der Effizienzmarkthypothese schießt zum Beispiel der Kurs eines Unternehmens nach oben, weil sich die je aktuelle Einschätzung seiner tatsächlichen Geschäftsaussichten als immer noch zu verhalten erweist. Und er bricht ein, weil sich mit einem Mal zeigt, dass es in objektiven, neu aufgetauchten oder bislang gut verheimlichten Schwierigkeiten steckt. Aus Keynes'scher oder mimetischer Perspektive explodieren die Kurse beziehungsweise brechen sie ein, weil eine Konvention erodiert und die Akteure im Unwissen darum, wie groß ihr bisheriger Irrtum war – das heißt konkret, welchen Geldwert er hat –, einander wechselseitig imitieren und die Euphorie beziehungsweise Panik dadurch nur verstärken. Ein solcher sich selbst verstärkender Trend wird gebrochen, sobald der Unterschied von bloßer Spekulation und Investition, von reinem Differenzgeschäft und einer indirekten Beteiligung an realwirtschaftlichen Unternehmungen – eine Unterscheidung, die streng genommen gar nicht haltbar ist – reaktiviert wird. Die Akteure versuchen umzustellen von Beobachtung zweiter Ordnung auf Beobachtung erster Ordnung. Das heißt, man operiert bis auf Weiteres mit einem Schema, das die Preise durch den wie auch immer fiktiven Bezug auf neue oder alte Referenzgrößen rekonventionalisiert.

Die Entstehung und das Platzen von Blasen sind realwirtschaftlich natürlich ebenso wenig folgenlos wie durch ein Abbeziehungsweise Anschwellen der Liquiditätsprämie ausgelöste Schwankungen des volkswirtschaftlich vorhandenen Kreditvolumens. So wie steigende Kurse und günstige Kredite Wachstum und Innovation begünstigen können oder, insofern alle Produktion vorfinanziert werden muss, gar erst ermöglichen, schlagen kollabierende Kurse und eine Kreditkontraktion selbst auf eine »eigentlich« florierende Realwirtschaft durch, weil die Deflation von Kapitalvermögen jeden Schuldendienst erschwert. Die bemerkenswerte Leistung von Börsen, Liquidität mit Investition zu verquicken und der Wirtschaft damit insgesamt mehr Kapital zur Verfügung zu stellen, als ihr ohne diesen Kniff je zur Verfügung gestellt würde, ist überhaupt nicht in Abrede zu stellen; sie ist für moderne Volkswirtschaften nachgerade unverzichtbar. Auch der Umstand, dass Börsen und Banken Risiken umverteilen und damit den Wagemut Einzelner nicht am Sicherheitsbedürfnis Anderer zerschellen lassen, sei unterstrichen. Gesehen werden aber muss auch, dass, wer Liquidität will – und eine Gesellschaft des Geldes wird dieses Fetischs kaum entraten –, unausweichlich individuelle gegen systemische Risiken vertauscht.

Dieses Problem mit Mitteln des Marktes zu lösen, das heißt die Risiken des Finanzmarkts durch weitere finanzielle Innovationen in den Griff zu bekommen, ist nicht erst einmal gescheitert (Kindleberger 1978). Vielmehr war es stets und ist es heute wieder die Politik, die der »Logik« der Finanzmärkte Grenzen setzen muss. Allerdings scheint das heutige, im Wesentlichen nationalstaatlich verfasste politische System von der Größe und Komplexität der Aufgabe überfordert zu sein. Dieses Thema zu besprechen führte allerdings über den Rahmen dieses Buches hinaus. Was, wie das folgende Kapitel zeigen soll, freilich nicht bedeutet, dass Geld-Politik erst bei der Regulierung der Finanzmärkte virulent wird.

IV. Geld-Politik

1. Grundzüge und Grundprobleme der gegenwärtigen Geldordnung

»This note is legal tender for all debt, public or private.« Diesen Satz findet man auf allen Dollarnoten. Der Dollar ist das gesetzliche Zahlungsmittel der USA, das heißt, der amerikanische Staat garantiert oder erzwingt – der Unterschied ist im Grunde nur einer der Perspektive –, dass im Geltungsbereich des amerikanischen Rechts zwischen Privaten sowie zwischen Privaten und dem amerikanischen Staat bestehende wirtschaftliche, steuerliche und sonstige rechtliche, in einen Geldwert konvertierbare Schuldverhältnisse durch die Zahlung der jeweils infrage stehenden Summe in Dollar definitiv getilgt werden können. Dasselbe gilt in Hinblick auf den Euro, den Franken oder den Yen für den Euroraum, die Schweiz oder Japan. »Eigentliches Geld« ist allein das im Auftrag des Staates von der Zentralbank ausgegebene Zentralbankgeld. Ein Bruchteil dieses Zentralbankgelds läuft in Form von Bargeld, also Scheinen oder Münzen, um. Der Rest wird von den Geschäftsbanken gehalten, wenn auch nicht in Form von physischen Beständen, sondern in Form von sogenannten (Buchungs-)Reserven (zum Folgenden Ingham 2004, S. 134–151; Huber 2001, S. 11–72).[22]

Die Geschäftsbanken kommen an Zentralbankgeld heran, indem sie sich bei der Zentralbank verschulden und für diese Kredite Wertpapiere einer bestimmten Mindestbonität bei der Zentralbank hinterlegen. Über die Festsetzung der Höhe des Leitzinses, das heißt desjenigen Zinses, zu dem die Geschäftsbanken sich bei der Zentralbank verschulden können, nimmt diese Einfluss auf die Kreditnachfrage nach Zentralbankgeld. Daneben kann die Zentralbank die Menge an Zentralbankgeld durch den Aufkauf von Wertpapieren erhöhen und umgekehrt durch Verkauf von Wertpapieren aus Eigenbesitz reduzieren. In diesem Fall nimmt sie Zentralbankgeld ein und entzieht es auf diese Weise dem Wirtschaftskreislauf. Prinzipiell ist die Zentralbank damit in der Lage, Geld »aus dem Nichts« zu schaffen, bildlich gesprochen, nach Belieben Geld zu drucken (und umgekehrt Geld wieder »im Nichts« verschwinden zu lassen oder eingenommenes Bargeld zu vernichten). Relativiert wird diese Eigenschaft dadurch, dass der Zentralbank bestimmte Offenmarktgeschäfte rechtlich verboten sind und dass die Vergabe von Zentralbankgeldkrediten an die Geschäftsbanken an die Hereinnahme von Sicherheiten geknüpft ist.

Die Gefahr, die dieser Ausnahmestellung der Zentralbank entspringt – und dies ist eines der der gegenwärtigen Währungsordnung attestierten Hauptprobleme –, liegt auf der Hand. Die Zentralbank könnte mehr Geld in Umlauf bringen, als von den eigentlichen ökonomischen Akteuren, den Produzenten und Konsumenten, tatsächlich benötigt, und damit Inflation erzeugen, mithin ein allgemeines, nicht durch die Verknappung des Warenangebots respektive die Erhöhung der Nachfrage, sondern ganz im Gegenteil und marktwirtschaftlich widersinnig durch die bloße Ausweitung der Geldmenge bedingtes Ansteigen der Preise. Die Preise verlören damit ihren Informationswert und ihre Steuerungsfunktion. Analoges gilt für den Fall einer Unterversorgung der Wirtschaft mit Zentralbankgeld, so dass durchschnittlich fallende Preise, Deflation also, nicht Ausdruck sinkenden Bedarfs, sondern lediglich eines allgemeinen Mangels an Geld wären. Ein intertemporaler Preisvergleich würde unmöglich, Fehlallokationen von Gütern wären die Folge. Der öffentliche, gesetzliche Auftrag der Zentralbanken lautet darum, die wirtschaftliche Entwicklung ihres Währungsraums umfassend und möglichst vorausschauend zu beobachten, um die zur Verfügung gestellte Menge an Geld der realen Entwicklung, dem tatsächlichen Wirtschaftswachstum oder gegebenenfalls auch einer Schrumpfung des Bruttoinlandsprodukts anzupassen. Abgesehen von möglichen weiteren Aufgaben der Zentralbank ist es ihre erste Pflicht, das Preisniveau stabil zu halten. Dass die Europäische Zentralbank (EZB) ähnlich wie andere Zentralbanken tatsächlich eine leichte Inflation anstrebt, steht dazu nicht in prinzipiellem Widerspruch, sondern stellt lediglich die Erfahrung in Rechnung, dass ein minimaler Inflationsdruck die Geldausgabebereitschaft der Akteure und damit Wachstum stimuliert.

Als Bedingung dafür, dass die Zentralbank ihrem zentralen Auftrag nachkommt, das Preisniveau konstant zu halten, gilt ihre politische Unabhängigkeit. Natürlich handelt es sich bei der Zentralbank, so wie sie heute verfasst ist, um eine politische, vom politischen und rechtlichen System eines Landes oder Staatenverbunds getragene Einrichtung und nicht um eine politikferne Körperschaft. Politische Unabhängigkeit meint daher, dass die Zentralbank zum einen nicht von der Regierung angewiesen werden kann, die Geldmenge zu drosseln oder auszuweiten, und zum anderen, dass sie durch den direkten Ankauf von Staatsanleihen keine Staatsfinanzierung betreiben darf. Andernfalls könnte die Regierung sich unbegrenzt verschulden und die Zentralbank unabhängig von realwirtschaftlichen Wachstumsraten zum Anwerfen der Notenpresse anhalten, um dieses überschüssige und das heißt ungedeckte Geld beispielsweise vor anstehenden Wahlen zum indirekten Kauf von Wählerstimmen einzusetzen. Eben weil zwischen Demokratie und Geldwertstabilität ein struktureller Widerspruch bestehe, so zumindest die Ansicht der in Wissenschaft und Politik dominanten ordoliberalen Geldtheoretiker (vgl. Hayek 1951; Weber 2014, S. 70–74), müsse die Zentralbank von jeglichen Pressionen der gewählten Politiker abgeschirmt werden.

Daran, dass eine weisungsabhängige Zentralbank politisch missbraucht werden und wirtschaftlichen Schaden anrichten kann, kann überhaupt kein Zweifel bestehen. Die Geschichte hält dafür zu viele Beispiele bereit. Falsch aber wäre es, daraus den Schluss zu ziehen, dass eine formal unabhängige Zentralbank politisch im luftleeren Raum agierte. Nicht erst das Gebaren der US-amerikanischen Zentralbank Fed seit der letzten Weltfinanzkrise oder dasjenige der EZB in der Euro-Schuldenkrise sprechen in dieser Hinsicht eine andere Sprache. Zwar wurde durch die Flutung der Märkte mit Liquidität nach 2007 deren Zusammenbruch mit für die Weltwirtschaft unabsehbaren Folgen vermieden. Und ebenso war es die EZB, welche der Spekulation gegen den Euro oder genauer gesagt gegen die Zahlungsfähigkeit der südlichen Länder einen Riegel vorschieben konnte. Doch selbst wenn man die unmittelbaren Interventionen der Fed und der EZB, wenn schon nicht für alternativlos, so doch für richtig halten sollte, stellt sich durchaus die Frage, ob deren andauernd extrem lockere Geldpolitik nicht gerade aufgrund ihrer regierungspolitischen Unabhängigkeit irgendwie demokratisch legitimiert werden müsste (dazu mehr in Abschnitt 4). Für den Ordoliberalismus hingegen würde die Politisierung der Zentralbank zum Schaden einer vermeintlich rein sachlichen Geldpolitik nur noch weitergetrieben.

Eine weitere Schwierigkeit – ein zweites Hauptproblem unserer Währungsordnung –, ergibt sich aus dem Umstand, dass die Geldschöpfung der Zentralbank nur erst das erste (oder, wie wir gleich sehen werden, letzte) Glied einer sehr viel längeren Geldschöpfungskette darstellt (Huber 2011, S. 73–88; Gottmann/Pahl 2013; McLeay u. a. 2014). Denn die Geschäftsbanken als Schuldner der Zentralbanken und Empfänger des Zentralbankgelds reichen dieses nicht einfach an ihre Geschäfts- und Privatkunden weiter, sondern nutzen es, um das von ihnen in Form von Buchkrediten geschaffene Buchgeld damit zu hinterlegen. Buchgeldschöpfung heißt, dass die Banken ihren Kunden Kredite einräumen, mit denen diese ihre Verbindlichkeiten anderen Wirtschaftsakteuren gegenüber begleichen können. Der Schuldner einer Bank könnte zwar verlangen, dass ihm sein einmal in aller Regel gegen Sicherheiten gewährter Kredit in Bargeld ausgezahlt wird, praktisch wird er sich zumeist jedoch damit bescheiden, Zahlungsverpflichtungen durch die Überweisung eines Teils seines Guthabens an Dritte oder vielmehr auf das Konto eines Dritten bei dessen Geschäftsbank zu begleichen. Das Buchgeld einer Bank wird mithin von den Kunden der Bank wie Bargeld behandelt. Denn auch der Empfänger einer Überweisung wird sich die auf seinem Konto gutgeschriebene Summe nur in den seltensten Fällen in Form von Bargeld auszahlen lassen. Die Banken müssen darum nur einen Bruchteil des von ihnen kreditierten Buchgelds als Bargeld vorhalten.

Im Normalfall bestehen nur wenige Kunden darauf, dass ihnen ihre Sichtguthaben ausgezahlt werden. Damit eine Auszahlung, das heißt ein Wechsel von Buch- in Bargeld im Einzelfall gleichwohl möglich bleibt, gibt es gesetzliche Mindestreservevorschriften. In Lehrbüchern zum Bank- und Geldwesen wird die Geldschöpfung durch die Banken häufig mit dem Multiplikatoreffekt erklärt. Wenn es beispielsweise eine Mindestreservevorschrift von zehn Prozent gibt, kann eine Bank dieser Erklärung zufolge von einem Bargeldbetrag von 1000 Euro 900 Euro verleihen. Die 1000 Euro mag sie sich bei der Zentralbank geliehen oder von Sparern eingeworben haben. Sobald die 900 verliehenen Euro bei einer weiteren Geschäftsbank eingezahlt werden, kann diese davon 810 Euro weiterverleihen; 90 Euro muss sie als Kasse vorhalten. Auf diese Weise setzt die Reihe sich fort; jeweils zehn Prozent der ausgereichten Kreditsumme müssen mit Zentralbankgeld hinterlegt werden, so dass auf Basis eines Bargeldbetrags von 1000 Euro 10 000 Euro Buchgeld geschaffen werden können. Der Staat oder die Zentralbank wäre in diesem Falle also über den Mechanismus der Mindestreserve imstande, die Geldschöpfung der Banken zu begrenzen. Allein, diese Erklärung ist falsch, und zwar nicht weil es keine Mindestreservevorschriften gäbe oder die Banken sich nicht an sie hielten, sondern weil die kreditäre Buchgeldschöpfung der Hinterlegung von Reserven *vorhergeht*. Zunächst werden Kredite ausgereicht, dann und in Reaktion darauf versorgen die Geschäftsbanken sich mit Zentralbankgeld. Sie können dies, weil die Zentralbank bereitsteht, die Geschäftsbanken jederzeit mit Reserven zu versorgen, für die zwar ebenfalls ein Zins zu zahlen ist und die zudem mit Sicherheiten und das heißt insbesondere Schuldverschreibungen im Besitz der Geschäftsbanken zu hinterlegen sind. Nur soll ein *höherer* Zins ja gerade im Privatkundengeschäft erwirtschaftet werden. Darüber hinaus sind es, falls es den Geschäftsbanken an beleihbaren Aktiva mangelt, im Extremfall die Kundenkredite selbst, welche von der Zentralbank als Sicherheit für die von ihnen an die Geschäftsbanken verliehenen Reserven akzeptiert werden können.

Vor allem aber ist die Unterscheidung von Zentralbankgeld und Buchgeld eine nur erst prinzipielle, in der Realität hingegen weniger eindeutige und darüber hinaus geldpolitisch schwer zu operationalisierende Unterscheidung. Denn neben der Menge an Zentralbankgeld, dem umlaufenden Bargeld sowie den Zentralbankgeldguthaben der Geschäftsbanken gibt es nicht nur die Sichtguthaben der privaten Bankkunden, sondern auch Spareinlagen mit und ohne Befristung, Termingelder, Bankschuldverschreibungen, Geldmarktfonds und viele andere mehr oder weniger geldnahe Titel. Die Zentralbanken definieren zwar unterschiedliche Geldmengen und legen fest, welche Geldmenge sie für geldpolitisch zentral erachten, an der insbesondere der finanziellen Innovation geschuldeten Schwierigkeit, die diversen Buchgeldmengen voneinander abzugrenzen, ändern diese Bemühungen jedoch nichts. Durch die Erfindung immer neuer Finanzmarkt-»Produkte« kann darum die wirksame, weil von den wirtschaftlichen Akteuren selbst wie Geld behandelte Geldmenge weit über das von der Zentralbank angestrebte Maß hinaus ausgeweitet werden. Umgekehrt kann die Zentralbank zwar Zentralbankgeld in den Markt pumpen, sofern die Banken jedoch keine neuen Kredite vergeben wollen, bleibt diese Maßnahme weitgehend wirkungslos.

Während das geldpolitische Manipulationspotential der Zentralbank aus einer ordoliberalen Perspektive aufgrund der politischen Korrumpierbarkeit des Zentralbankpersonals letztlich also als zu groß eingeschätzt wird, erscheinen die geldpolitischen Steuerungsmöglichkeiten der Zentralbanken aus einer souveränitätstheoretischen, im geldpolitischen Kontext chartalistisch genannten Perspektive eher als zu begrenzt. Während eine Gruppe von nicht bloß ordoliberalen, sondern libertären Geldreformen darum auf die Ausschaltung der Zentralbanken setzt, geht es den Chartalisten um die Befähigung der Zentralbanken zu wirksamer Geldpolitik. Diskutiert werden diese beiden zumindest vordergründing diametral entgegengesetzten Geldreformvorschläge im Folgenden am Beispiel der virtuellen Währung

Bitcoin (Kap. V/2) einerseits und dem des Vollgeld-Konzepts andererseits (Kap. IV/3).

2. Privates Geld oder der Bitcoin

Wie gesehen, sind es die staatlichen Zentral- und privaten Geschäftsbanken, die nicht nur unseren Zahlungsverkehr abwickeln, sondern die über das Ausmaß der Geldschöpfung und damit über den Wert des Geldes selber entscheiden. Die ökonomischen Akteure sind darauf angewiesen, diesen Finanzintermediären zu vertrauen und sie zudem für ihre Dienste zu bezahlen, obwohl sie im Grunde nicht mit diesen, sondern mit ihren jeweiligen Tauschpartnern in einer Transaktionsbeziehung stehen. Die Finanzintermediäre, so die Kritik, hätten sich gewissermaßen des Geldes bemächtigt, obwohl es der Idee nach doch nur der Erleichterung des Tauschs zwischen jeweils zwei Wirtschaftssubjekten wegen existiere (vgl. zum Folgenden Gedeon 1997). In den Entstehungsgeschichten des Geldes, wie sie die liberale Ökonomik erzählt, heißt es, dass das Geld aus den zugleich marktgängigsten oder allgemein begehrten und andererseits haltbarsten und am besten zu teilenden Waren im Besitz der Marktteilnehmer selbst hervorgegangen sei (vgl. Kap. I/1). Nicht von ungefähr habe diese Rolle immer wieder das Gold gespielt. Das Geld gehöre darum auch keiner dritten Instanz wie dem Staat, sondern den privaten Eigentümern selbst. Es sei schließlich nichts Anderes als der Gegenwert, für den ein Warenbesitzer seine Ware herzugeben bereit sei, um diesen Gegenwert seinerseits für den Erwerb anderer von ihm begehrter Güter einzutauschen. Indem staatliche Instanzen sich das Münzregal, also das Vorrecht, Gold oder andere Edelmetalle zu Münzen zu prägen, angeeignet hätten, würden sie der Öffentlichkeit zwar den Dienst erweisen, die Geldware zu standardisieren, zugleich aber hätten sie sich damit in die Lage versetzt, den Feingehalt der Münzen nach Belieben zu manipulieren. Der Preis, den die Wirtschaftssubjekte mithin für die Eichung der Geldware bezahlen müssten, sei ihre sukzessive Enteignung, weil der Staat das Gold für sich behalte und die Bürger gewissermaßen mit offiziellem Falschgeld abspeise.

Auf die Spitze getrieben worden sei dieser staatliche Missbrauch des privaten Geldes durch die Einführung materiell ungedeckter Papierwährungen. Damit seien die politischen Autoritäten in der Lage, Geld nach eigenem Gutdünken zu schaffen, staatliche Ausgaben mit selbstgedrucktem Papiergeld zu bestreiten und auf diesem Wege das bereits umlaufende Papiergeld zu inflationieren, also die privaten Geldhalter schleichend zu enteignen. Weder die formale Unabhängigkeit der Zentralbanken den Regierungen gegenüber noch die Existenz privater Banken hätten daran grundsätzlich etwas geändert. Zumal in Demokratien seien die Zentralbanken in ihren geldpolitischen Entscheidungen unweigerlich von den Vorgaben der jeweiligen Machthaber abhängig. Die Umsetzung der staatlichen Geldschöpfung durch private Kreditinstitute sei demgegenüber kein Korrektiv, sondern liefere die Marktakteure über deren prinzipielle Abhängigkeit vom staatlichen Geldmonopol hinaus zudem noch den kommerziellen Interessen der Banken aus. So wie der Staat ein Interesse daran habe, seine Ausgaben (oder seinen Schuldendienst) über die Notenpresse zu finanzieren, seien die Banken daran interessiert, ihren Kunden ein Maximum an Kredit einzuräumen und damit die umlaufende Geldmenge ihrerseits aufzublähen. Unweigerlich sei die Realwirtschaft darum immer wieder desaströsen Deflationskrisen ausgesetzt, in denen der von den Zentral- und Geschäftsbanken in die Welt gesetzte Geldüberhang verbrannt werden müsse. Obwohl notwendiges Schmiermittel des Wirtschaftsprozesses, sei das Geld als den Marktakteuren von den Zentral- und Geschäftsbanken entwundenes Medium zugleich ein wesentlicher Störfaktor desselben, wenn nicht gar Ursache realwirtschaftlicher Krisen. Die Lösung dieses Widerspruchs oder vielmehr die Wiederherstellung einer marktgemäßen Geldordnung liegt für ordoliberale Geldtheoretiker darum in der Entpolitisierung, für die radikaleren libertären Geldreformer gar in der Vermarktlichung des Geldes selbst.

Anstatt dieses den politischen Interessen staatlicher Instanzen zu überlassen, müsse es erneut zu der Geldware werden, die es seiner Idee nach sei. Einige wie zum Beispiel der republikanische US-Politiker und mehrfache Präsidentschaftsbewerber Ron Paul (2009) plädieren darum für eine Rückkehr zum Goldstandard. Andere hingegen glauben, die Auswahl der besten Währung den Marktkräften selbst überlassen zu können. So schlug Friedrich August von Hayek bereits in den 1970er Jahren eine Entnationalisierung der Währungen vor (Hayek 1977; 1979). Private Geldemittenten sollten den Marktakteuren weltweit verschiedene private Gelder anbieten, die wie auch immer, ob durch Edelmetalle, Ressourcen oder Preisindizes, besichert sein sollten. Auf dem Markt durchsetzen würden sich schließlich diejenigen Währungen, die sich als faktisch wertstabil und damit den Wirtschaftssubjekten eben jenen Dienst erwiesen, den sie von einem guten Geld verlangen. Private Banken würden also anders als nationale Zentralbanken nicht ausgeschaltet, auch und gerade ihre kommerziellen Interessen nicht. Doch da sie anders als heute über das von ihnen betriebene und selbstredend auch zukünftig mögliche Kreditgeschäft hinaus als Geldemittenten zugleich für die Kontrolle und die Garantie des Geldwerts selbst zuständig wären, hätte ihr kreditäres Gewinninteresse sich dem Interesse ihrer Geld- (und nicht Kredit-)Kunden an einer stabilen Währung unterzuordnen.

Nicht zuletzt aufgrund der politischen Macht der wirtschaftlich bedeutenden Staaten, aus denen heraus derartige Privatgeldanbieter hätten agieren müssen, des Desinteresses der großen Staaten, auf ihr Geldmonopol zu verzichten, ist es auf Jahrzehnte hinaus nicht zu einer Währungskonkurrenz im Sinne Hayeks gekommen. Die Fortschritte der modernen Informationsverarbeitungs- und Kommunikationstechnologie, vulgo des Internets, haben dem libertären Traum von einem entstaatlichten Geld nun allerdings zur Wirklichkeit verholfen. Der Bitcoin ist nicht die einzige, wohl aber die erfolgreichste virtuelle Währung, die sich seit 2009 anschickt, den großen Währungen dieser Welt Konkurrenz zu machen (vgl. European Central Bank 2012). Freilich liegt seine Attraktivität nur zum Teil darin, in seinem Wert nicht von staatlichen Stellen beeinflusst werden zu können. Was ihn darüber hinaus auszeichnet oder zumindest auszeichnen soll, sind die Bequemlichkeit seines Gebrauchs, seine geringen Kosten, seine Fälschungssicherheit sowie die mit ihm einhergehende Anonymität. Schon für sich genommen handelt es sich dabei um Eigenschaften, die Nutzer anlocken dürften; sollten sie zudem als Paket zu bekommen sein, dürfte dem Bitcoin, ließe man ihn gewähren, eine rosige Zukunft bevorstehen (Casey/Vigna 2015). Auf jeden Fall lässt sich die Vorhersage wagen, dass wir alle dieser Währung, wenn nicht selbst als Nutzer, so doch als Beobachter der Nutzung durch Andere in Zukunft häufiger begegnen werden.

Es handelt sich beim Bitcoin zunächst einmal um eine Software, mit deren Hilfe ihre in Form eines dezentralen Netzwerks verbundenen Nutzer zum einen gegen Lieferung einer Ware oder Dienstleistung Werteinheiten tauschen, zum anderen eben diese Werteinheiten kreieren oder schöpfen können (zur Funktionsweise von Bitcoin European Central Bank 2012, S. 21–24; Koenig 2015, S. 111–134; Bjerg 2016, S. 55–57; Weber 2016, S. 18f.).

Die Überweisung von Bitcoins findet direkt von Nutzer zu Nutzer statt; es gibt keine dazwischengeschalteten Institutionen, die ihrerseits von der Abwicklung des Zahlungsverkehrs profitieren würden. Ein Bitcoin ist eine aus einer verschlüsselten Zeichenkette bestehende virtuelle Werteinheit, die nicht durch irgendwelche Güter oder physischen Werte gedeckt ist. Erworben und gehandelt werden kann diese Werteinheit im Tausch gegen herkömmliche Währungen. Es gibt entsprechende Börsen. Eine Besonderheit von elektronischen Daten – und um nichts Anderes handelt es sich bei Bitcoins – ist indes ihre beliebige Kopierbarkeit. Um also sicherzustellen, dass ein Bitcoin nicht gefälscht oder auch nur mehrmals ausgegeben wird, bedarf es eines besonderen Sicherungsmechanismus. Dieser besteht darin, dass jeder Bitcoin mit jeder Transaktion seine Identität verändert, und zwar so, dass ihm die Geschichte all seiner bisherigen Transaktionen eingeschrieben wird. Ein Bitcoin erzählt gewissermaßen, von wem welche Anteile wohin transferiert worden sind. Die jeweiligen Besitzer von Bitcoins bleiben dabei allerdings anonym, sie verbergen sich ihrerseits hinter bloßen Zeichenketten. Ebenfalls nicht in den Code eingeschrieben wird, wofür die Bitcoins ausgegeben wurden.

Nun muss allerdings die Identität eines Bitcoins (oder auch nur eines Bruchteils von ihm) von allen Nutzern der Währung gleichermaßen überprüft werden können. Dies geschieht dadurch, dass die beiden Seiten einer Bitcoin-Transaktion, der Verkäufer und der Käufer von Bitcoins, diese dem gesamten Netzwerk bekanntgeben und sich weitere Teilnehmer des Netzwerks um die Verifikation, das heißt die rechnerische Rekapitulation der bisherigen Transaktionsgeschichte der infrage stehenden Währungseinheiten, bemühen. Ist diese Überprüfung abgeschlossen, werden die entsprechenden Informationen, also die neuen, um eine Transaktion erweiterten Bitcoin-Identitäten, wiederum dem gesamten Netzwerk bekanntgegeben. Das Netzwerk verfügt damit über so etwas wie ein allumfassendes und doch dezentrales und darum nicht oder wenigstens nur unter extremem Aufwand zu fälschendes, weil auf vielen einzelnen Rechnern abgelegtes Haupt- oder Rechnungsbuch. Der Anreiz für nicht an einer einzelnen Transaktion beteiligte Teilnehmer des Netzwerks, jene zu kontrollieren, besteht darin, dass derjenige, welcher die Überprüfung am schnellsten abschließt, vom System mit neuen Bitcoins belohnt wird. Mit jeder in Bitcoin getätigten Transaktion, oder genauer gesagt mit jedem Bündel oder Block von gleichzeitig zu verifizierenden Transkationen, steigt also die Menge an insgesamt verfügbaren, im System befindlichen, unter, wie für alle sichtbar im Hauptbuch vermerkt, anonymen Adressen hinterlegten Bitcoins. Damit es gleichwohl nicht zu einer Inflationierung des Geldes kommt, nimmt die Menge an auf dem Wege der Verifikation zu gewinnenden Bitcoins mit der Zeit ab. Es bedarf einer immer höheren Rechenleistung, um dem Hauptbuch einen Block hinzuzufügen.

Das System ist so programmiert, dass im Jahre 2040 die letzten der dann insgesamt 21 Millionen Bitcoins »geschürft« werden können. Die Summe erscheint gering, was sich aber dadurch relativiert, dass ein Bitcoin sich bis auf acht Stellen hinter dem Komma teilen lässt. Rechnerisch besteht ein Bitcoin, nach dem Vornamen seines (bis 2016) pseudonymen Erfinders Satoshi Nakamoto, aus einhundert Millionen »Satoshi«.[23] Wie bei einer goldgedeckten Währung kann das Geld also nicht über die vorhandenen Bestände an Gold hinaus vermehrt werden; anders aber als im Falle des Goldes, von dem immer noch mehr gefunden werden kann, ist die Menge der Bitcoins damit von vornherein begrenzt. Die Produktion von Bitcoins kann kurzfristig ebenso wenig forciert werden, wie die Währung sich langfristig inflationieren lässt. Im einen wie im anderen Fall steuert und terminiert ein Algorithmus den Prozess der Geldschöpfung. Abgesehen von weiterhin möglichen und auch erwünschten Wechselkursschwankungen zu Fremdwährungen – schließlich soll der Bitcoin sich in freier Konkurrenz zu bestehenden Währungen behaupten – wird sich der Wert oder die Kaufkraft der Bitcoins nach 2040 allein durch das Spiel von Angebot und Nachfrage der in Bitcoin ausgepreisten Güter bemessen.

Diese Reihe von Vorteilen, die angenommene Wertstabilität der Währung, ihre Apolitizität, ihre Sicherheit und Anonymität, das Fehlen von Intermediären und die geringen Kosten lassen in den Augen ihrer Anhänger erwarten, dass sich, wenn schon nicht der Bitcoin als solcher, so doch die ihm zugrunde liegenden Prinzipien in den kommenden Jahrzehnten gegen unsere defiziente gegenwärtige Geldordnung durchsetzen werden. Doch vielleicht – sehr wahrscheinlich sogar – ist der Jubel verfrüht. Zum Ersten nämlich dürfte eine Reihe von praktischen Schwierigkeiten einer weitgehenden Verdrängung oder auch nur substantiellen Schwächung der etablierten Währungen entgegenstehen. Zum Zweiten stehen den mutmaßlichen Vorteilen einer apolitischen Währung eine Reihe von Nachteilen gegenüber, die Erstere zumindest relativeren. Und zum Dritten lässt sich zeigen, dass zentrale Probleme des bestehenden Geldsystems vom Bitcoin nicht etwa dauerhaft gelöst, sondern lediglich verschoben werden (zum Folgenden Dodd 2014, S. 362–372; Weber 2016, S. 26–37).

Zu den Gründen dafür, dass der Bitcoin sich kaum ohne Weiteres gegen große staatliche Währungen wird durchsetzen können, zählt zunächst, dass die Staaten seiner Verbreitung Widerstand entgegensetzen könnten, dann nämlich, wenn die Kryptowährung mehr noch als bisher schon zum Kauf illegaler Güter, zur Umgehung von Steuern oder zur Finanzierung von Terroraktivitäten eingesetzt werden sollte oder aber geldpolitische Maßnahmen der Zentralbanken ins Leere laufen ließe. Tatsächlich scheint der Bitcoin aufgrund seiner Anonymität die Währung der Wahl auf der mittlerweile geschlossenen Online-Plattform Silk Road gewesen zu sein (Bjerg 2016, S. 69), auf der nicht nur Drogen, menschliche Ersatzorgane, Elefantenstoßzähne oder Waffen bestellt, sondern angeblich auch Morde in Auftrag gegeben werden konnten. Zwar sind die Möglichkeiten der Strafverfolgung grenzüberschreitender verschlüsselter Online-Aktivitäten naturgemäß eingeschränkt und soll die besagte Online-Börse längst wiedererstanden sein. Dennoch sind die Mittel staatlicher Überwachung und Eingriffe nicht zu unterschätzen, zumal die illegalen Online-Geschäfte zumeist ein reales Gegenstück in Form von illegalen Gütern oder Tätigkeiten besitzen. Allerdings richten sich die staatlichen Maßnahmen in diesen Fällen nicht auf die Währung an sich, sondern auf die mit ihrer Hilfe abgewickelten Deals. Anders verhielte es sich, wenn eine massive Abwanderung auch der an sich rechtstreuen Bürger in den Bitcoin die staatliche Geldpolitik zusehends neutralisierte. Gebrauchten alle den Bitcoin, ließe die wirksame Geldmenge sich noch weniger steuern als ohnehin schon, kämen die Zentralbanken mithin ihrer Aufgabe, das Preisniveau und darüber hinaus das Geschehen auf den Finanzmärkten zu stabilisieren, nicht länger nach. In einem solchen Fall würde der Staat vermutlich versuchen, den Gebrauch des Bitcoin selbst zu kriminalisieren (European Central Bank 2015, S. 29–32). Mit welchem Erfolg, sei dahingestellt. Einige würden vermutlich auf den Bitcoin verzichten, andere sich der virtuellen Währung erst recht verschreiben.

Allerdings ist nicht absehbar, dass der Staat, dass zumindest die großen Staaten oder Staatenverbünde sich überhaupt einem derartigen Verdrängungswettbewerb zu stellen haben. Denn von den Anhängern einer freien Währungskonkurrenz wird regelmäßig unterschätzt, dass von einmal etablierten staatlichen Währungen Einschließungseffekte ausgehen, die eine Substitution der Währung durch neue Konkurrenten unwahrscheinlich machen, selbst wenn diese an sich Vorteile versprechen. Erstens hängt die Brauchbarkeit einer Währung nicht allein von deren Wertstabilität, sondern nicht zuletzt auch von der Anzahl der Akteure ab, die sie verwenden, so dass eine relativ instabile, aber weitverbreitete Währung einem stabilen, aber räumlich oder sozial nur begrenzt brauchbaren Geld *ceteris paribus* vorgezogen wird. Zweitens können Staaten den Gebrauch ihres Geldes allein schon dadurch erzwingen, dass sie Steuern, Abgaben und Geldstrafen in nationalem Geld erheben sowie staatliche Leistungen umgekehrt in Selbigem erbringen. Bei einer Staatsquote von annähernd fünfzig Prozent, wie sie in unseren Breitengraden üblich ist, wird sich kaum jemand dem staatlichen Geldkreislauf entziehen können. Drittens schließlich bedarf es einer langjährigen Gewöhnung an einen neuen Wertstandard sowie einer durchgängigen Neubepreisung aller Güter, bevor ein neuer Wertstandard die Rechnung in alter Währung verdrängt. Dementsprechend unwahrscheinlich ist es, dass der Bitcoin dem Euro oder dem Dollar oder auch nur dem Franken mittelfristig das Wasser abgraben wird.

Eine zweite Gruppe von Gründen, die dem »Durchmarsch« des Bitcoin entgegenstehen, betrifft Nachteile des neuen Geldes, welche seine Vorteile möglicherweise mehr als aufwiegen. Zwei dieser Nachteile drängen sich regelrecht auf. Beide laufen darauf hinaus, dass der Bitcoin, anders als von seinen Anhängern erhofft, kaum die Rolle eines wertstabilen und darum neutralen Tauschmediums spielen wird. Erstens ist offenbar, dass der Bitcoin, obwohl seine Verbreitung oder zumindest seine Akzeptanz als alternatives Zahlungsmittel in der Online-Geschäftswelt durchaus zunimmt, bislang vor allem als Anlage- oder genauer Spekulationsobjekt und nicht als Tauschmittel nachgefragt wurde und weiterhin als solches gehalten wird. Ein Blick auf seinen Wechselkurs macht dies deutlich: Die ersten Bitcoins hatten einen geradezu verschwindend geringen Wert. Anfang 2009 waren für einen Eurocent zwanzig Bitcoins zu haben, das heißt, ein Euro hatte einen Wert von 2000 Bitcoins. Im Frühjahr 2011 erreichte der Bitcoin die Parität zum Euro; Bitcoins und Euro wurden zum Kurs eins zu eins gehandelt. Im Herbst 2012 nahm der Bitcoin die Marke von 10, um im Laufe des Jahres 2013 zuerst auf 100 und gegen Ende desselben auf seinen bisherigen Spitzenwert von über 800 Euro zu klettern. Von Anfang Januar 2015 bis Mitte Juni 2016 ist der Kurs noch einmal von etwa 200 auf über 600 Euro pro Bitcoin geklettert.[24] Diese Wertentwicklung korrespondiert in keiner Weise den Auf- und Abschwüngen eines in Bitcoin abgewickelten Warenhandels, sondern ist Ausdruck spekulativer Währungsgeschäfte.

Auch wenn derartige Zusammenhänge kaum je zu beweisen sind, dürfte der Bitcoin-Hype des Jahres 2013 in Zusammenhang mit der zypriotischen Bankenkrise gestanden haben, im Zuge welcher Einleger im Unterschied zu vorherigen Euro-Rettungsmanövern erstmalig an der Sanierung »ihrer« Geldhäuser beteiligt werden sollten (Dodd 2014, S. 369). Das insbesondere von reichen Russen und russischen Fonds auf Zypern angelegte Kapital suchte nach Ausweichmöglichkeiten und fand diese zumindest vorübergehend im Bitcoin. Sobald man sich klarmachte, dass die Wertsteigerung des Bitcoin nichts Anderes als ein Spiegel der eigenen Flucht aus dem Euro war, folgte auf die anfängliche Euphorie indes die unvermeidliche Ernüchterung (vgl. Kap. III/2). Ermöglicht werden die extremen Kursausschläge des Bitcoin nicht zuletzt dadurch, dass das Marktvolumen vergleichsweise gering ist und einige wenige große Währungsgeschäfte dementsprechend merkliche Auswirkungen auf den Kursverlauf haben können. Ebenso wenig lässt sich die Spekulation dadurch erden, dass Analysten auf sogenannte realwirtschaftliche Fundamentaldaten der Bitcoin-Ökonomie verweisen, weil es diese Daten, wenn nicht diese Ökonomie, gar nicht gibt. Und es ist nicht absehbar, dass das wesentlich spekulative Interesse am Bitcoin nachlassen sollte.

Der zweite Nachteil, den die Bitcoin-Erfinder sich durch ihren anti-inflationären »digitalen Metallismus« (Maurer u.a. 2013, S. 262), ihre virtuelle und einer Golddeckung gegenüber radikalisierte Imitation einer absoluten Mengenbegrenzung ihres Geldes, einhandeln, ist schlicht das Gegenteil der Inflation, das heißt die deflationäre Aufwertung der Währung. Diese ist ein langfristig unausweichlicher und im Übrigen wohl auch beabsichtigter, dem Common Sense nicht-libertärer Ökonomen zufolge realwirtschaftlich gleichwohl desaströser Effekt der Beschränkung der Bitcoin-Menge auf 21 Millionen. Wird eine größere Menge von Waren mit einer gleichbleibenden Menge von Geld gehandelt, müssen deren Preise sinken. Invers dazu steigt der Wert oder die Kaufkraft des Geldes. Das wäre nicht weiter dramatisch, wenn aller bisherigen Erfahrung nach durchschnittlich sinkende Preise die Konsumenten nicht dazu bewegten, den Konsum möglichst aufzuschieben, um zu einem späteren Zeitpunkt mit ein und derselben Geldsumme einen pralleren Warenkorb erwerben zu können als heute schon. Und eben weil diese Konsumzurückhaltung den Handel und in der Folge auch die Produktion schrumpfen lässt, scheuen die heutigen geldpolitischen Autoritäten die Deflation mehr als eine leichte Inflation von einigen wenigen Prozent, die (im Grunde nicht anders als ein dem Geld auferlegter Strafzins) dafür sorgen soll, dass Geld nicht gehortet, sondern ausgegeben oder investiert wird. Abgesehen von den kurz- und mittelfristigen, spekulativ bedingten Schwankungen des Bitcoin-Wechselkurses wird zwar den Bitcoin-Haltern langfristig eine nicht bloß wertstabile, sondern sogar aufwertende

Währung in Aussicht gestellt. Der Preis dieser Vermögenssicherung ist jedoch realwirtschaftliche Stagnation, das heißt, er wäre es, wenn der Bitcoin die etablierten Währungen wider Erwarten verdrängen könnte.

Drittens und abschließend sei auf zwei strukturelle Widersprüche in der Konstruktion des Bitcoin hingewiesen, die zwar nicht dem Bitcoin an sich anzulasten sind, ebenso wenig aber, wie von den Bitcoin-Enthusiasten angenommen, besondere Probleme der etablierten Währungen darstellen. Es handelt sich dabei zum einen um die falsche Hoffnung, ein Geld zu schaffen, welches des Vertrauens seiner Nutzer in die Redlichkeit der Tauschpartner einerseits und vor allem in die der Banken andererseits entbehren kann. Zum anderen und an das erste Problem anschließend geht es darum, dass sich die Wiederkehr von Finanzintermediären oder Banken, gerade wenn der Bitcoin zu einer begrenzten Erfolgsgeschichte werden sollte, nicht wird vermeiden lassen, ja genau genommen schon heute festzustellen ist.

Der erste Einwand ist beinahe banal. Denn so sehr die Bitcoin-Technologie, und das heißt im Besonderen die Kontrolle und Absicherung der einzelnen Transaktionen durch die Anlage und laufende Aktualisierung eines dezentral geführten Hauptbuches, die Überprüfung der Zahlungsfähigkeit des Tauschpartners sowie der Echtheit der Bitcoins und damit (die Notwendigkeit von) Vertrauen ersetzen soll, so sehr wird von Nutzern verlangt, dem System respektive der Software zu vertrauen, die sie benutzen. Zwar basiert der Bitcoin (so wie das nicht-kommerzielle Computerbetriebssystem Linux) auf einem offenen, für alle einsichtigen Quellcode, dessen Funktionsweise zu verstehen für die allermeisten Nutzer freilich ebenso schwierig oder gar unmöglich sein dürfte, wie einer Bank auf die Finger zu schauen. An die Stelle von organisatorischer Intransparenz tritt mithin das Problem der Informationsasymmetrie. Die Mehrzahl der

Nutzer geht also nur davon aus, dass das System so funktioniert, wie es in nicht-technischer Sprache schreibende, kein informatorisches Fachwissen voraussetzende Autoren behaupten, so wie die meisten Anleger sich bei der Einschätzung der Rentierlichkeit eines bestimmten Titels nicht auf ihre persönliche Expertise, sondern auf das Urteil von tatsächlichen oder auch nur vermeintlichen Experten verlassen und verlassen müssen. Vertraut werden muss darüber hinaus der eigenen Hardware. Denn wenn der eigene Rechner versagt, Fehler macht, ausgespäht oder gehackt wird, ist es gleichfalls um die Sicherheit geschehen. Mit anderen Worten, im Falle des Bitcoin tritt ein an die Technik und Techniker adressiertes Systemvertrauen an die Stelle eines Organisationen, ihren Satzungen und ihrem Personal geschenkten Vertrauens. Erübrigt hat es sich nicht. Tatsächlich hat es, obwohl sich das System bislang als durchaus robust erwiesen hat, sehr wohl Attacken und Diebstähle gegeben, und es gibt keinen Grund anzunehmen, dass sich dies ändern sollte. Im Gegenteil, im Maße seiner Verbreitung und intensivierten Nutzung dürfte der Bitcoin nicht nur freiwillige »Pfleger« gewinnen, sondern auch »kriminelle« Akteure mobilisieren.

Ich setze »kriminell« hier in Anführungszeichen, weil mit diesem Begriff vorausgesetzt wird, dass es ein Recht gibt, an dem gemessen werden kann, welche Handlungen erlaubt und welche verboten sind, sowie Sanktionsinstanzen, die gegen Rechtsbrecher vorgehen. Dies ist jedoch nicht der Fall. Schon die Abwehr von Angriffen auf das System, die Behebung von Fehlern, die Verbesserung der Sicherheit und die Behandlung und Lösung von Streitfällen werden Koordinationsmechanismen und Schlichtungsinstanzen auf den Plan zwingen. Diese sind jedoch, wenn auch noch keine finanziellen Intermediäre, so doch Dritte, die einerseits zur Mitarbeit und zum Einschreiten motiviert werden müssen, deren Unparteilichkeit, deren Interesse an der Pflege und am Erhalt des Systems und nicht (nur) der individuellen Bereicherung andererseits irgendwie sichergestellt werden muss. Bislang existiert nur erst die Bitcoin Foundation, deren Mitglieder einen Vorstand bestellen, der wiederum einen Systemadministrator bezahlt. So klar definiert und bescheiden ihre Aufgaben bisher auch gewesen sein mögen, sowohl der Gemeinschaft der Bitcoin-Nutzer als auch dem staatlichen Rechtssystem gegenüber wird in Zukunft zu klären sein, welche Regeln gelten können, sollen und müssen.

Daneben und darüber hinaus wird es zu einer Wiederkehr der Finanzintermediäre kommen und damit zur Wiedergeburt dessen, was eigentlich überwunden werden sollte (Gervais u.a. 2014). Denn warum sollten Nutzer, denen ihr Heimrechner zu unsicher ist, nicht Dritten die Verwahrung ihrer Bitcoins anvertrauen? Warum sollten Banken, die es heute schon gibt, ihren Kunden nicht anbieten, in Fonds zu investieren, die auch Bitcoins halten? Bitcoin-Börsen gibt es längt. Vor allem aber, warum sollte es, und zwar gerade aufgrund der fehlenden rechtlichen Rahmung des virtuellen Geldes, nicht möglich sein, Bitcoin-Kredite zu vergeben oder aufzunehmen? Wie und wozu sollte man verhindern, dass diese Kredite nicht durch »reale« Bitcoins gedeckt, sondern nur ein Anspruch auf Bitcoins sind, so wie unser Buchgeld nur Anspruch auf Bargeld, nicht aber dieses selber ist? Auch und gerade paradoxe, weil scheinbar rückwärtsgewandte Innovationen wie die physische Ausmünzung von Bitcoins lassen erwarten, dass der unternehmerischen Phantasie, aus und mit Bitcoins neue Finanzprodukte zu basteln, keine Grenzen gesetzt sind. Gerade wenn und insofern dem Bitcoin eine Zukunft beschieden ist, wird um ihn herum ein Finanzmarkt entstehen. Seriöse Bitcoin-Banker werden sich auf diesem ebenso tummeln wie virtuelle Beutelschneider. Und all dies wird Regulierung erfordern, so dass wiederersteht, wovon man sich loszusagen glaubte.

3. Vollgeld oder: Souverän ist, wer die Geldschöpfung kontrolliert

Umgekehrt zur vorstehend am Beispiel des Bitcoin diskutierten Vermarktlichung des Gelds zielt das zwecks Beschränkung der Spekulation oder vielmehr der diese befeuernden Giralgeldschöpfung durch das Geschäftsbankensystem im deutschen Sprachraum prominent von Joseph Huber vertretene Vollgeld-Konzept auf eine weitgehende Verstaatlichung des Geldes. Ebenso wenig jedoch wie der Bitcoin die einzige nicht-staatliche Währung ist, die um Nutzer wirbt, ist Huber der Erste und Einzige, der für eine staatliche In-Regie-Nahme der Geldschöpfung plädiert. Ein direkter Vorläufer der Vollgeld-Idee ist der Anfang der 1930er Jahre in Reaktion auf die damalige Weltwirtschaftskrise entwickelte Chicago-Plan, der von Irving Fisher in den Vorschlag eines sogenannten 100%-Geldes überführt wurde (Benes/Kumhof 2012). Heute werden dem 100%- beziehungsweise dem Vollgeld verwandte Ideen im angelsächsischen Sprachraum unter den Begriffen »positive« und »sovereign money« diskutiert. Realisiert wurde die Idee bislang nirgends, auch wenn im durch die letzte Weltfinanzkrise arg gebeutelten Island derzeit über eine Umsetzung des Konzepts diskutiert wird (Sigurjonsson 2015) und in der Schweiz Ende des vergangenen Jahres eine Volksinitiative eingereicht wurde (www.vollgeld-initiative.ch), welche die Einführung von Vollgeld zum Ziel hat. Die folgende Darstellung wird sich vor allem an den Arbeiten Hubers orientieren, nicht zuletzt weil auch die eidgenössischen Initianden sich wesentlich auf ihn beziehen.

Das Vollgeld-Konzept basiert auf einer einzigen einfachen, vordergründig nachgerade naheliegenden und doch folgenreichen Idee: Die (Buchgeld-)Sichtguthaben der Bankkunden sollen in Zentralbankgeld umgewandelt werden (zum Folgenden Huber

2004; 2011, S. 89–150; 2014). Private Geschäftsbanken wären nicht länger in der Lage, im Zuge ihres Kreditgeschäfts oder durch den Verkauf von Aktiva nach Gusto Giralgeld zu schöpfen. Vielmehr bliebe die Schöpfung von Zentralbankgeld allein der Zentralbank vorbehalten. Durch staatliche Ausgaben respektive schon die Umdefinition von Giral- zu Zentralbank- oder eben Vollgeld in Umlauf gelangt, würden auch im bargeldlosen Zahlungsverkehr insgesamt limitierte Geldbestände bewegt, anstatt wie im gegenwärtigen System nicht nur Zahlungsversprechen miteinander zu verrechnen, sondern auch und vor allem unkontrolliert neue wie Geld behandelte Zahlungsversprechen zu kreieren.

Tatsächlich fungieren Bankgutschriften, wie im ersten Abschnitt des Kapitels erläutert, als Geld, obwohl sie nur ein Anspruch auf Zentralbank- oder »eigentliches« Geld sind. Und sie können im Unterschied zu eigentlichem Geld von den Banken selbst geschaffen werden, indem diese, ohne sich zuvor Zentralbankgeld besorgen zu müssen, ihren Kunden einen Kredit einräumen. Die Zentralbank müsste dieses Spiel zwar nicht mitspielen und den Geschäftsbanken die von ihnen benötigten Reserven im Nachhinein nicht zur Verfügung stellen, aber sie tut es, weil, wie nicht erst die jüngste Krise lehrt, andernfalls der Geldkreislauf und mit diesem auch Produktion und Handel zusammenbrächen. Die Zentralbanken haben effektiv keine Kontrolle über die Geldmenge. Nicht diese gilt es zu steuern; zinspolitisch stabil gehalten werden soll und kann bestenfalls das Preisniveau.

Auf den ersten Blick hatten die Zentralbanken darin Erfolg. Seit den 1980er Jahren scheint die Gefahr der Inflation gebannt. Mittlerweile sorgt die Geldpolitik sich ganz im Gegenteil ob zu niedriger oder gar negativer Inflationsraten. Doch auch dieser Eindruck täuscht oder bedarf zumindest der genaueren Betrachtung. Denn mehr oder weniger stabil geblieben sind nur die Verbraucherpreise, welche der Berechnung der offiziellen Inflationsraten zugrunde liegen. Explodiert hingegen sind die Vermögenspreise. Insbesondere der durchschnittliche Wert von Aktien ist in die Höhe geschossen, und zwar in einem Maße, das in keiner Weise durch reales Wachstum gedeckt ist. Weder das Platzen der sogenannten Dotcom-Blase Anfang des Jahrtausends noch die letzte Weltfinanzkrise haben grundsätzlich etwas daran geändert, dass die Wertentwicklung der Finanzvermögen derjenigen des Bruttosozialprodukts vorausläuft.

Aus Perspektive nicht nur der Vollgeld-Reformer – auch libertäre Anhänger einer freien Währungskonkurrenz legen den Finger in diese Wunde – ist es im Wesentlichen die allzu lockere, betriebswirtschaftlich nachvollziehbare, volkswirtschaftlich indes desaströse Kreditvergabe der Banken, welche, wenn schon nicht für die Entstehung, so doch für das Aufblühen des Kasino-Kapitalismus verantwortlich ist. In der Tat haben sinkende Profitaussichten im Bereich der Produktion und niedrige Zinsen dazu geführt, dass mehr und mehr Kapital in die Finanzmärkte floss und die Finanzmarktindustrie durch die Erfindung immer neuer Finanzmarktprodukte dafür sorgte, einerseits Zinsansprüche zu befriedigen und andererseits das Gesamtkreditvolumen noch einmal zu erweitern. Hinter der sogenannten Verselbständigung der Finanzmärkte – Verselbständigung deshalb, weil sie nicht mehr oder nur noch marginal dazu dienen, die Finanzierungs- und Versicherungsbedürfnisse von Handel und Gewerbe zu befriedigen – verbirgt sich ein Kreislauf einer außer Rand und Band geratenen »Geldproduktion« durch die Banken, welche durch spekulative Geschäfte zugleich absorbiert und weiter angeheizt wurde. Das Verhalten der Banken war dabei, ja es ist strukturell prozyklisch. Solange das Spiel rundlief, wurden nahezu unbegrenzt Kredite vergeben, auch wenn die Renditebasis, aus der sie bedient werden mussten, immer schmaler wurde, wohingegen nach dem Knall der Jahre 2007/08, als viele Derivate sich als wertlos entpuppten, das Kreditgeschäft weithin zum Erliegen kam. Nicht erst seit der letzten Weltfinanzkrise ist bekannt, dass die Deflationierung von Spekulationsblasen die Realwirtschaft in den Abgrund reißen kann (Fisher 1933). Was in diesen Krisen zählt, ist allein Zentralbankgeld, eben weil die aufgeblähten Zahlungsversprechen nun zu Zahlungs(auf)forderungen werden. Und tatsächlich haben die großen Zentralbanken die Weltwirtschaft vor dem Kollaps bewahrt, allerdings um den Preis einer derart umfänglichen Injektion von Zentralbankgeld, dass der nächsten Krise selbst ohne eine erneut auf Hochtouren laufende private Geldproduktion der Boden bereitet wird.

Auch wenn man eine Reihe weiterer Gründe für die letzte Krise anführen kann – nicht zuletzt die Ermattung der kapitalistischen Produktionsweise selbst, zumindest in den westlichen Zentren (Gordon 2012; Teulings/Baldwin 2014) –, ist die Diagnose überzeugend, dass der spekulativen Blasenbildung ein monetärer Defekt, Joseph Huber und seinen Mitstreitern zufolge: die Möglichkeit der Giralgeldschöpfung, zugrunde liegt. Spekulativer Überschwang und Deflationskrisen wären ohne diesen Mechanismus zwar nicht auszuschließen, wohl aber wäre die Verlaufskurve flacher, wenn die Geldmenge sich besser respektive überhaupt steuern ließe. Genau dies soll durch die Vollgeld-Reform erreicht werden. Vollgeld bedeutet, dass die Sichtguthaben der Privatkunden zu Zentralbankgeld erklärt werden und die Banken fürderhin Kredite nur in Zentralbankgeld gewähren können, das sie sich *vor* der Kreditgewährung entweder bei privaten Sparkunden besorgen oder aber bei den Zentralbanken ausleihen müssen. Banken würden dadurch zu dem, wofür der Laie sie gemeinhin hält, das heißt zu Finanzintermediären, die zum einen den Zahlungsverkehr ihrer Kunden abwickeln und zum anderen und insbesondere Gespartes für Investitionszwecke bereitstellen. Banken hätten auf das Privileg zu verzichten, Buchgeld zu schöpfen. Die Geldschöpfung würde vielmehr zu einem hoheitlichen Prärogativ des Staates. Staatliches oder öffentliches Geld und privater Kredit würden getrennt. Die praktische Verdoppelung oder vielmehr x-fache Vervielfältigung von gesetzlichen Zahlungsmitteln dadurch, dass Bankgutschriften (nicht zuletzt von Finanzämtern und anderen staatlichen Stellen) anstelle von gesetzlichen Zahlungsmitteln akzeptiert werden, wäre aus der Welt, wenn man auch Sichtguthaben zu gesetzlichen Zahlungsmitteln erklärte, ihre weitere Gewährung dafür jedoch an die tatsächliche Überweisung von gesetzlichen Zahlungsmitteln knüpfte.

Für Banken und Kunden wäre eine solche Umstellung vermögensneutral. Niemand besäße nach der Verwandlung von Buch- in Zentralbankgeld mehr oder weniger als zuvor. Guthaben blieben Guthaben, und Schulden blieben Schulden. Einzig die Abwicklung des Zahlungsverkehrs müsste aus der Bankbilanz herausgenommen werden. Die Schulden der Kunden wären künftig nicht länger Guthaben der Banken. Kreditgewährung wäre nicht länger Geldschöpfung. Selbstredend könnte weiterhin Geld aufgenommen werden. Nur handelte es sich dabei stets um Zentralbankgeld.

Abgesehen von der fortbestehenden Möglichkeit der Geschäftsbanken, sich bei der Zentralbank zu verschulden, käme neues Geld dadurch in Umlauf, dass die Zentralbank der Regierung dieses neue Geld zur freien Verwendung überlässt. Nötig würde eine Erhöhung der Geldmenge, wenn die Wirtschaft wächst oder die Geldnachfrage des privaten Sektors aus sonstigen Gründen wie zum Beispiel einer gestiegenen (auch qua Vollgeld-Reform nicht zu konterkarierenden) Liquiditätsvorliebe der Marktakteure zunimmt. Der Regierung beziehungsweise dem Parlament stünde es frei, das zusätzliche Geld zum Einkauf von

Leistungen, für Sozialausgaben, zur Steuersenkung oder zur Tilgung von Schulden einzusetzen. Ein inflationärer Effekt ginge von dieser Geldgewährung nicht aus, weil die politisch nach wie vor unabhängige Zentralbank beziehungsweise eine verfassungsrechtlich zur vierten Staatsgewalt aufgewertete »Monetative« Geld nur in Höhe des erwarteten Wachstums respektive der angestrebten Inflationsrate in Umlauf brächte. Eine Reduktion der Geldmenge wäre möglich durch die Erhöhung von Steuern oder den Verkauf von Aktiva im Besitz der Zentralbank.

Ziel der Geldpolitik bliebe die Stabilisierung des Geldwerts. Geld würde zu einem Baustein eines staatlich garantierten ordnungspolitischen Rahmens, innerhalb dessen das Spiel von Angebot und Nachfrage zu einer möglichst optimalen Ressourcenallokation führte, und zwar nicht nur allein der Güter und Dienstleistungen, sondern auch des Geldes selbst, weil in dem Maße, in dem die Zentralbanken auf ihre ohnehin nur begrenzt wirksame Zinspolitik verzichten könnten, der Zins »endlich wieder« zum Marktpreis des Geldes würde, das heißt zum Mechanismus, der die Kreditnachfrage und die Sparneigung (vermeintlich) zum Ausgleich bringt (vgl. Kap. III/1). Wer sich verschulden will, der muss auf dem Umweg über die Banken Andere qua Zins zum Investieren überreden. Und dies gälte auch für den Staat selbst, nur hätte er die Verschuldung den Überlegungen der Vollgeld-Reformer zufolge auch bei einer gleichbleibend hohen Staatsquote weniger nötig, weil ihm jeglicher Geldmengenzuwachs von der Zentralbank gewissermaßen als zinsloses Darlehen mit unbegrenzter Laufzeit zufiele. Diesen über die Steuereinnahmen hinausgehenden Finanzierungsvorteil hätte er freilich damit zu bezahlen, die Monetative in *völliger* Unabhängigkeit schalten und walten zu lassen. Darauf, dass die Zentralbank dem Staat notfalls seine Schuldverschreibungen abkauft – so wie es die EZB heute faktisch tut –, könnte er sich nicht länger verlassen.

Durch eine letztlich nur durch einen juristischen Federstrich zu bewerkstelligende Reform wäre ein grundlegender Mangel der gegenwärtigen Geldordnung, ihr spekulativer Überschwang, ihre, mit einem Wort des ehemaligen US-amerikanischen Zentralbankpräsidenten Alan Greenspan, »irrational exuberance«, behoben. Natürlich muss man diesen Mangel und nicht die politische Instrumentalisierung und deswegen dräuende Inflationierung des Geldes für das monetäre Hauptproblem halten, um sich für eine Vollgeld-Reform zu begeistern. Die Diagnose jedoch, dass unser ökonomisches System durch seine forcierte Finanzialisierung, wenn nicht in seinem Bestand bedroht, so doch krisenanfälliger und dysfunktionaler werde, stößt auch außerhalb des Vollgeld-Lagers auf Zustimmung. Nur wenige dürften Widerspruch einlegen, wenn es darum geht, dem Kasino-Kapitalismus Fesseln anzulegen. Wie also ist die Vollgeld-Idee zu bewerten? Was spricht möglicherweise dagegen, sich für eine derartige Reform einzusetzen? Mit dem Bitcoin konnten schon Erfahrungen gesammelt werden. Auch wenn seine Bewertung spekulative Momente enthielt, konnte sie sich auf bereits absehbare Trends berufen. Dies gilt für eine Vollgeld-Reform nicht. Mit ihr beträte man Neuland.[25] Sie wäre ein Wagnis, obwohl sie sich technisch vergleichsweise leicht umsetzen ließe. Ihre Realisierung aber wäre anders als im Fall von Bitcoin und Co. keine bloße Ergänzung, sondern eine Ersetzung der bestehenden Geldordnung. Umso wichtiger ist es, mögliche Konsequenzen durchzuspielen, auch wenn, ja gerade weil Erfahrungen fehlen (vgl. Weber 2014, S. 78–82).

Bemerkenswerterweise befürchten sowohl sozialdemokratische Keynesianer (Flassbeck/Spiecker 2014) als auch marktliberale Vertreter der Finanzindustrie (Baumberger/Walser 2014), dass die Möglichkeiten der Verschuldung eingeschränkt würden. Die Keynesianer erwarten nicht zu Unrecht steigende Zinsen. Diese kämen dadurch zustande, dass Sparer unter Vollgeld-Bedingungen zu Investoren würden. Wenn Kreditnehmer Zentralgeldbesitzer dazu überreden wollen, ihnen ihr Geld auszuleihen – anstatt dass die Bank ihnen dieses buchungstechnisch vorstreckt –, dann dürfen die Zentralbankgeldbesitzer dafür einen höheren Zins als bisher verlangen, zumal ihr Geld für die Laufzeit des Kredits gebunden wäre. Tatsächlich soll die Fristentransformation, also die Finanzierung von langfristigen Krediten durch kurzfristige Spareinlagen, den Vorstellungen Hubers zufolge eingeschränkt oder gar untersagt werden. Aus Bankeinlagen würden gewissermaßen Fondsanteile. Für die Sparer stiege damit das Liquiditätsrisiko, wohingegen das wie gewünscht gebannte Risiko einer Bankinsolvenz zum Risiko würde, dass die Investition fehlschlägt. »Zur Belohnung« hätten nicht nur Investitionen renditeträchtiger zu sein als bisher, sondern auch kreditfinanzierte staatliche Konjunkturprogramme würden teurer und damit schwieriger zu realisieren.

Das Gegenargument der Vollgeld-Reformer (Huber 2014), dass die seit Langem niedrigen, mittlerweile ins Negative kippenden Zinsen nicht nur kein realwirtschaftliches Wachstum ermöglicht, sondern ganz im Gegenteil die Spekulation angeheizt und die Staatsverschuldung in die Höhe getrieben hätten, ist freilich kaum von der Hand zu weisen. Das heißt, auch wenn hohe Zinsen tendenziell ein Investitionshemmnis sind, sind niedrige Zinsen umgekehrt keine Prosperitätsgarantie. Und nicht nur das. Wie die gegenwärtige Situation lehrt, sind die Zentralbanken in Zeiten niedriger oder gegen Null tendierender Zinsen weitgehend machtlos, es sei denn, sie bestraften Geldbesitz. Doch selbst wenn sie sich dazu entschlössen, bliebe unerfindlich, wie ein negativer Zins, nur weil er negativ ist, profitable Realinvestitionen schaffen soll, ganz abgesehen davon, dass niedrige, Null- oder Negativzinsen Kleinsparer enteignen und Rentensysteme in Schwierigkeiten bringen.

Praktisch folgenreicher scheint mir vorerst jedoch der Widerstand zu sein, der seitens der Finanzwirtschaft zu erwarten ist, weil die Einführung von Vollgeld auf die Austrocknung eines wichtigen Geschäftsmodells, eben nicht der Finanzintermediation, sondern der Giralgeldschöpfung, hinausliefe (vgl. zum Folgenden Breton/Coudret 2016). Sollen die Gewinne nicht schrumpfen, wären kompensatorisch steigende Gebühren und wiederum steigende Zinsen die Folge. Beides wäre aufgrund der internationalen Konkurrenz den Kunden gegenüber kaum durchzusetzen. Es ist in diesem Zusammenhang hilfreich, sich auszumalen, die schweizerische Initiative zur Einführung von Vollgeld hätte Erfolg. Denn die Schweiz ist ein international wichtiger Finanzplatz mit bedeutenden Banken. Nicht nur die Crédit Suisse und die UBS sind global tätige Banken, die der Einführung von Vollgeld nicht tatenlos zusehen würden.

Drei Handlungsoptionen zeichnen sich ab: Erstens könnten sie auf das heimische Geschäft verzichten, den Standort Schweiz aufgeben und ins Ausland abwandern. Zweitens könnten sie ihren Kreditnehmern Fremdwährungskonten anbieten, und zwar, abgesehen von Wechselkursrisiken (auf die wir gleich noch zu sprechen kommen), zu besseren Zinskonditionen. Schon heute ist es ein Leichtes und selbst für private Häuslebauer nicht unüblich, Kredite in Fremdwährungen aufzunehmen. Drittens und vor allem ist abzusehen – nichts Anderes lehrt die Geschichte des Geldes, in der private und staatliche Akteure seit jeher um die Definitionsmacht des Geldes ringen (vgl. Davies 2002) –, dass die Banken neue geldnahe Titel erfinden werden, in welchen ihre Kunden sich verschulden können. Ebenso wenig wie sich verhindern lässt, dass findige Unternehmer in Bitcoin denominierte, aber nicht aus »physischen« Bitcoins, sondern aus einem Anspruch auf die konditionierte Auszahlung von Bitcoins bestehende Kredite anbieten, lässt sich ausschließen, dass Banken ihren Kunden ein Buchgeld 2.0 offerieren, das bei Bedarf respektive unter bestimmten Bedingungen zwar in Vollgeld umgetauscht werden kann, solange sich jedoch Dritte finden, die es an Zahlung statt akzeptieren, nicht vollständig in Vollgeld umgetauscht werden dürfte. Staatliche Mindestreservevorschriften sind keine Voraussetzung dafür, dass ein System funktioniert, in dem die Banken auf Basis statistisch ermittelter Mindestreserven neues Geld schaffen. Im Grunde muss nicht einmal neues Buchgeld erfunden werden. Es genügt, dass beispielsweise Geldmarktfondsanteile wie Geld gebraucht werden. Das ist für die Akteure, für die Banken und ihre Kunden, zwar mit einem erhöhten Liquiditätsrisiko verbunden, solange jedoch die Verschuldung in Geldsurrogaten deutlich billiger ist als in eigentlichem Geld, dürften die Akteure es eingehen.

Denkbar und angesichts der möglichen Ausweichmanöver nachgerade notwendig wären darum entsprechende Verbote. Ein Abwandern der Banken ins Ausland wäre damit natürlich nicht zu verhindern, rechtlich behindern und gegebenenfalls strafrechtlich verfolgen aber ließen sich Fremdwährungsgeschäfte und der Gebrauch von Ersatzgeldern. Doch selbst wenn es keine Widerstände und keine Umgehungsversuche gäbe, wäre eine Vollgeld-Reform mit erhöhtem Regulierungsaufwand verbunden. Denn nicht nur würde die Zentralbank politisch zur Monetative aufgewertet, sondern auch administrativ käme ein Mehraufwand auf die Zentralbank zu. Es käme nämlich darauf an, nicht nur wie jetzt das Preisniveau zu beobachten, sondern wie vom orthodoxen Monetarismus postuliert die Geldmenge zu steuern und das heißt sie den Bedürfnissen des Wirtschaftssystems anzupassen. Wie hoch aber ist der Bedarf an neuem Geld? Welche oder wie viele Investitionen werden sich rechnen, wie viele fehlschlagen? Die Zentralbanken stehen dabei vor einem zweifachen Problem, wenn man so will, vor einem epistemologischen und einem ontologischen. Das erkenntnistheoretische Problem besteht darin, dass es einer Zentralbehörde nach allen Erfahrungen, die mit zentralistischer Steuerung bislang gemacht worden sind, schwerer fällt, den Bedarf an neuem Geld beziehungsweise Kredit einzuschätzen, als einer Vielzahl von dezentral agierenden Marktakteuren (Hayek 1969; Masuch 1981). Zwar ist richtig, dass Banken dazu neigen, die Profitabilität von Investitionen in Boomphasen zu über- und in Bustphasen zu unterschätzen, richtig aber ist auch, dass die Einschätzung der Profitabilität einer besonderen Investition einer lokal versierten Bank leichter fällt als einer räumlich und sachlich entfernteren Behörde. Ontologisch liegen die Schwierigkeiten darin, dass gesamtwirtschaftlich betrachtet alle Investitionen vorfinanziert werden müssen, bevor Erträge anfallen. Bevor die neu produzierten Güter verkauft werden und ein rechnerischer Mehrwert entsteht, müssen Maschinen angeschafft, Materialien besorgt und Löhne ausbezahlt werden. Erst im Nachhinein erweist sich, ob das Kalkül aufgeht und mehr Geld übrig bleibt, als investiert wurde. A priori aber ist nicht nur unbekannt, sondern »unwissbar«, welche und wie viele Investitionen Wachstum generieren. Unter Maßgabe zentraler Planung ist deshalb mit deutliche(re)n Fehlallokationen zu rechnen.

Weiterhin sind politische Konflikte zwischen Regierung und Parlament auf der einen Seite und der Monetative auf der anderen vorprogrammiert, einmal angenommen, die Verfassungswirklichkeit entspräche der neuerdings verfassungsrechtlich zementierten Selbständigkeit der einzelnen Gewalten. Denn nicht nur wäre die Verschuldungsfähigkeit der Regierung ganz im Sinne der Vollgeld-Reformer eingeschränkt, sondern im Falle eines Geldüberhangs wären es Regierung und Parlament, die *auf Geheiß der Monetative* die Steuern zu erhöhen hätten. Die Budgethoheit des Parlaments wäre damit ausgehebelt. Nicht die gewählten Wirtschafts- und Sozialpolitiker würden die Zentralbank instrumentalisieren, sondern umgekehrt legten unabhängige Zentralbanker der Steuer- und Haushaltspolitik Zügel an. Welche Spannungen daraus erwachsen, lässt sich derzeit am Beispiel der den Euro-Krisenländern von außen auferlegten Sparvorgaben studieren (Scharpf 2013). Möglich ist zwar, dass eine inländische Zentralbank *gegen* Regierung und Parlament um das Vertrauen der Bürger in die Richtigkeit ihrer Vorgaben und Entscheidungen werben könnte, aber sie würde damit zu einem politischen Akteur, ohne sich politisch verantworten zu müssen. Demokratietheoretisch ist die Einrichtung einer Monetative mithin höchst problematisch.

Schließlich ist es wahrscheinlich, dass ein Staat, der auf Vollgeld setzt, über kurz oder lang internationale Kapitalverkehrskontrollen wird einführen müssen. Während nämlich die Kreditnehmer ins Ausland abwandern dürften, würde eine Geldanlage in »sicherem« Vollgeld gerade in Zeiten schwachen Wachstums und niedriger Zinsen ausländisches Sparkapital anlocken. Die steigende internationale Nachfrage nach Vollgeld würde allerdings den Wechselkurs der Währung nach oben treiben und damit die Exportchancen des betreffenden Landes schmälern. Zur Abwehr dieses Aufwertungstrends könnte und müsste die Zentralbank einheimisches Geld drucken und gegen Devisen verkaufen. Damit würde die Geldmenge allerdings ausgeweitet, ohne dass diese Ausweitung in Zusammenhang mit den Wachstumsaussichten der heimischen Wirtschaft stünde. Ob und in welchem Umfang dieser vorerst nicht nachfragewirksame, weil in Sparanlagen geparkte Geldüberhang, wie die Währungshüter sagen, »sterilisiert« werden kann, ist nicht absehbar. Grundsätzlich ausgeschlossen ist es jedenfalls nicht, dass die zur Abwehr des Aufwertungsdrucks aufgeblähte Geldmenge irgendwann das Vertrauen in die Werthaltigkeit der Währung schwinden lässt und die Befürchtung nährt, einem bloßen Schein aufzusitzen. Am Beispiel der Fährnisse des Dollar ließe diese Dynamik sich trefflich illustrieren (vgl. Eichengreen 2011), nur dass dem Dollar als internationaler Referenzwährung bis auf Weiteres kein ernsthafter Bedeutungsverlust droht. Anders verhält es sich mit dem Geld kleinerer Länder. Tatsächlich standen und stehen gerade die schweizerischen Notenbanker schon ohne Vollgeld vor dem Problem, einerseits den Preisauftrieb des Franken drosseln zu müssen, womit sie andererseits jedoch den Finanzplatz schwächen. Sollten die Schweizer für die Einführung von Vollgeld stimmen, würde sich dieses Dilemma verschärfen. Eine ausländische Direktanlage in eidgenössischem Zentralbankgeld wäre noch attraktiver, als sie es jetzt schon ist. Kapitalverkehrsbeschränkungen und (noch höhere) Negativzinsen wären die logische Folge, sollte, wie von den Vollgeld-Reformern vorgesehen, die Kontrolle der Geldmenge das einzige Ziel der Geldpolitik sein, anstatt, wie der formalen Unabhängigkeit der Zentralbanken zum Trotz jetzt schon üblich, immer auch wirtschaftspolitische Zwecke mitzuverfolgen.

All dies muss nicht so kommen. Prognosen sind nur Prognosen, die Zukunft hingegen ist ungewiss. Unvorhergesehene Umstände und nicht bedachte Faktoren könnten einer Vollgeld-Reform eher in die Hände spielen, als sie verkomplizieren. Auf jeden Fall aber wäre eine Vollgeld-Reform ein Experiment mit ungewissem Ausgang. Doch es ist nicht unwahrscheinlich, dass man den Sieg über die gefährliche Spekulation mit wirtschaftlicher Stagnation erkaufte. Das mag aus der Perspektive von Wachstumskritikern sogar ein wünschenswertes Ziel sein, aus Warte der Vollgeld-Reformer ist es dies nicht. Diesen sind die Einreden gegen ihr Vorhaben selbstverständlich nicht unbekannt, und es zeichnet sie aus, dass sie sich detailliert und differenziert mit diesen befassen. Auffällig und für Parteigänger einer endlichen Verstaatlichung der Geldordnung im Grunde befremdlich ist gleichwohl, dass die Vollgeld-Reform in den Schriften ihrer Anhänger als ein lediglich technisches Projekt erscheint. Dem korrespondiert, dass der Geldbegriff der Vollgeld-Reformer – nicht anders übrigens als derjenige der Konkurrenzwährungsfreunde – einseitig die Tauschmittelfunktion des Geldes als für eine Marktwirtschaft wesentlich fokussiert und demgegenüber seine Vermögenseigenschaft abblendet. Dies bedeutet wohlgemerkt nicht, dass es ein Geld gäbe, das an sich wertvoll wäre, und man ein solches ganz im Sinne der Vollgeld-Reformer endlich zu etablieren hätte. Wohl aber heißt es, dass Geld nie nur ein Tauschmittel ist, sondern vielmehr immer auch ein verdinglichtes Symbol für Reichtum an sich und das wiederum heißt für die Möglichkeit zu handeln, auch wenn noch nicht feststeht – oder besser: gerade damit offenbleiben kann –, was genau zu tun ist.

Diesseits der Frage, ob diese oder jene Geldreformidee es verdient, weiterverfolgt oder in die Praxis umgesetzt zu werden, ist es das große Verdienst allein schon der Debatten um die Zukunft des Geldes, diese tatsächlich alles andere als neutrale Institution als das Politikum auszuzeichnen, das sie ist und immer schon war.

4. Zentralbankunabhängigkeit und die Politizität des Geldes

Lässt man die Einwände Revue passieren, die sich gegen den Bitcoin und das Vollgeld oder allgemeiner gegen Projekte zur radikalen Vermarktlichung des Geldes einerseits und seiner rigorosen Verstaatlichung andererseits ins Feld führen lassen, liegt der Schluss nahe, dass sich das bestehende Geldsystem, das privatmarktförmige und staatlich-hierarchische Elemente mischt, zwar in Hinblick auf spezifische Problemlagen reformieren, nicht aber zugunsten eines »ganz anderen« Geldsystems abschaffen lässt. Anstelle der Probleme nämlich, die mittels eines »freien« respektive hoheitlichen Geldes bewältigt werden sollen, würden sich neue (alte) Probleme des Geldes einstellen, welche die »eigentliche« Problembewältigung in ein schales Licht rücken.

Der Bitcoin ist, so wie es goldgedeckte Währungen waren, ein tendenziell deflationäres, Geldhalter begünstigendes und umgekehrt die Verschuldung und damit Investitionen erschwerendes Geld. Zudem wird der Bitcoin die Finanzintermediäre nicht zum Verschwinden bringen, sondern diesen ein neues Betätigungsfeld bieten. Und, damit verbunden, wird die Welt des Bitcoin nicht ohne Regulierung und das heißt (mehr oder weniger) neutrale Dritte mit Sanktionsbefugnissen auskommen. Wie der Bitcoin würde auch Vollgeld ein unternehmerische Initiativen eher behinderndes Geld sein, nicht weil es sich nicht vermehren oder kreditär schaffen ließe, sondern weil die geldpolitischen Planungsansprüche oder gar -notwendigkeiten sowie das gesteigerte Verlustrisiko der Sparer einer nachfrageorientierten Kreditversorgung im Wege stünden. Darüber hinaus wäre die Einführung von Vollgeld mit einer zumindest relativen Abschließung des Währungsraums dem Ausland beziehungsweise Fremdwährungen gegenüber verbunden. Gleichwohl ließen sich die Erfindung und der Gebrauch von neuen »Nicht-Buchgeld-Geldsurrogaten« nicht blockieren. Im Falle des Bitcoin wird sich eine Re-Hierarchisierung der Geldordnung nicht verhindern lassen, in dem des Vollgelds nicht die Ausdifferenzierung von neuen Privatwährungen. Im Falle des Bitcoin wird es zu einer Art Wiedererfindung von Zentralbanken kommen, obwohl diese doch gerade abgeschafft werden sollten. Im Falle des Vollgelds dürfte die Zentralbank an ihren Aufgaben scheitern oder, dramatischer noch, als Monetative in einen grundlegenden Konflikt mit den anderen Gewalten des Staates geraten. Vor diesem Hintergrund werfen wir zum Abschluss dieses Kapitels einen näheren Blick auf die Rolle der Zentralbanken im gegenwärtigen Geldsystem. Deren formelle und in den OECD-Staaten zumeist auch effektive Unabhängigkeit von der Regierung wird sich dabei als problematischer und weniger selbstverständlich erweisen, als dies in der Wirtschaftspresse, in der orthodoxen Literatur und häufig auch von den politischen Akteuren selbst dargestellt wird. Und das heißt umgekehrt: Die rechtliche und praktische Relativierung dieser Unabhängigkeit wäre bereits eine Geldreform, die ihren Namen verdiente.

Historisch entstanden Zentralbanken zum Zwecke der Staatsfinanzierung, das heißt aus einem Motiv heraus, das heute zwar (aus weiter unten näher zu erläuternden Gründen) als illegitim gilt, praktisch aber das Verhalten der Zentralbanken immer wieder bestimmt hat, und zwar nicht erst seit dem Ausbruch der Finanzmarktkrise im Jahre 2007 (vgl. Goodhart u.a. 1994; Ugolino 2011). Schon vor Gründung der ersten »eigentlichen« Zentralbank in England gegen Ende des 17. Jahrhunderts hat es schon im Mittelalter private Banken gegeben, welche finanziell notleidende Fürsten oder auch Kommunen mit Krediten versorgten. Was die Gründung der bis ins 20. Jahrhundert hinein privaten Bank of England gleichwohl einzigartig und vorbildlich machte, waren der Zusammenschluss mehrerer privater Bankiers eigens zum Zwecke der Finanzierung der englischen Krone, die Besicherung ihrer Kredite durch das staatliche Steueraufkommen sowie die privilegierte Vermarktung der Staatsschuld in Form von Banknoten (Ingham 2004, S. 107–133). Das »staatliche« Geld oder vielmehr ein privates, allerdings mit Steuern unterlegtes und darum »verstaatlichtes«, weithin akzeptiertes »Schein«-Geld, die Vorstellung also, dass der Wert dieses Geldes durch das Steueraufkommen eines Landes verbürgt werde, geriet fürderhin zum Erfolgsmodell, auch wenn der Gebrauch von Banknoten in der westlichen Welt erst im 19. Jahrhundert alltäglich und deren prinzipielle Konvertierbarkeit in Gold oder Silber gar erst im 20. Jahrhundert aufgehoben wurde.

Zwischen den »National«-Banken und den Regierungen bestanden von Beginn besondere Beziehungen. Dafür, dass diese jenen vormals hoheitliche Privilegien wie das nun zum Druckrecht »staatlicher« Banknoten mutierte Münzregal und andere Vergünstigungen einräumten, konnten diese sich nicht nur günstiger finanzieren, als es ihnen »am Markt« möglich gewesen wäre, sondern jene darüber hinaus zumindest informell zur wenigstens indirekten (Mit-)Verfolgung staatlicher Absichten anhalten. Aufgrund ihrer privilegierten Stellung wuchsen die Nationalbanken in der Regel zu den kapitalstärksten Banken eines Landes heran, wurden sie zu Geldgebern anderer, kleinerer Banken und schließlich zur Verrechnungsstelle des gesamten Bankensystems. Das von der Nationalbank emittierte Geld wurde zum nationalen Geld, auch ohne dass der Staat die alleinige Geltung einer Währung oder eben seiner Schuldscheine hätte rechtlich erzwingen müssen. Eine Kreditaufnahme in anderer »Münze« war möglich und durchaus üblich, ebenso wie im Falle jederzeit möglicher Zweifel an der Solvenz einer kleineren Bank, deren Einleger ihre Guthaben in ein vermeintlich wertstabileres Geld einzutauschen versuchen und die »an sich« möglicherweise gar nicht insolvente Bank auf diese Weise tatsächlich in die Zahlungsunfähigkeit treiben konnten. Das »härteste« Geld war in der Regel dasjenige der Nationalbank, und das nicht nur deshalb, weil diese versprach, ihre Noten auf Verlangen in ein fixes Quantum an Edelmetall umzutauschen, sondern schon darum, weil ihr Geld zumeist als Verrechnungsstandard, als *money of account*, der überhaupt umlaufenden Gelder fungierte. Die Hierarchie von Nationalbankgeld auf der einen Seite und Schuldverschreibungen respektive »Buch«-Geldern gewöhnlicher Geschäftsbanken auf der anderen ist mithin keine Erfindung gewiefter Banker des 20. Jahrhunderts, sondern ein gewissermaßen natürliches Ergebnis der Währungskonkurrenz (Goodhart 1988, S. 103f.). Dass diese von Beginn an nicht frei war, sondern der Staat »seinem« Geld einen Startvorteil einräumte und dieses über kurz oder lang zudem zum (einzigen) gesetzlichen Zahlungsmittel erklärt wurde, ändert freilich nichts an dem Umstand, dass eine Geld-»Ordnung« mit konkurrierenden Währungen grundsätzlich auf eine hierarchisierte Geldordnung mit einem »Vollgeld« an der Spitze zuläuft.

Vor diesem Hintergrund wird verständlich, dass den Zentralbanken eine weitere Aufgabe zufallen musste: diejenige, im Falle einer allgemeinen Bankenkrise und einer mit dieser einhergehenden Austrocknung der Liquidität als *lender of last resort* bereitzustehen. In der letzten großen Finanzkrise – wie in jeder großen Finanzkrise seit dem Zweiten Weltkrieg – sind die Zentralbanken eingesprungen, als »die« Kredit- oder Spekulationsblase platzte, jeder bestrebt war, seine Zahlungsfähigkeit durch den Umtausch von weniger liquiden in liquidere Titel zu bewahren, und genau dadurch der Wertverfall derselben und das wiederum heißt ihre relative Unverkäuflichkeit forciert oder gar erst herbeigeführt wurde (vgl. Kap. III/2). Wenn alle versuchen, sich ins »eigentliche« Geld zu retten und es genau deswegen dem Markt entziehen, »muss« die Zentralbank den Markt mit neuem Geld fluten, um den Bankensektor und diesem folgend die Realwirtschaft vor dem durch einen allgemeinen Mangel an Zahlungsmitteln bedingten Ruin zu retten – das heißt, sie sollte es zumindest. Seit dem späten 19. Jahrhundert gilt dies als wesentliche Aufgabe der Nationalbanken (Bagehot 1871). Allerdings kamen sie dieser Aufgabe nicht immer nach: In die Annalen nicht nur der Wirtschaftsgeschichte eingegangen ist ihr Versagen in der Weltwirtschaftskrise Ende der 1920er Jahre, als auch die Zentralbanken meinten, der internationalen Kontraktion des Kreditvolumens durch Sparmaßnahmen statt durch Notkredite begegnen zu müssen (Friedman/Schwartz 1963, S. 299–419). Seither gilt es als unverbrüchliche Weisheit, dass dieser Fehler nicht wiederholt werden darf.

Es liegt auf der Hand, dass eine private und das heißt profitorientierte Zentralbank eher zögern dürfte, als *lender of last resort* einzuspringen als eine staatliche Zentralbank, der dieses Mandat politisch erteilt oder gesetzlich aufgegeben werden kann. Durch das Fallieren von Not- und – was in Bankenkrisen dasselbe ist – Großkrediten entstehende Verluste müssen dann nicht von wenigen privaten Teilhabern der Nationalbank getragen werden, sondern können auf die Allgemeinheit und das heißt letztlich den Steuerzahler abgewälzt werden. Tatsächlich ist die Verstaatlichung der westlichen Nationalbanken im oder nach dem Zweiten Weltkrieg auch aus deren Versagen in der Weltwirtschaftskrise heraus zu begreifen. Allerdings haben bereits private Nationalbanken als *lender of last resort* fungiert, eben weil sie aufgrund ihrer besonderen Staatsnähe immer schon eine Gesamtverantwortung für das Finanzsystem trugen und ihre möglichen Verluste zudem mit den unter Umständen sehr viel höheren (Opportunitäts-)Kosten zu vergleichen sind, die entstünden, wenn »alles« zusammenbräche. Diesseits veritabler Finanzmarkt- und finanzmarktinduzierter Wirtschaftskrisen gibt es allerdings wiederum »systemische« Gründe, die für die Verstaatlichung oder wenigstens eine rechtliche Sonderstellung der Zentralbanken sprechen (Goodhart 1988, S. 103f.). Als Privatbank unter Privatbanken nämlich gibt es für die Zentralbank kaum einen Anreiz, sich nicht an der für Privatbanken nun einmal außerordentlich profitablen Ausweitung des Kreditgeschäfts zu beteiligen. Verwandelt man diese hingegen in eine staatliche Anstalt und »bricht« so das Profitmotiv, kann sie, wenn und damit es gut geht, bereits vor Ausbruch einer Bankenkrise mit den entsprechenden Befugnissen ausgestattet darüber wachen, dass es zu einer solchen gar nicht erst kommt. Auch die Aufsicht über das Bankensystem und dessen Regulierung gehören damit zu den sozusagen natürlichen Aufgaben einer Zentralbank.

Bereits aus dieser kursorischen und typisierten Skizze der Entwicklung von Zentralbanken ergibt sich eine längere Liste von Zentralbankfunktionen: Diese hatten (und haben) den Staat, wenn schon nicht zu finanzieren, so doch ihm bei seiner Finanzierung zu helfen. Sie unterstützen diesen etwa durch gezielte oder begünstigte Kreditvergabe an ausgewählte Sektoren in seinen wirtschaftspolitischen Zielen – so lag es zum Beispiel im 19. Jahrhundert im Interesse Englands und zu Beginn des 20. Jahrhunderts der USA, nun gegen England, mittels ihrer Nationalbanken den heimischen Bankensektor zum Mittelpunkt des globalen Kapitalmarkts zu machen (Epstein 2005, S. 10–12); sie fungieren als Bank der Banken, sowohl was die Abwicklung des Zahlungsverkehrs zwischen diesen als auch was deren Refinanzierung betrifft; sie überwachen und regulieren formell oder informell das Bankensystem und agieren im Krisenfall als *lender of last resort*. Bereits in den vorherigen Abschnitten behandelt haben wir ihre weitere, gleichwohl wichtige Aufgabe, den Marktakteuren ein wertstabiles Geld zur Verfügung zu stellen. Wichtig ist sie, weil nur auf Basis eines annähernd wertstabilen Geldes eine in die Zukunft ausgreifende Kalkulation von Kosten und Gewinnen möglich ist, ein Kapitalstock für investive Zwecke gebildet, gespart oder Kasse für unerwartete oder noch nicht bestimmte Ausgaben vorgehalten werden kann.

Wertstabil war das von den Nationalbanken ausgegebene Geld, schon weil es als Geld der in der Regel stärksten Bank allseits begehrt war, aber natürlich auch weil oder insofern es eine Edelmetalldeckung besaß (zum Folgenden Eichengreen 2000, S. 21–

68). Den Geldwert etwa an Gold zu koppeln brachte indes auch Probleme mit sich, die nicht erst mit der (Sozial-)Demokratisierung der Staaten entstanden. Davon unabhängig jedoch ist Gold ein nur begrenzt verfügbarer Rohstoff. Diese natürliche Knappheit garantiert zwar, dass nicht mehr Geldansprüche auf Gold gedruckt werden können, als an Gold vorhanden ist, aber sie begrenzt eben auch (nicht anders als die Festlegung der absoluten Menge an Bitcoins auf 21 Millionen) das mögliche Kreditvolumen, das heißt, sie begrenzte es, wenn (wie ähnlich die Vollgeld-Anhänger es wollen) Kredite tatsächlich nur in goldgedeckter Form ausgereicht würden. Das war schon zu Zeiten des klassischen Goldstandards im 19. und frühen 20. Jahrhundert nicht der Fall. Gleichwohl konnte die seinerzeit nichtsdestotrotz bestehende relative Unelastizität des Kreditvolumens nur dadurch kompensiert werden, dass große Goldfunde in Übersee eine zur Finanzierung des damaligen Wirtschaftswachstums unabdingbare Ausweitung der Geldmenge erlaubten. Weder die Goldfunde noch das Wirtschaftswachstum kamen indes den Nationen gleichermaßen zugute. Im Ergebnis bedeutete dies, dass der Wert einer Landeswährung, der sich im Übrigen nicht nur an heimischen Goldreserven, sondern ebenso am Wechselkurs bemaß, auch und gerade zinspolitisch stabilisiert wurde. Nicht anders als heute konnte die Zentralbank durch eine Erhöhung des Zinses, zu dem sie den übrigen Geschäftsbanken Kredit zu gewähren bereit war, die Menge ihrer von Dritten als Geld gebrauchten Banknoten drosseln und damit zugleich den Wechselkurs stützen und umgekehrt. Allerdings machten die geldpolitischen Autoritäten sehr schnell die Erfahrung, dass aus Gründen der Geldwert- beziehungsweise Wechselkursstabilisierung möglicherweise angezeigte drastische Zinserhöhungen realwirtschaftlich depressive Effekte zeitigten, weshalb praktisch auf einen Mix aus Zinspolitik und Offenmarktgeschäften, das heißt kursmanipulative Käufe und Verkäufe von Wertpapieren und Fremdwährungen, zurückgegriffen wurde. Mit anderen Worten, gerade in dem vermeintlich durch nachgerade mechanische Regeln bestimmten Zeitalter des Goldstandards wurden die im Prinzip bis heute gebräuchlichen Instrumente der Geldpolitik entwickelt und durchaus flexibel in Anschlag gebracht.

Es fehlt in unserer Liste der Zentralbankaufgaben indes noch die Inflationsbekämpfung, die seit den 1980er Jahren offiziell als vorrangiges, wenn nicht gar alleiniges Ziel der Zentralbanken angesehen wird (Bowman u.a. 2013, S. 459–461). Seine Prominenz und Dominanz müssen historisch informierte Beobachter überraschen und können tatsächlich nicht durch die Entdeckung bislang unbekannter Zusammenhänge plausibel gemacht werden. Vielmehr sind politische Entscheidungen, epistemische Moden oder Rationalitätsfiktionen und nicht zuletzt die Macht der Finanzmärkte, ihr Drohpotential den Staaten gegenüber, für die Fokussierung dieses spezifischen geldpolitischen Ziels verantwortlich.

Insofern Zentralbanken immer schon um die Stabilisierung ihrer Währung bemüht waren, gehörte die Inflationsbekämpfung natürlich seit jeher zu ihren Aufgaben. Praktisch relevant wurde die Inflationsbekämpfung allerdings erst im 20. Jahrhundert. So gehören die beiden großen Nachkriegsinflationen in Deutschland zu den ganze Generationen prägenden Ereignissen (Pierenkemper 1998; Bethge u. a. 2002). Geldpolitisch folgenreicher waren indes die selbst in den westlichen Führungsmächten zweistelligen Inflationsraten der 1970er Jahre. In Großbritannien wurde 1975 gar die Marke von 25 Prozent erreicht. Erklärt wird das (Wieder-)Auftauchen der Inflation im 20. Jahrhundert – denn natürlich gab es seit der Antike immer wieder massive inflationäre Geldwertzerrüttungen – weithin mit der bereits erwähnten (Sozial-)Demokratisierung der westlichen Gesellschaften und der durch diese Entwicklung mitgetragenen Abschaffung des Goldstandards (vgl. Hirsch/Goldthorpe 1978). Ohne Frage haben im Laufe des 20. Jahrhunderts die Verbreitung des allgemeinen Wahlrechts, eine erstarkende Sozialdemokratie, die bereits nach der Russischen Revolution einsetzende internationale Systemkonkurrenz, die sukzessive Ausbildung des Sozialstaats, die gesellschaftspolitische Kompromissbereitschaft »des Kapitals« nach den verheerenden Erfahrungen von Faschismus und Weltkrieg sowie die zeitweilige Hegemonie eines wirtschaftspolitisch verkürzten Keynesianismus – »We are all Keynesians now«, entfuhr es Mitte der 1960er Jahre selbst Milton Friedman[26] – dazu geführt, dass anders als noch im 19. Jahrhundert geld- und wirtschaftspolitisch nicht länger die Garantie von Kapitalwerten, sondern das gesamtgesellschaftliche Wohlergehen der einzelnen Länder und das hieß eben auch die Befriedigung materieller Ansprüche der abhängig Beschäftigten auf die Agenda rückten. Es ist kaum verwunderlich, dass die staatlichen beziehungsweise verstaatlichten Zentralbanken ihre weniger aus dem Korsett des Goldstandards als von internationalen Rücksichten befreite Geldpolitik an diesem Generalziel eines Klassenkompromisses auszurichten hatten. Bis Anfang der 1970er Jahre schien die Vermittlung von Kapitalismus und Demokratie auch zu glücken. Steigende Löhne, immer umfänglichere sozialstaatliche Transferleistungen und öffentliche Konjunkturprogramme haben nach dem Zweiten Weltkrieg das »Wirtschaftswunder« mitgetragen. Sinkende Wachstumsraten führten in den 1970er Jahren dann jedoch zu einem inflationären, seinerseits wachstumshemmenden Geldüberhang. Die These einer im weiteren Sinne sozialdemokratisch verschuldeten Inflation ist für die 1970er Jahre also nicht falsch.

Richtig ist allerdings auch, dass das schwächelnde Wachstum auf weitere Gründe als konjunkturpolitische und sozialstaatliche

»Exzesse« oder allgemeiner ein wirtschaftspolitisch unverantwortliches Verhalten der demokratisch gewählten Volksvertreter zurückgeführt werden muss (Pollard 1984). Sofern die in geldpolitisch orthodoxen Kreisen populäre Gleichung »(Sozial-)Demokratie = Inflation« Geltung besitzt, dann für die 1970er Jahre. Für die beiden großen deutschen Inflationen Anfang der 1920er Jahre und nach 1945 gilt sie nicht (Holtfrerich 1980; Brackmann 1993). Diese wurden vielmehr durch die jeweils vorausgehenden Kriegsausgaben verursacht oder zumindest vorbereitet. Im Weimarer Fall lösten die Reparationslasten des Deutschen Reiches die Krise aus, nach Ende des Zweiten Weltkriegs war es der Zusammenbruch der staatlichen Ordnung. Gleichwohl verbreitete sich in der Literatur die Ansicht, dass Inflationen im Wesentlichen auf eine zu große Nähe der Zentralbanken zu ihren Regierungen zurückzuführen seien. Insofern diese auf ihre Wählerschaft Rücksicht zu nehmen hätten, versuchten sie, die Nationalbanken zu einer laxeren Geldpolitik anzuhalten, als dies mit einer stabilen Währung vereinbar sei. Wer Inflationen verhindern wolle – und dies sei nicht nur ein gesamtwirtschaftlich sinnvolles Ziel, sondern liege im objektiven Interesse aller –, müsse darum die Zentralbanken vor dem Zugriff der Politik bewahren und sie in die geldpolitische Unabhängigkeit entlassen (Nordhaus 1975). Vor 1990 waren formell nur die US-amerikanische Fed, die Schweizerische Nationalbank und die Deutsche Bundesbank unabhängig (welche, ihrer Stellung zum Trotz, in den 1970er Jahren steigende Inflationsraten gleichwohl nicht verhindern konnte, ebenso wenig wie die unabhängige Reichsbank in den 1920er Jahren der Hyperinflation Herr wurde [Holtfrerich 1988]). Nach 1990 hingegen wurde eine Zentralbank nach der anderen, und zwar in der westlichen Welt wie auch in den Entwicklungsländern und den neuen Staaten des ehemaligen Ostblocks, in die Unabhängigkeit entlassen. Und wie es scheint, wurde zumindest in der

OECD-Welt, ganz wie von der orthodoxen Zentralbank-Theorie prognostiziert, auch das Gespenst der Inflation gebannt.

Einmal abgesehen davon, dass es vorderhand fraglich ist, ob ein einheitliches institutionelles Design von Zentralbanken naturgemäß unterschiedlichen (volks-)wirtschaftlichen Umfeldern gerecht wird, wie auch davon, dass formelle Unabhängigkeit nicht auch immer schon praktische Selbständigkeit bedeutet, müssen jedoch empirische Zweifel angemeldet werden, dass es allein oder auch nur vornehmlich die seit den 1990er Jahren nun endlich auf breiter Front realisierte Zentralbankunabhängigkeit war, welche die Inflation besiegt und einem im Westen immerhin moderaten Wirtschaftswachstum den Weg bereitet hat. Erstens nämlich sind die Inflationsraten in vielen Fällen bereits rückläufig gewesen, bevor die Zentralbanken in die Unabhängigkeit entlassen wurden. Die Vorgeschichte der europäischen Währungsunion ist dafür das bekannteste Beispiel. Zweitens konnte in vergleichenden Untersuchungen gezeigt werden, dass Länder mit unabhängigen Zentralbanken längerfristig keine überlegenen wirtschaftlichen Ergebnisse erzielen. Und drittens schließlich sind selbst Inflationsraten von einigen Prozent kein verlässlicher Indikator für schwaches Wirtschaftswachstum (McNamara 2002, S. 56–59). Wenn die empirische Evidenz für die Bedeutung oder gar Richtigkeit von unabhängigen Zentralbanken jedoch schwach ist, warum wurde und wird sie dann ungebrochen propagiert?

Machen wir uns zur Beantwortung dieser Frage zunächst einmal klar, dass der die Zentralbankunabhängigkeit affirmierende Diskurs oder vielmehr die mit ihr verbundene Verabsolutierung der Inflationsbekämpfung darüber hinwegtäuscht, dass diese zwar ein sinnvolles geldpolitisches Ziel darstellt, aber eben nur eines unter mehreren, das zudem nicht allen gesellschaftlichen Gruppen gleichermaßen zugutekommt. Obwohl es sich um eine den allermeisten Akteuren geläufige wirtschaftliche Binsenweisheit handelt, wird in der geldpolitischen Literatur entweder über- oder schnell darüber hinweggegangen, dass ein stabiles Geld, so sehr es auf der einen Seite den intertemporalen Preisvergleich und weiterhin eine rationale Kalkulation ermöglicht, auf der anderen Seite vor allem im Interesse der Kapitalbesitzer und Gläubiger liegt. Schuldner hingegen haben ein massives Interesse daran, dass die effektive Last ihrer Schulden durch Geldwertschwund gelindert wird. Lohnempfänger, Rentner oder Bezieher von Sozialleistungen sind zwar wie Kapitalbesitzer erpicht darauf, dass die Kaufkraft des Geldes nicht sinkt, allerdings lassen sich periodische Zahlungen tariflich oder politisch an eine inflationäre Geldentwertung anpassen, wohingegen Kapitalstöcke qua Inflation aufgezehrt werden. Geldpolitik ist darum mitnichten neutral, sondern sie favorisiert unweigerlich einzelne gesellschaftliche Gruppen oder Klassen (Kirshner 2003; Mann 2013), zumindest dann, wenn man Letztere nicht über die Stellung ihrer Mitglieder im Produktionsprozess, sondern vielmehr im Kreditverhältnis definiert. Auch der Unternehmer, der zum Zwecke des Ausbaus seiner Unternehmung einen Kredit aufnimmt, ist Schuldner. Gläubiger hingegen sind, wie vermittelt auch immer, selbst Kleinanleger, die Anteile an einem Fonds halten, der unter anderem in Unternehmensanleihen investiert.

Dass dies mitunter zu unklaren Frontverläufen zwischen den Klassen und zu gegensätzlichen Interessen ein und derselben Akteure führt (Deutschmann 2008), liegt auf der Hand, ändert aber nichts an dem grundlegenden Sachverhalt, dass auch unabhängige Geldpolitik verteilungspolitische Effekte hat. Ein wertstabiles Geld und ein zur Garantie des Geldwerts über der Inflationsrate liegender Zins liegen objektiv im Interesse »des Finanzmarkts«, Zinsen hingegen, die von der Inflation gedrückt oder gar »aufgefressen« werden, begünstigen unterhalb einer gewissen Schwelle des Geldwertverlusts Investitionen (allerdings, was von den Anhängern einer keynesianischen Wirtschaftspolitik gern vergessen wird, ohne sie deswegen auch gleich schon sinnvoll und rentierlich zu machen). Und nicht zu vergessen ist, dass auch und gerade der Staat zu den großen Schuldnern gehört, ebenso wie heute, wenn auch insbesondere in den USA, viele Private nicht nur ihren besonderen Lebensstil, sondern bereits ihre Grundbedürfnisse mit Schulden »finanzieren«. Niedrige Inflationsraten bedienen darum in erster Linie »das Kapital«. Auch das kann man wollen, auch wirtschaftspolitische Gründe lassen sich dafür finden, nur sollte die Unabhängigkeit der Zentralbanken nicht darüber hinwegtäuschen, dass ihre bis zur letzten Krise inflationsaverse Geldpolitik eben auch Politik ist.

Angesichts der beschriebenen bescheidenen oder immerhin unklaren wirtschaftspolitischen Erfolge unabhängiger Zentralbanken liegt der Schluss nahe, dass sowohl das Projekt ihrer weltweiten Installation als auch das Beharren auf dem Primat der Geldwertstabilisierung ihrerseits Ausdruck einer wissenschaftlich verbrämten Übernahme der Geldpolitik durch die Interessen des Finanzkapitals sind. Und dafür gibt es Indizien (Posen 1993). Denn personell stammt die Mehrzahl der heutigen »unabhängigen« Zentralbanker entweder aus dem Banken- und Börsensektor selbst oder aber aus den politisch beziehungsweise ideologisch neoliberal geprägten wirtschaftswissenschaftlichen Fakultäten. Gerechtfertigt wird diese Personalpolitik zwar durch die notwendige Expertise der Zentralbanker, die, so notwendig sie an sich sein mag, freilich nicht nur nicht verhindert, sondern vielmehr verdeckt, dass in Washington, Frankfurt und andernorts über Fragen der Verteilung von Wohlstand und Chancen entschieden wird. Zu fragen bleibt dann natürlich, warum auch und gerade demokratische Staaten sich an diesem Blendwerk beteiligen, selbst wenn ihre Regierungen nicht (dauerhaft) von wirtschaftsliberalen oder gar kapitalfreundlichen Regierungen gestellt oder dominiert werden. Die Antwort oder wenigstens eine Teilantwort dürfte darin liegen, dass die Staaten nach dem Ende des Nachkriegskompromisses zwischen Kapital und Arbeit, nach der nicht nur, aber eben auch aufgrund politischer Entscheidungen in die Wege geleiteten neoliberalen Wende der 1980er Jahre, insbesondere infolge der Globalisierung des Finanzmarkts und der mit ihr einhergehenden internationalen staatlichen Standortkonkurrenz in einem Ausmaß von diesem abhängig geworden sind, dass sie unter anderem durch die Gewährleistung von Zentralbankunabhängigkeit signalisieren müssen, internationalen »Anlegern« und das heißt nicht zuletzt den Kapitalgebern des betreffenden Landes selbst ein stabiles Umfeld zu bieten.

Gleichwohl sollte man sich davor hüten – und genau dies ist gemeint, wenn ich von »den« Interessen »des« Finanzkapitals in Anführungszeichen spreche –, die Universalisierung des Paradigmas der Zentralbankunabhängigkeit für eine bloße Machenschaft einer beinharten Kapitalistenfraktion zu halten. Deren Interessen gibt es – und sie werden immer wieder bedient. Doch die Zusammenhänge und Abhängigkeiten sind zu komplex, um sie auf das *grand design* einer hegemonialen Truppe zurückzuführen. Eine Hegemonie existiert, aber diese – und darin sehe ich mit Kathleen McNamara (2002) die zweite Teilantwort auf die Frage, woher die Dominanz des Paradigmas rührt – ist ebenso sehr das Produkt eines ungeplanten, ab einem gewissen Punkt selbstläufigen Institutionalisierungsprozesses wie einer politischen Strategie. Dass Zentralbankunabhängigkeit für die *conditio sine qua non* einer, obwohl selbst parteiischen, »richtigen« Geldpolitik gehalten wird, ist ein organisationspolitischer und sogar epistemischer »Rationalitätsmythos«, der, weil er sich als gewissermaßen axiomatische Wahrheit der Falsifikation entzieht, zur Richtschnur organisatorischer Gestaltung wird, und zwar auch oder vielmehr gerade dann, wenn empirische Anhaltspunkte für ein in diesem Falle wirtschaftspolitisch sachadäquates Verhalten fehlen. Dass finanzkapitalistische Interessen durch unabhängige Zentralbanken leichter gewahrt werden können, als dies politisch weisungsgebundenen Institutionen gegenüber möglich wäre, steht außer Frage, auch dass die selbst von der Förderung des Finanzkapitalismus profitierenden Staaten wie die USA, Großbritannien und mit gewissen Einschränkungen die Europäische Währungsunion sich für die Unabhängigkeit von Zentralbanken starkmachen und ihren Einfluss in übergeordneten Institutionen wie der Weltbank oder dem Internationalen Währungsfonds zur Geltung zu bringen verstehen.

Die These, dass dieses Modell der ganzen Welt aufgezwungen worden sei, übergeht jedoch, dass organisatorische Formen in aller Regel weniger aufgrund funktionaler Erfordernisse als vielmehr aufgrund von »symbol(kapitalist)ischen« Imitationsprozessen zum Standard werden. Eben weil es die eine *best practice* nicht gibt und auch gar nicht geben kann, wird eine Praxis und das heißt hier ein bestimmtes institutionelles Design zum Maßstab angemessenen oder sogar richtigen Handelns erklärt – und zwar konkret durch die epistemischen Gemeinschaften in Wissenschaft, Publizistik und Politik –, um sich und dem Publikum zu versichern, das (Geld-)System lasse sich steuern. Zentralbankunabhängigkeit, einmal vorausgesetzt ihre formale Garantie wird auch faktisch respektiert, schränkt nicht nur die wirtschaftspolitischen Spielräume von Regierungen ein, sondern sie entlastet Regierungen auch von Entscheidungen, die den Wählern gegenüber nicht immer leicht zu verantworten sind. Ebenso übrigens entlasten die Verwissenschaftlichung, die Fokussierung auf ein geldpolitisches Ziel und die Regelorientierung zu dessen Erreichung die Zentralbanker selbst von der politischen Verantwortung, die sie faktisch tragen. Und genau diese Entlastung bietet der Mythos, man könne und müsse nur wissen, was richtige Geldpolitik sei.

Doch es wäre vorschnell, das Kapitel an dieser Stelle mit dem Hinweis zu schließen, dass der zur Zeit obwaltende Rationalitätsmythos, Zentralbanken müssten unabhängig sein, um gute Politik zu machen, bestenfalls durch einen anderen Rationalitätsmythos ersetzt werden könne, der möglicherweise andere Interessen als die des Finanzkapitals bedient, irgendein Rationalitätsmythos sich jedoch unweigerlich etabliere, um dem Handeln als Anker zu dienen. Selbst wenn dem so wäre, so ist es doch ein erheblicher Unterschied, ob man sich damit bescheidet, die »Politizität« des Geldes zu leugnen, oder ob man ihr, auch auf die Gefahr hin, anstelle wissenschaftlicher politische Schablonen zu stanzen, institutionell gerecht zu werden versucht. Wenn, wie in diesem Kapitel auseinandergesetzt, eine markt- oder kapitalismuskonforme Alternative zur bestehenden Geldordnung oder wenigstens eine Remedur ihrer ihr offenbar inhärenten Probleme weder in der Währungskonkurrenz noch in der Verstaatlichung des Geldes gefunden werden kann, dann heißt dies nicht, dass die bestehende Geldordnung nicht reformiert werden sollte oder könnte, sondern Ausschau zu halten nach Reformen, welche die ohnehin unüberwindbare Zwei- oder gar Mehrstufigkeit unseres Geldwesens (Mehrling 2013) in Takt lassen, einerseits den aktuellen Freiraum der Geschäftsbanken oder allgemeiner des Finanzkapitals jedoch regulatorisch einzuhegen und andererseits die Zentralbanken zu demokratisieren versuchen, ohne sie deswegen gleich der Dienstaufsicht des Finanzministers zu unterstellen. – Ich beschränke mich darauf, abschließend einige Vorschläge in Richtung einer weiterhin selbständigen, jedoch politisch nicht unverantwortlichen Zentralbankpolitik aufzulisten (vgl. Stiglitz 1988, S. 215–224; Dutzler 2002, S. 513–522; Bowman u.a. 2013, S. 479–487).

Anlass und Gegenstand einer Demokratisierung der Zentralbanken sind die Vielfalt und potentielle Gegensätzlichkeit ihrer

Ziele. Die Geldwert- oder Preisniveaustabilisierung gehört fraglos zu den wichtigen Aufgaben von Zentralbanken. Aber sowohl die Beurteilung, wann eine Inflation die gesamtwirtschaftliche Entwicklung blockiert, als auch die Abwägung, welche anderen Zwecke wie zum Beispiel die Förderung von Investitionen oder auch die (übrigens der Fed mitaufgegebene) Bekämpfung von Arbeitslosigkeit gleich- oder sogar vorrangig zu verfolgen sind, sind keine technisch oder politisch neutral zu behandelnden Fragen. Selbst die Statuten der EZB und das heißt der vermutlich »unabhängigsten« Zentralbank der Welt legen fest, dass diese die allgemeine Wirtschaftspolitik der Gemeinschaft zu unterstützen habe, »soweit dies ohne die Beeinträchtigung des Ziels der Preisstabilität möglich ist« (Art. 127, AEUV[27]). Zwar wird mit dieser Formulierung dem Ziel der Geldwertstabilisierung der Vorrang eingeräumt – was an sich, siehe Fed, alles andere als zwingend ist –, wann jedoch dieses Ziel erreicht ist und wann umgekehrt die Unterstützung der Wirtschaftspolitik der Gemeinschaft mit diesem Ziel in Widerspruch gerät, ist Auslegungssache. Es liegt nahe, es aus Gründen der Effizienz den Zentralbanken zu überlassen, mit welchen Mitteln sie ihre Ziele erreichen. Was aber spricht dagegen, dass gewählte Organe eines Gemeinwesens die Zentralbank auch mit anderen Aufgaben beauftragen oder andere Aufgaben priorisieren?

Dies dürfte freilich nicht auf Zuruf geschehen, andernfalls liefe die Zentralbank Gefahr, eine zu unstete Geldpolitik zu betreiben. Warum aber sollte nicht nach festgelegten längeren Perioden im Zuge eines formalen Konsultationsverfahrens zwischen Parlament und Zentralbank über eine Modifikation des Zielkatalogs diskutiert und schließlich auch entschieden werden? Und selbst wenn es in Demokratien leichter und häufiger zu Inflationen käme als in nicht-demokratischen Staaten – wofür es wohlgemerkt keine Belege gibt –, ist nicht einsichtig, warum eine

»demokratisch verantwortete Inflationierung« des Geldes weniger legitim sein sollte als die Privilegierung von Kapitalbesitzern. Auf jeden Fall spricht nichts für eine Konstitutionalisierung eines bestimmten geldpolitischen Ziels, das heißt dessen Verankerung in einem nur schwer änderbaren Grundgesetz wie den EU-Verträgen. Nichts belegt besser als die gegenwärtige, nun auch schon bald ein Jahrzehnt andauernde geldpolitische Situation, dass die Umstände sich ändern können und die Bekämpfung der Inflation schlicht nicht das einzige und vordringliche Problem ist, dem die Zentralbanken sich zu stellen haben.

Zur Unabhängigkeit von Zentralbanken gehört auch, dass Regierungen nicht oder nur punktuell in die Besetzung der Posten von Zentralbankdirektoren hineinreden können, diese zwar der Öffentlichkeit und parlamentarischen Gremien rechenschaftspflichtig sind, nicht aber auf Belieben durch »die Politik« abberufen werden können. Eine personelle Kontinuität dürfte ebenso sinnvoll sein wie eine gewisse Stetigkeit in der Programmatik. Was aber ist dagegen zu sagen, die Vorstände der Zentralbanken nicht allein aus dem Bank- und Börsenwesen sowie der *academic community* zu berufen, sondern auch Vertreter etwa der Gewerkschaften, der Kirchen, der Rententräger und der Sparer und Kleinanleger mit Grundsatzentscheidungen zu betrauen, ihre Interessen mit in die Abwägung und Ausrichtung der Geldpolitik einfließen zu lassen? Ohne Expertise wird eine Umsetzung sicher nicht gelingen, aber auch Experten sind fehlbar und zudem nicht frei von politischen Neigungen. Schon ökonomische Modelle (wie sozialwissenschaftliche überhaupt) sind nicht ideologiefrei – und sie sind anfechtbar. Warum sollte der neoliberale »Konsens« nicht aufgebrochen werden? Denkbar wäre zum Beispiel, der operativen Leitung der Zentralbanken eine Art Aufsichtsrat beizugesellen, dessen Mitglieder aus dem oder durch das Parlament gewählt werden könnten. Auf jeden Fall käme es darauf an, die Zentralbanken durch eine Verbreiterung respektive die soziale Öffnung der Rekrutierungsbasis ihres politischen Personals für die Vorstellungen und Anliegen größerer Bevölkerungsteile zu sensibilisieren. Schließlich sind auch Minister nicht immer Fachleute, und nicht nur Fachleute sind gute Minister. Warum sollte für Zentralbankdirektoren Anderes gelten?

Last but not least – auch wenn dies ein Vorschlag ist, der »nur« an die EZB und nicht an die nationalstaatlich-unabhängigen Notenbanken zu adressieren ist und dieser Vorschlag sich des Weiteren nicht »nur« auf die institutionelle Ausgestaltung der EZB selbst, sondern auch auf ihren europapolitischen Rahmen bezieht – scheint es notwendig, dass *eine* Zentralbank *einer* politischen Gemeinschaft verantwortlich ist. Die EZB hingegen ist formal nicht einmal dem Europäischen Rat, geschweige denn dem Europäischen Parlament verantwortlich. Ihre Legitimationsbasis sind einerseits die von den gewählten Regierungen zwar einstimmig beschlossenen, aber eben aufgrund der für eine erneute Änderung erforderlichen Einstimmigkeit nur schwer änderbaren und das wiederum heißt einer demokratischen (Um-)Gestaltung entzogenen EU-Verträge und andererseits ihr formal vordringlich zwar an der Preiswertstabilisierung, faktisch jedoch auch nach anderen Kriterien und allgemein der wirtschaftlichen Wohlfahrt der Mitgliedsländer des Euro zu bemessender Erfolg (Scharpf 2012; Streeck 2015). Dieser jedoch war und ist insbesondere nach der Eurokrise sehr ungleich verteilt, und zwar nicht nur weil die wirtschaftliche Leistungsfähigkeit der einzelnen Staaten (immer schon) variiert (hat und weiterhin variieren wird), sondern auch weil die einheitliche Geld- und insbesondere Zinspolitik der EZB »dem Süden« die Schuldenaufnahme in der Vergangenheit zu leicht gemacht, Investitionen »im Norden« hingegen eher behindert hat. Auch hinsichtlich ihrer Leistungen steht die EZB mithin auf wackeligen Beinen, erkennbar an der Kritik, die ihr sowohl in Süd- wie Nordeuropa entgegenschlägt. Dass sie seit einigen Jahren jenseits ihres preispolitischen Mandats die Folgen nicht zuletzt ihrer einheitlichen Zinspolitik durch massive Stützungskäufe insbesondere »südländischer« Staatsanleihen zu kurieren sucht, entbehrt dabei nicht tragischer Ironie. Wollen die Europäer an ihrer währungspolitischen Einheit festhalten, dann werden sie um eine Demokratisierung ihrer Geldordnung und allgemeiner die Erweiterung der Währungsunion zu einer politischen Union nicht umhinkommen. Andernfalls droht der Euro Europa in der Tat zu zerreißen.

V. Die Gesellschaft des Geldes

1. Entfremdung und Freiheit

Insofern man die Ursprünge des Geldes bis in die schriftlose Vorgeschichte verfolgen kann, wäre es eine Übertreibung, zu sagen, die Kritik des Geldes sei so alt wie das Geld selbst. Spätestens seit der griechischen Antike jedoch hat die Geldkritik das Geld wie ein Schatten begleitet (Seaford 2004, S. 149–171). Aristoteles (2001, I, 9) beklagte den Gebrauch des Geldes allein zur Vermehrung desselben statt zur bloßen Vermittlung des Warentauschs. Die Buchreligionen verurteilen entweder die Zinsnahme an sich oder zumindest die Praxis, sich an »seine Brüder« verliehenes Geld verzinst erstatten zu lassen (Nelson 1949/1969; Werner 1997; Kloft 1997). Schon die mesopotamischen Schuldenerlasse beinhalteten im Grunde eine Art Zinskritik. Im Mittelalter sah die Kirche sich unter dem Druck der Verhältnisse, ebenso aber in Hinblick auf die eigene Heilsökonomie zwar genötigt, ihre »dogmatisch korrekte« Verurteilung von Geldgeschäften sukzessive zu revidieren (Le Goff 1988), vermeintlich heterodoxe Strömungen aber von den Bettelorden über (»den frühen«) Luther und Thomas Müntzer bis hin zur Befreiungstheologie des 20. Jahrhunderts haben die Anbetung des Geldes, das monetäre

Gewinnstreben und die »bloße« Finanzwirtschaft immer wieder kritisiert. Auch in der Geschichte der Philosophie lassen sich der Randständigkeit wirtschaftlicher und insbesondere monetärer Reflexionen zum Trotz immer wieder geldkritische Stimmen vernehmen (Shell 1982). Gleichwohl und wenig erstaunlich blüht die säkulare Geldkritik erst im 19. Jahrhundert auf. (Hinter-) Grund dieses Erstarkens ist die faktisch immer weiter voranschreitende Monetarisierung respektive die Vermarktlichung vordem geldlos und traditionell geregelter Lebensvollzüge, für die emblematisch die Verallgemeinerung der Lohnarbeit stehen kann. Das Leben zu fristen hieß für immer mehr Menschen, Geld verdienen zu müssen.

Karl Marx war nicht der Einzige, wohl aber einer der wortgewaltigsten Kritiker dieser Transformation. Eine Welt, in der, wenn auch nicht alles, so doch sehr viel – zu viel – für Geld zu haben ist, erscheint ihm als verkehrte, als perverse Welt.

> »[W]as das Geld kaufen kann, das *bin ich* [...]. So groß die Kraft des Geldes, so groß ist meine Kraft. [...] Das, was ich *bin* und *vermag*, ist also keineswegs durch meine Individualität bestimmt. Ich *bin* häßlich, aber ich kann mir die *schönste* Frau kaufen. Also bin ich nicht *häßlich*, denn die Wirkung der *Häßlichkeit*, ihre abschreckende Kraft ist durch das Geld vernichtet. [...] [I]ch bin ein schlechter, unehrlicher, gewissenloser, geistloser Mensch, aber das Geld ist geehrt, also auch sein Besitzer. Das Geld ist das höchste Gut, also ist sein Besitzer gut, das Geld überhebt mich überdem der Mühe, unehrlich zu sein; ich werde also als ehrlich präsumiert; ich bin *geistlos*, aber das Geld ist der *wirkliche* Geist aller Dinge, wie sollte sein Besitzer geistlos sein?« (Marx 1844/1968a, S. 564)

Doch nicht nur »zwingt [das Geld] das sich Widersprechende zum Kuß« (ebd., S. 567), es *entfremdet* den Menschen auch von seiner Menschlichkeit, es beraubt ihn dessen, was ihn zum Menschen macht, und unterwirft ihn einer fremden oder genauer einer zwar von ihm selbst geschaffenen, aber als fremd erfahrenen Macht.

»Das Wesen des Geldes ist zunächst nicht, daß in ihm das Eigentum entäußert wird, sondern daß die *vermittelnde* Tätigkeit oder Bewegung, der *menschliche*, gesellschaftliche Akt, wodurch sich die Produkte des Menschen wechselseitig ergänzen, *entfremdet* und die Eigenschaft eines *materiellen Dings*, außer dem Menschen, des Geldes wird. [...] [S]tatt daß der Mensch selbst der Mittler für den Menschen sein sollte – schaut der Mensch seinen Willen, seine Tätigkeit, sein Verhältnis zu andren als eine vom ihm und ihnen unabhängige Macht an. [...] Daß dieser *Mittler* nun *zum wirklichen Gott* wird, ist klar, denn der Mittler ist die *wirkliche Macht* über das, womit er mich vermittelt. Sein Kultus wird zum Selbstzweck« (Marx 1844/1968b, S. 445 f.).

Ein menschliches Verhältnis wäre für den jungen Marx ein persönliches Verhältnis, eine Beziehung, in der die Einzelnen zwar durchaus Gegenstände oder ihre Arbeitsprodukte miteinander tauschten, dies aber nicht um des Erwerbs der Gegenstände oder Arbeitsprodukte der je Anderen, sondern um der Befriedigung der Bedürfnisse dieser Anderen willen täten. Dies und nicht der Gebrauch oder Konsum einer Ware sei des Menschen erstes und eigentliches Bedürfnis. Was Marx hier zum Maßstab des Menschseins erklärt, ist nicht die häufig agonale Welt des Gabentauschs (vgl. Kap. II/1-2), sondern offenbar das Verhältnis Liebender. In einer Liebesbeziehung kann es so sein, dass die Partner sich als wechselseitige Ergänzung erfahren, dass, sich dem Anderen zu schenken, als Erfüllung erfahren wird. Selbst für Freundschaften mag Ähnliches gelten. Das Gros der Beziehungen, die ein Individuum zu Anderen unterhält, kann indes nur weniger leidenschaftlich und exklusiv sein, und zwar nicht nur in einer Gesellschaft des Geldes, in der dieses die Anderen vermeintlich auf den Status eines lebendigen Objekts, eines bloßen Instruments der

Selbstbefriedigung, herabwürdigt. Auch vormonetäre Gesellschaften sind kein liebeskommunistisches Idyll.[28] Vielmehr sind es gerade moderne, mit dem Gebrauch von Geld wohlvertraute Gesellschaften, in welchen das Ideal der romantischen Liebe zum Leitbild avanciert (Luhmann 1994). Auch gibt es keine Indizien dafür, dass moderne, monetarisierte Gesellschaften aufs Ganze gesehen weniger moralisch wären als traditionelle (Elwert 1991). Das Gegenteil könnte der Fall sein, und zwar deswegen, weil gerade der – nur als geldvermittelter zum Markt führende – Warentausch (vgl. Kap. I/1) zum »Aufbau einer Welt [verhilft], die ohne [...] gegenseitige Verdrängung aneigenbar ist, zu Werten, deren Erwerb und Genuß seitens des einen den anderen nicht ausschließt, sondern tausendmal dem anderen den Weg zu dem gleichen öffnet« (Simmel 1900/1989, S. 386). So wie schon der Gabentausch den Friedensschluss und das Bündnis zwischen um ihrer Selbstbehauptung willen einander feindlich gesonnenen Kollektiven möglich machte, vollbringt der Warentausch als »einer der ungeheuersten Fortschritte, die die Menschheit überhaupt machen konnte« (ebd., S. 385), das Wunder, die Interessen der Einen dadurch zu bedienen, dass diese denen der Anderen nachkommen. Dass *le doux commerce* an Voraussetzungen gebunden ist, die er selbst nicht garantieren kann, und Märkte dysfunktional, ja »toxisch« sein können (Satz 2013), steht auf einem anderen Blatt und ist vor allem kein Argument dafür, ganz auf sie zu verzichten – anstatt sie »nur« zu regulieren.

Diesen Relativierungen zum Trotz wird man die Diagnose kaum bestreiten können, dass das Geld in der modernen Welt, das heißt für uns, zu einem Lebenselixier geworden ist, das wir annähernd so dringend benötigen wie die Luft zum Atmen. Es genügt, dass wir uns die weitgehende Geldabhängigkeit unserer Teilhabechancen nicht nur am Wirtschaftssystem vergegenwärtigen (vgl. Kap. III/1, V/2) und uns über unser längst nicht mehr nur in ökonomischen Lehrbüchern als Modell entworfenes, sondern habitualisiertes, »rationales«, Handlungsalternativen, wenn nicht monetär bewertendes, so doch kardial skalierendes Entscheidungsverhalten Rechenschaft ablegen. Der *homo oeconomicus* ist nicht bloß der Homunkulus eines Teilgebiets der ökonomischen Theorie, sondern gilt weithin als Leitbild des aufgeklärten Menschen (affirmativ Becker 1976; kritisch Bröckling 2001). Ebenso wenig ist die Kritik an der allgemeinen oder »wenigstens« immer neue Gebiete erobernden Käuflichkeit seit Marx verstummt oder »gegenstands«-los geworden (Anderson 1993; Sandel 2012): Der Organhandel oder die kommerzielle Leihmutterschaft sind Beispiele für das Vordringen der Marktlogik einerseits und andererseits das Unbehagen daran. Und auch das Thema, das gesellschaftliche Phänomen respektive das nicht bloß individuelle Gefühl der Entfremdung, der Fremdbestimmung und der Sinnlosigkeit, sind, gewissen Konjunkturen zum Trotz, nicht verschwunden (Jaeggi 2005).

Auf der anderen Seite aber gab und gibt es Stimmen und vor allem Argumente – der Einwand, dass gerade die romantische Liebe eine moderne Erfindung sei, war darauf schon ein Hinweis –, welche auf die befreienden Momente des Geldes verweisen, freilich ohne deswegen eine geldbedingte Entfremdung in Abrede zu stellen. Derjenige, welcher diese Ambivalenz des Geldes wie kein Zweiter herausgearbeitet hat, ist der bereits zitierte Georg Simmel (1890/1989; 1896/1983; 1900/1989). In Kapitel III/1 wurden die besondere Fungibilität des Geldes und seine damit verbundene Überlegenheit über alle gewöhnlichen Waren bereits unter Rückgriff auf diesen Autor diskutiert. Dort hatten wir unterschieden zwischen einer sachlichen, einer sozialen und einer zeitlichen Dimension des Geldgebrauchs. In sachlicher Hinsicht lässt sich mit Geld Beliebiges kaufen, wohingegen man eine Ware in aller Regel nur gegen Geld losschlagen kann. In sozialer Hinsicht steht es dem Geldbesitzer frei, bei wem er kaufen will. Abgesehen davon, dass er jemanden finden muss, der besitzt, wonach ihm der Sinn steht, spielt die Persönlichkeit des Verkäufers für den Kauf keine Rolle. In zeitlicher Hinsicht schließlich sind zwar stets konkrete Bedürfnisse zu stillen, darüber hinaus aber löst der Geldbesitzer sich gerade dadurch aus aktuellen Zwängen, dass er gegenwärtig schon über künftige Kaufkraft verfügt. Es liegt auf der Hand, dass diese Wahlmöglichkeiten des Geldbesitzers, irgendwann bei irgendwem irgendetwas zu kaufen, einen Freiheitsgewinn darstellen. Möglicherweise fühlt er sich gerade durch diese Vielfalt überfordert, ist ihm die Entscheidung für diesen oder jenen Kaufakt gleich-gültig und ist sie insofern sinnlos. Fremdbestimmt aber ist er nicht, und zwar selbst dann nicht, wenn er sich von einem bestimmten Angebot oder der Werbung für ein bestimmtes Produkt verführen lässt. Er entscheidet dann immer noch, welcher Verlockung er nachgibt.

Ich möchte diese drei Dimensionen um eine vierte, subjektive oder selbstbezügliche, ergänzen[29] und sie nutzen, um einerseits das Entfremdungspotential oder die »Korruptibilität« des Geldes aufzufächern und ihm andererseits, noch einmal, jedoch anders akzentuiert, das Freiheitsversprechen respektive die Differenzierungsgewinne des Geldgebrauchs gegenüberzustellen.

In der Sozialdimension bedeutet der Umgang mit Geld oder, was hier auf dasselbe hinausläuft, die Interaktion auf dem Markt, dass Ego sich für seinen Interaktionspartner Alter nicht als solchen interessiert, sondern lediglich in seiner Eigenschaft als Privateigentümer einer von Ego begehrten Ware. Im Grunde unterhalten Ego und Alter überhaupt keine soziale Beziehung; im Akt des (Ver-)Kaufs treten sie lediglich punktuell in Kontakt, um Ware gegen Geld zu »tauschen«. Zwar ist es möglich (und in südlicheren Breiten durchaus üblich), dass Käufer und Verkäufer um den Preis feilschen und sich zu diesem Zwecke als Personen inszenieren, die, so leid es ihnen täte, gar nicht anders könnten, als eben das zu verlangen beziehungsweise anzubieten, was sie verlangen beziehungsweise anbieten. Gleichwohl ist auch und gerade in »entwickelten« marktwirtschaftlichen Verhältnissen wie zum Beispiel Supermärkten oder Kaufhäusern ein »stummer Tausch«, bei dem man den auf dem Preisschild der Ware angezeigten Betrag an der Kasse kommentar- und häufig genug wortlos begleicht, der Regelfall.[30] Der Käufer möchte eine Sache erwerben, sich nicht aber binden oder binden lassen. Die Vorteile liegen auf der Hand. Ego muss seine Interessen nicht kaschieren beziehungsweise darf berechtigterweise unterstellen, dass Alter, wenn dieser feilscht und scharwenzelt, seine eigentlichen Interessen nur kaschiert. Ego ist nicht davon abhängig, dass Alter ihn mag oder des Erwerbs für würdig erachtet. Eben darum aber ist Ego, auch wenn er auf eine unüberschaubare Vielzahl an ihm unbekannten »Lieferanten« und Dienstleistern vom Postboten bis hin zum Facharzt angewiesen ist, in der Wahl und Ausgestaltung seiner Sozialkontakte weitgehend frei (kann er sich zum Beispiel aus Liebe binden, anstatt Intimbeziehungen mit wirtschaftlichen oder familien-»politischen« Erwägungen zu verschränken). Geld macht zwar nicht unabhängig von Anderen überhaupt – im Gegenteil, es erhöht die Abhängigkeit, insofern es Spezialisierung erlaubt –, wohl aber davon, sich diejenigen, mit denen man zu tun haben möchte, nicht aussuchen zu können. Die Kehrseite der Medaille ist indes, dass in dem Maße, in dem der Markt in Bereiche vordringt, die ihm bisher verschlossen waren – in Hochschulen etwa (Münch 2011) –, soziale Beziehungen, die unter Umständen zwar einengen, umgekehrt jedoch Halt und Orientierung geben – wie zum Beispiel die zwischen Hochschullehrern und ihren Studenten –, in ein Kundenverhältnis transformiert werden, bei dem nur noch Aufwand und Ertrag miteinander verglichen werden und das jederzeit aufgelöst werden kann. Mit der Universalisierung von Märkten, die strukturell auf die Wahlfreiheit ihrer Akteure angewiesen sind, werden unweigerlich Flexibilität und Beziehungslosigkeit prämiert, werden die Bereitschaft und Fähigkeit, sich zu binden, zumindest nicht trainiert (Sennett 1998).

In zeitlicher Hinsicht bewirkt der Umgang mit Geld auf der einen Seite, dass die Gegenwart, dass der Moment entwertet wird, auf der anderen Seite dafür jedoch die Langsicht und damit die Fähigkeit zur Planung zunehmen. Geld selber lässt sich nicht konsumieren, bietet keinen unmittelbaren Genuss, blendet das unmittelbare Erleben zugunsten des bloßen Wartens auf ein Erlebnis ab. Es gibt eine innere Verwandtschaft von Geld und Geiz (ebenso wie es eine von Geld und Gier gibt [vgl. Simmel 1900/1989, S. 308–321, 440–442]), insofern beide die bloße Potentialität, etwas tun, sich etwas gönnen zu können, dem tatsächlichen Akt gegenüber favorisieren. Das ist jedoch nicht unbedingt schädlich. Denn Konsumverzicht heißt immer auch Bedürfnisaufschub, und dieser ist eine individuelle wie zivilisatorische Tugend. Mehr noch, weil Geldbesitz die Zukunft in gewisser Weise verfügbar macht, nämlich heute schon sicherstellt, morgen erst handeln zu können, auch wenn noch gar nicht feststeht oder absehbar ist, was überhaupt entschieden werden kann oder soll, entwickelt das »Geldsubjekt« die Fähigkeit zur Vorausschau, kultiviert es die Vor-Sicht, die es braucht, um sich in einer Geldgesellschaft zurechtzufinden. Um es zu wiederholen: Wo Geld gebraucht wird, da ist Spezialisierung möglich. Mit dieser nimmt allerdings auch die Länge der sogenannten Interdependenzketten, die wechselseitige Abhängigkeit weniger der Individuen als vielmehr der Spezialisten oder Funktionsträger, immer weiter zu. Wer unter diesen Umständen nicht bloß reaktionsfähig bleiben, sondern gestalten möchte, muss den Überblick behalten. Diesen aber schult auch und gerade das Geld.

Als subjektive oder selbstbezügliche Dimension bezeichne ich das »Welt«-Verhältnis, das ein Subjekt zu sich selbst einnimmt. Aufgrund unseres Selbst-Bewusstseins, unserer Fähigkeit, uns selbst zum Gegenstand der Wahrnehmung und des Nachdenkens zu machen, obwohl wir es sind, die wahrnehmen oder nachdenken, haben wir ein sich im Zeitverlauf wandelndes oder »gegen« den Wandel »der Zeit« festgehaltenes Verhältnis nicht nur zu anderen Menschen und der uns umgebenden Dingwelt, sondern eben auch zu uns selbst (Plessner 1928/1975, S. 288–308). Und auch dieses Verhältnis bleibt nicht unberührt davon, ob wir mit dem Umgang mit Geld vertraut sind oder nicht. Das Geld nämlich fungiert auf der einen Seite als eine Art Wunschmaschine. So sehr es unsere Ungewissheit beschwichtigt, so sehr es uns hilft, auch angesichts des Unvorhergesehenen handlungsfähig zu bleiben, so sehr vergegenwärtigt es die Möglichkeiten seiner Verwendung. Weil sich mit Geld alles Mögliche kaufen lässt, rücken für den, der darüber nachgrübelt, wofür er es ausgeben könnte, immer neue Möglichkeiten in Betracht. Es regt dazu an, das Abwesende und selbst das Noch-nicht-Wirkliche zu denken; es beflügelt die Phantasie. Doch damit stimuliert es auch die Begehrlichkeit, entfesselt es die Bedürfnisse, die ihrem Wesen nach wenigstens temporär gestillt werden können, zugunsten eines abstrakten Verlangens nach Anderem und insofern auch nach mehr. Die Gier ist zwar ein Charakterzug, der sich in allen Kulturen finden lässt. Das Geld aber stachelt sie auf besondere Weise an; das genusslose und als solches dennoch genossene Mehrhaben-Wollen der Gier findet im Geld als reinem Mehr-haben-Können sein kongeniales Komplement. Auf der anderen Seite aber erlaubt das Geld seinem Besitzer, seine Wünsche zu spezifizieren, stellt es ihm frei, sich für eben das zu entscheiden, was ihm und vielleicht nur ihm gefällt. Wer über Geld verfügt, kann sich dadurch, wie oder wozu er es verwendet, von Anderen unterscheiden.[31] Das aber heißt, Geld individualisiert. Und nicht nur das. Es macht als solches zwar nicht zwangsläufig glücklich, insofern das Glück jedoch eine vollkommen subjektive Kategorie ist und das Urteil darüber, was glücklich macht, nur dem zu beglückenden Subjekt selbst zusteht, ist Geld in seinen nahezu unendlichen Verwendungsmöglichkeiten sehr wohl ein probates Mittel, dem Glück auf die Sprünge zu helfen. »Daß sich das Geld nicht in den Händen der objektiv Glückwürdigen befindet, ist nur ein kleiner Schönheitsfehler im Vergleich dazu, daß es überhaupt dieses eine Äquivalent für die Subjektivität des Glücksbegriffs gibt« (Blumenberg 1976, S. 129).

In der Sachdimension schließlich wird dem Geld auf der einen entfremdenden oder korrumpierenden Seite angekreidet, dass es die Dinge ähnlich wie die Menschen in der Sozialdimension ihres Charakters, ihrer Eigenheit, ihrer je besonderen Qualität beraube. Wer die Welt lediglich als »ungeheure Warensammlung« (Marx 1867/1982, S. 49) betrachtet – und diesen Typus von Mensch gibt es –, dem erscheint ihre Vielfalt als bloß quantitative Differenz der in Geld ausgedrückten Tauschwerte. Dabei nivelliert der monetäre Blick beziehungsweise die tatsächliche Vermarktlichung die Gegenstände auf eine doppelte Weise. Zum einen werden einzigartige Kostbarkeiten wie zum Beispiel Kunstwerke, mit denen zu handeln bei uns nicht grundsätzlich unter Vorbehalt steht, auch dann, wenn sie erkleckliche Preise erzielen, allein dadurch, dass sie einer auch monetären Bewertung unterliegen, auf ein Maß gebracht, das sie mit allem, was sich überhaupt kaufen lässt, gemein macht: Zahnpasta etwa oder Zigaretten. Geld banalisiert. Zum anderen wird eine Vergleichbarkeit auch dort suggeriert, wo sie nicht statthaft ist, wird ein Vergleich auch dort vollzogen, wo nicht verglichen werden sollte. Die bereits genannten Beispiele der kommerziellen Leihmutterschaft oder des Organhandels oder auch die Prostitution erwecken bei vielen Abscheu, weil hier etwas, was keinen Preis tragen kann oder soll, das Leben nämlich oder die Sexualität, mit einem Preis versehen und käuflich wird. Geld korrumpiert. Auf der anderen befreienden oder gar zivilisierenden Seite bewirkt die Bepreisung der Dinge jedoch deren Neutralisierung. Dass man den Koran im Buchhandel kaufen kann, impliziert nicht, dass er für gläubige Moslems nicht auch ein heiliges Buch ist. Allgemeiner gesagt, etwas mit einem Preis zu versehen heißt nicht notwendig, es seines Eigenwerts zu berauben, sondern zunächst einmal nur einen Vergleichsmaßstab zu gewinnen, der es Akteuren mit differenten Wertvorstellungen erlaubt, miteinander in Austausch zu treten. Gerade für (unsere) multikulturelle(n) Gesellschaften dürfte der Markt darum ein passender, wenn nicht unverzichtbarer, weil relativierender Koordinationsmechanismus sein. Zivilisierend war im Übrigen schon die Ablösung der Rache und des Talionsprinzips – Auge um Auge, Zahn um Zahn – durch Geldstrafen oder genauer monetäre Schadensersatzleistungen, denn gezahlt wurde zunächst an die geschädigte Partei und erst sekundär an den Staat oder die öffentliche Gewalt (Paul 2012–13). Und dies gilt noch heute beziehungsweise heute wieder in zunehmendem Maß, wenn Straftäter nicht nur zu Freiheitsstrafen, sondern zugleich oder sogar alternativ zu einer Freiheitsstrafe zu monetärer Wiedergutmachung dem Opfer gegenüber verurteilt werden. Gewiss ist eine derartige Zahlung zum Beispiel für den Verlust eines Erbstücks oder die Verletzung der körperlichen Unversehrtheit kein »echter Ersatz«, aber sie gleicht aus, was sich anders nur sehr viel gröber oder auch gar nicht ausgleichen ließe. Vielleicht kann man sagen, dass dort, wo Geld gebraucht wird, zwar die Gefahr besteht, alles – oder wenigstens zu viel – über den Leisten des Geldes zu schlagen, zugleich aber auch das Vergleichen überhaupt und damit das Relativieren eingeübt wird. Und muss man nicht immer schon verglichen haben, um Unvergleichbarkeit festzustellen?

Angesichts dieser Ambivalenz des Geldes, sowohl zu entfremden als auch zu befreien, sowohl zu korrumpieren und Grenzen zu verwischen als auch zu differenzieren und für Unterschiede zu sensibilisieren, kann die Frage nicht sein, ob wir, wenn es denn möglich wäre, auf das Geld besser verzichten sollten oder nicht (Bockelmann 2006; Brodbeck 2011). Sie muss angesichts der vielfältigen Pathologien einer gerade in den letzten Jahrzehnten immer weiter um sich greifenden Vermarktlichung vielmehr lauten, wo wir, wo die Gesellschaft beziehungsweise das idealerweise von den Bürgern selbst kontrollierte politische System die Grenzen der Vermarktlichung ziehen will.[32] Selbst wenn es, wie wir im nächsten Abschnitt sehen werden, durchaus einen vom Wirtschaftssystem auf die anderen gesellschaftlichen Teilbereiche ausstrahlenden Ökonomisierungdruck, eine systemimmanente Tendenz zur Einbeziehung immer neuer Felder in den Prozess der Kapitalverwertung gibt (vgl. auch Kap. IV/2), ist es, wie die andauernden und auch gar nicht abschließbaren sozial- und auch moralpolitischen, um die (De-)Kommodifizierung der »Ware« Arbeitskraft, der Familie und der biologischen Grundlagen unserer Existenz geführten Auseinandersetzungen zeigen, nicht prinzipiell unmöglich, Bereiche zu definieren, die von der Vermarktlichung ausgenommen werden sollen.

Tatsächlich leben auch wir nicht anders als die Tiv (vgl. Kap. II/1) und überhaupt alle uns aus Geschichte und Ethnologie bekannten Gesellschaften mit einer Art »Sphärenökonomie«, in der Zonen relativer Käuflichkeit voneinander unterschieden und gegeneinander abgeschirmt werden. Für unterschiedliche Märkte gelten unterschiedliche Regeln. Mit Waffen oder Betäubungsmitteln zu handeln unterliegt anderen Gesetzen, als auf dem Wochenmarkt Obst und Gemüse anzubieten. Vor allem aber unterscheiden wir gesellschaftliche Teilbereiche, in denen je spezifische Bewertungskriterien gelten (sollen). In der Politik, in der

Familie, in der Wissenschaft oder im Sport sollen nicht diejenigen, die über das meiste Geld verfügen, entscheiden, sondern Wähler nach ihren jeweiligen Ansichten und Interessen, Angehörige aufgrund von Zuneigung und Solidarität, Forscher in Anbetracht ihrer Funde und Argumente und körperlich Talentierte, indem sie sich im Wettkampf miteinander messen. Der allgemeinen Verwendbarkeit des Geldmaßtabs zum Trotz operieren wir sehr wohl, wie die Systemtheorie sagen würde, mit verschiedenen Leitunterscheidungen (Luhmann 1987) oder, wie man mit Michael Walzer (1983) formulieren kann, in unterschiedlichen »Sphären der Gerechtigkeit«. Dass man – wenn man es wollte, zuließe oder sich ein überlegener Akteur dieses »Recht« schlicht herausnähme – Gerichtsentscheidungen durchaus auch kaufen kann, ist kein Argument dafür, die Möglichkeit oder sogar das Vorkommen einer solchen Praxis zur Norm zu erklären. Ebenso wenig wird, wie am »Fall« des Korans bereits deutlich gemacht, eine Norm, ein zum monetären Vergleich alternativer, ein ihm (vermeintlich) inkommensurabler (weil eben nur normativ als inkommensurabel behaupteter) Bewertungsmaßstab schon allein deshalb außer Kraft gesetzt, weil man »Dinge«, die keinen Preis haben (sollen), mit einem Preis versieht. So haben, um ein weiteres Beispiel anzuführen, die Erfindung und breite Einführung der Lebensversicherung nicht dazu geführt, dass wir das Leben allein für genau so viel wert hielten, wie die Versicherung sich im »Leistungsfall« zu zahlen verpflichtet hat (Zelizer 1979). Im Übrigen abstrahiert nicht allein der monetäre Blick von allem, was sich nicht in Geld ausdrücken lässt, sondern auch andere Bereichslogiken sehen von der Fülle der Bedeutungen ab, die sich an jedem Sachverhalt ausmachen lassen. Das Strafrecht urteilt nicht über die Schönheit geraubter Kunstwerke, die Politikwissenschaft richtet sich nicht nach dem Mehrheitswillen des Volkes.

Dennoch, dass die Dynamik unseres ökonomischen Systems die Unterscheidung unterschiedlicher Wertsphären tendenziell unterläuft und die Autonomie der sozialen Teilsysteme immer schon ebenso sehr Postulat wie Tatsache war, ist nicht in Abrede zu stellen. Es sieht ganz danach aus, als durchlebten wir eine Phase, in der das Geld immer größere Teile unserer Lebenswelt kolonialisiert (vgl. Habermas 1981, S. 489–547). Auf der anderen Seite jedoch darf, wer eine solche Diagnose stellt, die Augen nicht davor verschließen, dass es, wenn nicht das Geld selber, so doch die durch das Geld ermöglichten Formen der sozialen Koordination sind, welche eine funktional differenzierte Gesellschaft allererst ermöglicht haben. Mit anderen Worten, die Ambivalenz des Geldes, die sich am Beispiel der Verschränkung und wechselseitigen Bedingtheit von Entfremdung und Freiheit gezeigt hat, wiederholt sich auf sozialstruktureller Ebene, insofern die Geldwirtschaft einerseits Voraussetzung der modernen Gesellschaft, andererseits aber eine ihrer nicht bloß kontingenten Gefährdungen darstellt. Dies ist Thema des nächsten Abschnitts.

2. Geld und funktionale Differenzierung

Antworten auf die Frage, in was für einer Gesellschaft wir eigentlich leben, lassen sich in zwei Gruppen einteilen. In die erste Gruppe gehören soziologische Zeit- beziehungsweise Gegenwartsdiagnosen. So gibt es Autoren, die zumeist schon im Titel ihrer Arbeiten erklären, wir lebten in einer Risikogesellschaft (Ulrich Beck), einer Multioptionsgesellschaft (Peter Gross), einer Erlebnisgesellschaft (Gerhard Schulze), einer Wissensgesellschaft (Nico Stehr), einer Externalisierungsgesellschaft (Stephan Lessenich) oder einer Gesellschaft des Verschwindens (Stefan Breuer). Die Reihe ließe sich unschwer fortsetzen. Selbst unsere, sich im historischen Rückblick zumindest seit dem Beginn der industriellen Revolution außerordentlich schnell wandelnde moderne Gesellschaft wandelt sich indes nicht so schnell, dass diese Diagnosen in eine zeitliche Reihenfolge gebracht werden könnten. Miteinander zu versöhnen sind sie ebenso wenig, zumindest nicht ohne auf die jeweilige Zuspitzung zu verzichten. Allerdings erhebt die Mehrzahl der Autoren auch gar nicht den Anspruch, die moderne, westliche oder zumindest im Westen hervorgebrachte und sich, wie gebrochen auch immer, über weite Teile des Globus ausdehnende moderne Gesellschaft (vgl. Eisenstadt 2003) in ihrer Gesamtheit zu beschreiben, sondern beansprucht lediglich, bestimmte, sich (je) gegenwärtig zuspitzende Trends wie zum Beispiel die in der zweiten Hälfte des 20. Jahrhunderts zunehmende Bedeutung von Wissen(serwerb und -verarbeitung) hervorzuheben.

Die zweite Gruppe von Antworten auf die Frage, in was für einer Gesellschaft wir eigentlich leben, ist sehr viel kleiner. Die hier versammelten Vorschläge sind auf der einen Seite sehr viel allgemeiner und tragfähiger als die genannten Zeitdiagnosen, auf der anderen Seite jedoch notgedrungen unschärfer. Ins Auge gefasst werden hier nicht aktuelle Entwicklungstendenzen von wenigen Jahren oder Jahrzehnten, sondern die Grundzüge der sich aus dem Mittelalter entwickelnden, mit der Französischen und der industriellen Revolution im 19. Jahrhundert zum Durchbruch gelangenden modernen Gesellschaft. Im Grunde gibt es innerhalb dieser zweiten Gruppe nur zwei Untergruppen oder Theoriestränge. Einerseits Theorien der (»neuen«) sozialen Ungleichheit, andererseits Theorien der sozialen Differenzierung (Schwinn 2004a; 2004b). Für den ersten Strang kann bespielhaft der Marxismus, für den zweiten die Systemtheorie stehen.

Theorien der sozialen Ungleichheit halten, wie ihr Name schon sagt, auch und gerade in der modernen Gesellschaft die Ungleichheit zwischen gesellschaftlichen Großgruppen wie zum Beispiel Lohnarbeitern und Kapitalbesitzern für zentral. Die Dimensionen der Ungleichheit können und müssen zwar aufgefächert werden – neben dem Eigentum an Produktionsmitteln gelten Einkommen, Bildung und Beruf als wichtige Distinktionsmerkmale gesellschaftlicher Klassen oder Schichten (Kreckel 1992) –, im Kern aber seien es die zwischen diesen Gruppen ungleich verteilten Lebenschancen, welche noch die Welt gleicher und freier Bürger charakterisierten. Die Theorien der sozialen Differenzierung leugnen die soziale Ungleichheit zwar nicht – ebenso wenig wie die Theorien der sozialen Ungleichheit die Augen vor sozialen Differenzierungsprozessen verschließen –, wohl aber halten sie die Unterschiede in der Sachdimension oder der Horizontalen für wichtiger als solche in der Sozialdimension oder Vertikalen. Fokussiert werden hier Prozesse (und Resultate) der Ausdifferenzierung von bereichsspezifischen Handlungslogiken, Wertsphären oder gesellschaftlichen Teilsystemen wie der Religion, der Politik, der Wissenschaft oder der Wirtschaft (Luhmann 1997, S. 707–776). Akteure orientieren sich innerhalb dieser Bereiche an je besonderen Werten, Codes oder Leitdifferenzen. In der Wissenschaft zum Beispiel geht es um Wissenserwerb; es zählt die Differenz von wahr und falsch. In der Politik geht es um die Gestaltung der für die Gruppe als Gruppe verbindlichen Lebensumstände; und um diese gestalten zu können, bedarf es der Macht. Wissen oder Macht zu erwerben oder zu mehren sind indes grundverschiedene, auf unterschiedliche und in sich noch einmal variable »Programme« – etwa Wahlversprechen und Gerechtigkeitsappelle hier, Theorien und Methoden dort – verwiesene Vorgehensweisen. Dies schließt es jedoch nicht aus, dass einzelne Akteure sowohl im politischen als auch im Wissenschaftssystem tätig sind. Im Gegenteil, wir alle, ganz gleich, wer wir sind oder welchen Beruf wir ausüben, sind zumindest punktuell, zum Beispiel als Wähler, Kirchgänger, (Ehe-)Partner oder Konsumenten Teil der jeweiligen Handlungszusammenhänge oder Systeme. Als »ganze Person« gehören wir keinem einzigen Teilsystem an. Zwar sind auch Klassen- oder Schichtenangehörige nicht nur Mitglieder ihrer Klasse oder Schicht, sondern außerdem Mitglieder eines Sportvereins oder Liebhaber klassischer Musik, dennoch gehen Theorien der sozialen Ungleichheit davon aus, dass letztlich die »Klassenlage« und damit mehr oder weniger (soziologisch) objektiv(ierbar)e Umstände nicht nur die wirtschaftlichen Interessen, sondern auch die politische Orientierung und sogar den Geschmack der Akteure bestimmen (Bourdieu 1982). Gleichwohl wird es aufgrund der Mehrdimensionalität von sozialer Ungleichheit, der Pluralisierung von Lebensentwürfen und zumindest phasenweise massenhaften sozialen Auf- und Abstiegsprozessen immer schwieriger, die soziale Lage und die Identität der Akteure aufeinander abzubilden.

Schon aus diesem Grund scheinen mir Theorien der sozialen Differenzierung die soziale Wirklichkeit respektive die moderne Gesellschaft präziser zu erfassen als Theorien der sozialen Ungleichheit. Die durch die Individuen selbst hindurchlaufende (ja, die Einzelnen auf diese Weise im starken Sinne allererst individualisierende) Vielfalt, Widersprüchlichkeit und »Kompartementalisierung« von Handlungsorientierungen sind eine den modernen Verhältnissen angemessenere Beschreibung als die Zusammenfassung einer Mehrzahl von Individuen zu Klassen, Schichten, Lebenslagen oder Milieus. Hinzu kommt, dass auch soziale Ungleichheit sich in Termini sozialer Differenzierung ausdrücken lässt, soziale Ungleichheit hingegen soziale Differenzierung nur unzureichend erfasst, und schließlich, dass Theorien der sozialen Differenzierung ihren Gegenstand anders als die meisten Theorien der sozialen Ungleichheit, wenn überhaupt, dann nur zögerlich und maßvoll skandalisieren. Soziale Ungleichheit gilt als Problem; wo Ungleichheit ist, soll Gleichheit werden. Dafür gibt es zwar gute Gründe, nur sind diese politischer Natur und kein wissenschaftliches Kriterium. Soziale Differenzierung ist demgegenüber zunächst einmal ein Sachverhalt; man kann zwar darüber streiten, wie zum Beispiel Familie und Beruf gegeneinander abgegrenzt werden sollen – Stichwort *work-life balance* –, für die Aufhebung ihrer Unterscheidung, für die Verberuflichung der Familie respektive die Familialisierung des Berufs, dürfte allerdings kaum jemand eintreten. Ich halte darum die systemtheoretische Bezeichnung der modernen als funktional differenzierter Gesellschaft für eine *grosso modo* treffende Charakterisierung. Allerdings irrt die Systemtheorie, wenn sie oder wenigstens Niklas Luhmann und mit ihm die Mehrzahl der heutigen Systemtheoretiker zwar vielleicht nicht von einer Gleichrangigkeit der unterschiedlichen, auf die Erfüllung bestimmter Funktionen spezialisierter Teilsysteme, wohl aber von ihrer »Heterarchie«, der Unmöglichkeit, sie in ein Verhältnis der Über- und Unterordnung zu bringen, ausgeht. Zwar ist es unmöglich, den Stellenwert, das relative Gewicht eines jeden von ihnen auf einer Skala abzubilden, nicht aber – und darin liegt ein, wenn man so will, marxistisches, wenn auch nicht ungleichheitstheoretisches Moment – dem Wirtschaftssystem den Primat zuzuweisen. Genauer gesagt, ist eine solche Hierarchisierung, der Nachweis, dass unsere funktional differenzierte Gesellschaft zugleich eine kapitalistische Gesellschaft ist, nicht nur möglich, sondern der Sache selbst geschuldet. Zeigen möchte ich im Folgenden, dass das Geld erstens schon im Prozess der funktionalen Ausdifferenzierung der modernen Gesellschaft eine wesentliche Rolle gespielt hat und zweitens die Reproduktion oder der Selbsterhalt einer funktional differenzierten Gesellschaft strukturell durch das Geldmedium respektive das Wirtschaftssystem dominiert wird.

In Hinblick auf die Rolle des Geldes für die Herausbildung der funktional differenzierten Gesellschaft ist zu unterscheiden zwischen der Ausdifferenzierung einer eigenlogischen wirtschaftlichen Sphäre einerseits und der Ausdifferenzierung von Teilsystemen überhaupt. Wir haben bereits verschiedentlich gesehen, dass entwickelte, anonyme Märkte ohne die Existenz eines Geldmediums nicht denkbar sind. Dieser Befund lässt sich unter Rückgriff auf den Wirtschaftshistoriker Karl Polanyi (1944/1971, S. 94–104) spezifizieren. Dieser hatte argumentiert, dass für die Entstehung eines »selbstregulierenden«, den Gesetzen von Angebot und Nachfrage gehorchenden Marktes, wie sie sich in West- und Mitteleuropa im 18. und 19. Jahrhundert beobachten ließ, die vorherige oder wenigstens begleitende Verwandlung der Produktionsfaktoren Arbeit, Land und Geld in Waren notwendig war. Ohne die Käuflichkeit und Handelbarkeit von Arbeit, Land und Geld wären dem Marktprinzip nicht nur substantielle Bereiche vorenthalten geblieben, auch die mit der Entwicklung von Märkten Hand in Hand gehende wirtschaftliche beziehungsweise berufliche Spezialisierung wäre blockiert worden. Eben darum kommt der sogenannten Bauernbefreiung, die in Deutschland im frühen 19. Jahrhundert in den einzelnen Staaten auf je eigene Weise ins Werk gesetzt wurde, eine wirtschaftsgeschichtlich fundamentale Bedeutung zu (vgl. Schneider 2010).

Die Bauern wurden auf der einen Seite von ihren spätfeudalen, den Grundherren geschuldeten Abgabepflichten befreit. Was sie erwirtschafteten, gehörte nun voll und ganz ihnen. Auf der anderen Seite aber mussten sie das Land, das sie bestellten, allererst von den zumeist adligen Grundherren erwerben, die dafür, dass sie »ihre« Bauern in die wirtschaftliche Freiheit entließen, mit dem Recht entschädigt wurden, ihr Land wie sonstiges Eigentum auch beliebig teilen und veräußern zu können. Den meisten der nun befreiten Bauern fehlte indes das Kapital, ihren ehemaligen Herren das Land abzukaufen. Etliche von ihnen wurden darum zu Lohnarbeitern auf den von den alten Besitzern oder neuen Eigentümern fürderhin als landwirtschaftliche Unternehmen geführten Gehöften. An die Stelle der persönlichen, für beide Seiten nicht frei wähl- und gestaltbaren, in aller Regel asymmetrischen Beziehung zwischen Grundherr und »Hintersasse« trat ein zwischen formal Gleichen »freiwillig« geschlossener Arbeitsvertrag. Aus vielen Bauern waren doppelt freie Lohnarbeiter geworden (vgl. Marx, 1867/1982, S. 183, 743), frei von persönlichen Abhängigkeiten, »frei« aber auch von Land oder allgemeiner Produktionsmitteln. Die Lohnarbeit aber war nicht nur das wirtschaftliche Schicksal weiter Teile der ländlichen Bevölkerung, sondern zugleich die Bedingung dafür, dass in der landwirtschaftlichen Produktion nicht mehr gebrauchte Arbeiter in den neu entstehenden Fabriken beschäftigt werden konnten. Finanziert werden konnte die neue Industrie auch durch das aus Verkäufen vordem gebundenen grundherrschaftlichen Landes »erlöste« Kapital. Die Verwandlung von Grundbesitz in Landeigentum erschloss nicht nur neue Anlagemöglichkeiten, sondern führte dazu, dass mehr Geld mobilisiert werden konnte. Nicht wenige adlige Landbesitzer versuchten sich als bürgerliche Investoren.

Dennoch hätten der Verkauf von und der Handel mit Land den Kapitalbedarf der industriellen Revolution allein nicht zu decken vermocht. Das 19. Jahrhundert ist wirtschaftshistorisch betrachtet nicht nur das Jahrhundert der Bauernbefreiung, sondern auch das der auf breiter Front entstehenden Kapitalgesellschaften und expandierenden Börsen (Weber 1894/1988). Beide Entwicklungen sind an sich nicht neu, sondern haben eine bis ins Spätmittelalter zurückreichende Vorgeschichte. Im 19. Jahrhundert jedoch werden sie aus gesamtwirtschaftlich randständigen Angelegenheiten der Händlerschaft zu Finanzierungsinstitutionen eines gesamtgesellschaftlich revolutionären Bruchs.[33] Die Kapital- oder Aktiengesellschaften bündeln kleinere Anlagebeträge zu Volumina, die beispielsweise die Erschließung eines ganzen Kontinents durch Eisenbahnen ermöglichen. Die Börsen hingegen erlauben es, Investitionen mit weitgehender Liquidität zu kombinieren. Ein Anteilsschein an einem Eisenbahnunternehmen lässt sich im Prinzip jederzeit veräußern und lockt genau deswegen auch sicherheitsbewusste Anleger »aufs Parkett«. Doch so wichtig die »Demokratisierung« der Finanzmärkte zur Finanzierung der industriellen Revolution ist, wichtiger noch sind die Möglichkeiten der Kreditgewährung beziehungsweise privaten Buchgeldproduktion (vgl. Kap. IV/1). Und hierin und nicht im Aufblühen der Börsen und Kapitalgesellschaften liegt die eigentliche Verwandlung des Geldes in eine Ware.

Indem Banken zwar in staatlichem Geld denominierte, nicht aber durch Reserven (oder Sparguthaben) in staatlichem Geld gedeckte Kredite an Kreditnehmer ausreichen, sind sie in der Lage, gleichermaßen riesige wie riskante, für die »Durchsetzung neuer Kombinationen« (Schumpeter 1911/1993, S. 100) und das heißt die Revolutionierung der Produktpalette, des Handels, der Konsummuster oder sogar und insbesondere der technischen Produktionsbedingungen notwendige Investitionen vorzufinanzieren. Streng genommen muss jede Investition vorfinanziert werden, da erst der erwartete, zukünftige Erlös die fixen, bereits getätigten Ausgaben für Material und Arbeit decken kann und zudem – das immerhin ist ihre *raison d'être* – einen Gewinn einbringen soll (ebd., S. 146–148, 152 f.). Erst recht gilt dies für die industrielle Revolution, die sich insgesamt zwar nicht nur für die Unternehmer, sondern, wie wir im Rückblick sagen können, auch für die überwiegende Mehrzahl der keine Produktionsmittel besitzenden Klassen bezahlt gemacht hat, zunächst jedoch »ein« gigantisches Vorschussunternehmen war.

Zwar sind der private Handels- und auch Investitionskredit ein noch sehr viel älteres Instrument als Kapitalgesellschaften und Börsen (Mitchell Innes 1913/2004); und selbst die für die Akzeptanz und Verbreitung von Privatkrediten entscheidende »Vermählung« von staatlicher Währung und privatem Bankwesen fällt ins 17. und 18. Jahrhundert (Ingham 2004, S. 107–133). Wegweisend war der Kompromiss zwischen der kreditbedürftigen englischen Krone und privaten englischen Financiers, dem zufolge diese das Privileg erhalten, gemeinsam eine nationale Währung zu emittieren, für welche der König mit dem Steueraufkommen seines Reiches bürgt (Hutter 1993). Insofern geht die Kommodifizierung des Geldes derjenigen von Arbeit und Land, geht die »finanzielle Revolution« der industriellen Revolution um mehr als ein Jahrhundert voraus; allerdings waren es erst die Ausbreitung der Lohnarbeit und die technischen Innovationen des 19. Jahrhunderts, welche das für die Universalisierung der Märkte strukturell schon bereitliegende Kapital auch effektiv abriefen.

Damit ist freilich »nur« erst die geldbasierte Herausbildung eines autonomen Marktes umschrieben. Daneben spielte das Geld indirekt und zugleich allgemeiner für die Ausdifferenzierung auch anderer Teilsysteme als der Wirtschaft eine tragende Rolle. Der Schlüsselbegriff in diesem Zusammenhang lautet Organisation. Organisationen sind ein besonderer Typ von sozialer Koordination. In einem ersten Zugriff kann man sagen, dass sie ein arbeitsteiliges, hierarchisch gegliedertes Verfahren darstellen, von der Spitze vorgegebene Ziele zu erreichen. Insofern jedoch, erstens, die Leitung einer Organisation die ihr untergeordneten Stellen nicht nur anweisen kann, sondern zugleich von diesen abhängig ist und auf durchaus widersprüchliche Weise manipuliert werden kann – Stichwort »Unterwachung« – und, zweitens, Organisationsziele sehr häufig vage oder unterbestimmt sind und wechselnden »Umwelt«-Bedingungen angepasst werden müssen, sind Organisationsdefinitionen, die ausschließlich auf die Organisationszwecke und Hierarchien abstellen, unzureichend. Ein drittes wesentliches Kriterium für Organisationen ist »darum« die Mitgliedschaft (vgl. Luhmann 1964; Kühl 2011). Mitgliedschaft bedeutet, sich im Rahmen gewisser, wiederum unterbestimmter Vorgaben, zum Beispiel eines Arbeitsvertrags oder eines Parteiprogramms, auf von der Organisationsleitung beziehungsweise den Vorgesetzen im Einzelfall erst noch zu spezifizierende Anweisungen und Aufgaben einzulassen. Sie impliziert eine Art von durch formale Mitgliedschaftsregeln eingeschränktem, zugleich aber auch eingeräumtem Generalgehorsam. Wer aktives Mitglied eines Sportvereins wird, kann sich den Anstrengungen seiner Mannschaft, Siege zu erringen, nicht entziehen – oder er wird ausgeschlossen. Wie Siege zu erringen sind, was wann geübt, ob und an welcher Stelle man in Wettkämpfen eingesetzt wird, muss das Mitglied hingegen dem Trainer überlassen.

Dort, wo es Mitgliedschaftsregeln gibt – und streng genommen kann nur da von Mitgliedschaft gesprochen werden, wo es sie gibt –, tut sich ein Spalt auf zwischen der Motivation der (Noch-nicht-)Mitglieder (Mitglied zu werden) und dem oder den Organisationszwecken. Die Organisation ist in genau dem Maße flexibel, in dem es ihr gelingt, ihren Mitgliedern unterschiedliche Leistungen abzuverlangen, nach Bedarf und den Umständen entsprechend unterschiedliche Anforderungen an sie zu stellen. Organisationen sind auf diese Weise zu beachtlichen Anpassungsleistungen imstande, ohne deswegen sogleich ihre Identität zu verlieren oder ihren allgemeinen Organisationszweck auszutauschen. Firmengeschichten wie die von Nokia, einem Unternehmen, das sich von einem Gummistiefelhersteller zu einem Telekommunikationsanbieter entwickelt hat, oder Parteigeschichten wie die der SPD, die von einer revolutionären Bewegung zur staatstragenden Kraft wurde, sind keine Seltenheit. Ja, man kann sagen, dass die relative Spezialisierung von Organisationen, etwa von Unternehmen auf die Gewinnerzielung oder von Parteien auf den Machterwerb, gerade durch ihre relative Offenheit, ihre Anpassungsbereitschaft an die Wechselfälle der Konjunktur oder den politischen Wandel, möglich wurde. Allgemeiner formuliert, waren es Organisationen, welche die Ausdifferenzierung von funktional spezialisierten gesellschaftlichen Teilbereichen getragen und vorangetrieben haben. Die Wirtschaft besteht zwar nicht nur aus Unternehmen (und Gewerkschaften und Verbänden), die Politik nicht nur aus Parteien (Parlamenten und Regierungsbehörden), der Sport nicht nur aus Vereinen, das Rechtssystem nicht nur aus Gerichten, doch keines dieser Teilsysteme hätte Bestand, ohne dass mit Mitgliedern bestückte Organisationen sich um die Bearbeitung je besonderer Problemlagen, im Falle der Wirtschaft etwa der Versorgung mit Gütern, im Falle der Politik mit der Festlegung allgemein gültiger Regeln, kümmerten. Ohne mitgliedschaftsbasierte Organisationen gäbe es keine funktional ausdifferenzierte Gesellschaft.

Derartige Organisationen jedoch gäbe es nicht ohne Geld, und zwar in doppelter Hinsicht. Zum einen können Organisationen nur dann je besondere Zielorientierungen ausbilden und ihre Mitglieder entsprechend festlegen, wenn sichergestellt ist, dass ihre übrigen Bedürfnisse, die der Organisationen ebenso wie die der Mitglieder, sich mit Geld respektive über den Markt befriedigen lassen. Nur wenn beide, Organisationen wie Mitglieder, sich darauf verlassen können, alles, was sie zum (Über-)Leben brauchen, kaufen zu können, können sie sich auf eine Spezialisierung einlassen. Die Organisationen müssen die Materialien, die Rechte und die Dienstleistungen erwerben können, die sie brauchen, um Urteile, Gesundheit oder Erkenntnisse zu »produzieren«. Und das heißt nicht zuletzt, dass zumindest die »Arbeits«-Organisationen, diejenigen also, die ihren Mitgliedern vorschreiben, was sie tun sollen – im Gegensatz zu Interessenorganisationen, in denen sich Mitglieder zusammentun, um ihre selbstgesetzten Zwecke zu erreichen (Schimank 2000, S. 306–322) –, ihre Mitglieder als Lohnarbeiter auf dem Arbeitsmarkt an- und einwerben können.

Zum anderen ist es das Geld, das die Lohnarbeiter im weiteren Sinne des Wortes nicht nur zur Arbeit motiviert – sie, wenn sie mittellos sind, dazu zwingt, überhaupt eine Arbeit aufzunehmen, wenn es sich um begehrte Experten handelt, verlocken muss, einen bestimmten Job anzunehmen –, sondern das grundlegender noch die besagte, für die Konstitution und Verbreitung von Organisationen unverzichtbare Entkoppelung von Mitgliedschaftsmotivation und Organisationszweck erlaubt. Eben weil ich bezahlt werde und mit meinem Gehalt alles (mir mit diesem) Mögliche anfangen kann, kann ich es mir egal sein lassen, wofür die (Arbeits-)Organisation mich einspannt. Das entlohnte Organisationsmitglied braucht eine Sache nicht um ihrer selbst willen zu tun, es genügt, dass es bezahlt wird, um Dinge zu tun, die es an sich nicht täte. In der Praxis werden die meisten derjenigen, denen die Wahl überhaupt freisteht, nach einer Arbeit suchen, die sich nicht nur finanziell lohnt, sondern die darüber hinaus ihren Neigungen und Fähigkeiten entspricht und sie vielleicht sogar erfüllt. Die überwiegende Mehrzahl der Wissenschaftler etwa dürfte nicht nur um des Geldes willen wissenschaftlich arbeiten. Viele tun es sicher auch aus Liebe zur Wahrheit oder, etwas weniger pathetisch, Freude an der Erkenntnis. Nicht minder bedeutsam freilich ist das Prestige, die Anerkennung, die ihnen durch ihre Peers zuteilwird, wenn sie etwas entdecken. Auch Arbeitsorganisationen leben davon, dass sie die Interessen ihrer Mitglieder berücksichtigen, so wie Interessenorganisationen sich freilich umgekehrt ab einer bestimmten Größe nicht mehr darauf verlassen können, dass ihre Mitglieder freiwillig mitmachen, sondern diese vielmehr für ihr Engagement – in der Regel mit Geld – entschädigen müssen. In jedem Fall ist Geld eine wesentliche nicht-organisatorische Voraussetzung von Organisation und diese wiederum Bedingung für die Entstehung einer funktional differenzierten Gesellschaft.

Doch diese war nicht nur in ihrer Entstehung, sondern ist auch in ihrem Bestand auf Geld verwiesen. Der Primat der Ökonomie über die anderen Teilsysteme macht sich gerade in ihrem Zusammenspiel geltend. Es sind drei Aspekte, die ich hervorheben, drei Argumente, die ich beibringen möchte, um diese These zu untermauern (vgl. zum Folgenden Schimank 2009; Deutschmann 2009; Paul 2012, S. 231–242; Moriz 2016, S. 147–197). Erstens stehen alle anderen Teilsysteme, stehen die Leistungen aller Teilsysteme und nicht bloß die des Wirtschaftssystems unter Finanzierungsvorbehalt. Im Grunde ist dies nur eine andere, allgemeinere Formulierung des Sachverhalts, dass (auch Interessen-) Organisationen auf den Kauf der »Rohstoffe« ihres Outputs und insbesondere von (nicht nur roher, unqualifizierter) Arbeitskraft angewiesen sind. Und dafür brauchen sie Geld, und zwar mehr Geld, als sie durch den »Verkauf« ihrer Leistungen einnehmen können. Viele der von ihnen erbrachten Leistungen sind nicht einmal verkäuflich oder sollten es wenigstens nicht sein. Politische Entscheidungen, wissenschaftliche Erkenntnisse, Gerichtsurteile, Kunstwerke und, insofern gerade das moderne Ideal der romantischen Liebe die Autonomie der Liebenden voraussetzt, selbst Liebeserklärungen kosten zwar allesamt Geld, doch weder ihrer Qualität nach hängen sie vom Geldwert der in sie eingegangenen Ressourcen ab, noch lassen sie sich unmittelbar oder überhaupt in Geld verwandeln. Universitäten oder Krankenhäuser sind außerordentlich teuer und bleiben, selbst wenn sie Patente ausspucken und Behandlungskosten in Rechnung stellen, Zuschussunternehmen. Gesetze oder Verordnungen wie zum Beispiel Bebauungspläne haben zwar wirtschaftlich unter Umständen weitreichende Folgen, selbst aber keinen spezifischen Preis. Gemälde können Millionen erzielen, ihre ästhetische Qualität aber ist nicht von ihrem materiellen Wert abhängig. Selbst Wahrheit und Liebe kosten Geld, aber sie lassen sich nicht mit Geld herbeizwingen.

Kein Teilsystem, außer dem ökonomischen, könnte sich reproduzieren und die von ihm erwarteten Leistungen erbringen, ohne dass von außen, letztlich im Wirtschaftssystem generiertes Geld in diese Teilsysteme hineinfließt. Zwar ist es richtig, dass auch das Wirtschaftssystem von Leistungen anderer Teilsysteme abhängig ist, einer funktionierenden Rechtsprechung zum Beispiel. Ebenso ist das Gesundheitswesen von der Wissenschaft abhängig und diese wiederum vom Bildungssystem. Genau diese multiplen, häufig wechselseitigen Abhängigkeiten motivieren die Rede von der Heterarchie der Systeme. Sie verwischt allerdings den Unterschied zwischen der allgemeinen Geldabhängigkeit aller Teilsysteme und der punktuellen und variablen Verkoppelung einzelner Teilsysteme. So unverzichtbar das Recht für fast alle Bereiche moderner Gesellschaften ist, anders als Geld wird es vom Bildungssystem, der Wissenschaft oder Eheleuten nicht kontinuierlich, sondern nur in Störungsfällen in Anspruch genommen. Ähnliches gilt für wissenschaftliche Expertise; fraglos spielen Forschungsergebnisse auch in der Politik, der Wirtschaft und selbst dem Sport eine wichtige Rolle, können kollektive Abstimmungsprozesse, die Warenproduktion oder körperliche Leistungen mithilfe der Wissenschaft verbessert werden, anders als auf Geld sind sie indes nicht unabdingbar auf diese angewiesen. Dass eine ganze Reihe namhafter Vertreter der Systemtheorie diese Differenz nicht wahrnehmen wollen (obwohl Luhmann selbst

[1972; 1988, S. 322] den Gedanken eines systemischen Primats des Wirtschaftssystems immerhin durchgespielt hat), ist normativ zwar sympathisch, weil damit Dominanzansprüche desselben abgewiesen werden, empirisch aber handelt es sich um einen ungedeckten Wechsel.

Seine Entsprechung findet diese Weigerung in der problematischen Gleichsetzung verschiedener »symbolisch generalisierter Kommunikationsmedien« wie Macht, Liebe, Wahrheit oder Geld. Und damit komme ich zum zweiten Aspekt, den ich hervorheben möchte. Auch wenn der Vergleich von Sprache und Geld ältere Wurzeln hat (Achermann 1997), geht der Vorschlag, Macht oder Einfluss als dem Geld analoge Spezialsprachen oder symbolisch generalisierte Interaktionsmedien zu konzeptionalisieren, auf Talcott Parsons (1980) zurück. Geld, Macht oder Einfluss ermöglichen beziehungsweise vereinfachen je besondere Handlungsketten. Wer zahlt, möchte etwas erwerben und nicht überzeugen. Wer Macht ausübt, kann andere dazu bewegen, etwas Bestimmtes zu tun, auch ohne dafür eine Gegenleistung erbringen zu müssen. Andere zu beeinflussen heißt, seine zu ihren Motiven zu machen. Diese Medien sind symbolisch, insofern schon bestimmte Symbole wie zum Beispiel Geldscheine und nicht erste konkrete Handlungen andere Handlungen auslösen, und sie sind generalisiert, insofern sie allgemeine, jedenfalls über eine bestimmte Interaktion hinausgehende Geltung beanspruchen (können). Sie dienen einerseits der Verkettung von problemspezifischen Handlungen und damit der Reproduktion gesellschaftlicher Teilsysteme und andererseits dem Austausch der jeweiligen Leistungen der Teilsysteme untereinander. So erlaubt Geld einerseits die Organisation eines Wirtschaftskreislaufs und andererseits den »Einkauf« systemunspezifischer Leistungen.

Luhmann (1976, 1997, S. 316–396) abstrahiert und erweitert diesen Medienbegriff. Einerseits spricht er von symbolisch generalisierten Kommunikations- und nicht Interaktionsmedien. Verkoppelt werden (müssen) nicht (nur) Handlungen, sondern (auch und über diese hinaus) »Kommunikationen«, das heißt von Dritten oder den »Empfängern« einer Kommunikation allererst als absichtsvolle Handlungen oder Beobachtungen interpretierte Signale. Andererseits verlängert und »entsystematisiert« Luhmann die Liste dieser Medien. Als solche fungieren bei ihm neben Geld und Macht auch Recht, Wahrheit, Liebe, Schönheit oder Glaube. Und diese Liste ist nicht abgeschlossen und auch gar nicht abschließbar. Es lässt sich nämlich nicht vorhersehen oder logisch bestimmen, welche Kommunikationsmedien oder, wie man sie auch nennen kann, kognitiven Codes sich »evolutionär« durchsetzen werden. Nicht ausgeschlossen ist, dass wir in Zukunft (wieder) auf Ehre oder (nur noch) Sexualität spezialisierte Kommunikationsformen entwickeln. Entscheidend dafür ist, dass sich in der Wahrnehmung der Kommunikationsempfänger und sekundär auch im »Sendebetrieb« der Akteure neue binäre Schemata etablieren, die einerseits signalisieren: »Mir geht es nur um Sex, und es wäre schön, wenn du genau deswegen mitmachst«, es dem Adressaten andererseits aber offenlassen, das Angebot abzulehnen, ohne deswegen auch schon diesen Typus von Anfrage als solchen zu desavouieren. In dem Maße, in dem eine solche Kommunikationsform sich einspielt, würde die Sexualität aus einem Bestandteil von Liebesbeziehungen respektive einer käuflichen Ware zu einem weiteren gesellschaftlichen Teilsystem (vgl. Lewandowski 2004). Kommunikationsmedien gehen deren Ausdifferenzierung also voran; sie werden nicht erst zu bereits bestehenden Funktionssystemen, sozusagen um ihre Funktion zu verbessern, hinzuerfunden.

Damit beschreibt die Luhmann'sche Medientheorie zwar treffend, dass, zumindest im Falle der Ökonomie, das Geld der Entwicklung von Märkten und damit der Durchsetzung einer wirtschaftlichen Eigenlogik vorausgeht. Auf Basis ihres zu einem bloßen Wahrnehmungsschema abstrahierten Medienbegriffs entgehen ihr zugleich jedoch Spezifika des Geldes, die es aus dem Kreis der übrigen Kommunikationsmedien herausheben. *Symbolisch* generalisiert sind sie bei Luhmann nicht, weil sie in jedem Fall bestimmter oder wenigstens zweifelsfrei als solcher zu identifizierender Symbole wie zum Beispiel Geldscheinen bedürften, sondern weil sie Akteure beziehungsweise grundlegender Kommunikationen normalerweise verknüpfen, anstatt sie »diabolisch« zu trennen (vgl. Luhmann 1988, S. 230–271). Ihre besondere Leistung bestehe darin, eine Kommunikation, das heißt ein bestimmtes Deutungsangebot einer sozialen Situation, mit einer erhöhten Annahmewahrscheinlichkeit zu versehen, Andere dazu zu bewegen, die »Dinge« auch so zu sehen, wie man selbst es tut. Kommunikationsmedien sind Deutungsstandards, denen eine gewisse Verführungskraft eignet, die zurückgewiesen werden können, aber angenommen werden »wollen«. Macht ist das Ansinnen Egos, Alter nach seiner Pfeife tanzen zu lassen, dem Alter nachkommt, weil Ego ihn bestrafen könnte. Wahrheit ist eine Beobachtung oder Feststellung Egos, die Alter bestätigt, weil er weiß, dass Dritte es auch täten. Liebe bedeutet, dass Ego sein Handeln auf Alters Wünsche abstellt, weil deren Erfüllung oder genauer gesagt Alters Genuss ihm selbst Freude bereitet. Auch Geld ist eine Kommunikationsofferte, das Signal, etwas erwerben zu wollen, einen Anderen zur freiwilligen, aber nicht entschädigungslosen Herausgabe einer Sache (oder zu einer bestimmten Arbeitsleistung) zu bewegen. Ego zückt sein Portemonnaie, und Alter weiß sofort, woran er ist. Alter muss Ego nicht(s) verkaufen, was dieser begehrt, aber er tut es eher, als dass er es lässt, weil er im Gegenzug noch unspezifizierte Kaufkraft erhält.

Aller kommunikationstheoretischen Analogie zwischen diesen Fällen zum Trotz besteht ein doppelter, außerordentlich folgenreicher Unterschied zwischen den Medien: Zum einen wird Geld anders als Macht, Wahrheit oder Liebe tatsächlich übertragen. Es wechselt die Hände. Man kann (und muss) es sich aneignen. Was der Eine hat, hat der Andere nicht mehr. Bei Macht, Wahrheit oder Liebe handelt es sich hingegen um Relationen. Wahrheit oder Liebe kann man nicht besitzen. Selbst Macht ist nichts, was man mit sich in der Tasche herumtragen kann, sondern etwas, das sich allein im Verhältnis (wenigstens) zweier Akteure realisiert. Zum anderen dienen alle Medien – auch Geld – einerseits zwar der »Reduktion von Komplexität«, vereinfachen oder vielmehr standardisieren sie prinzipiell vielfältige und genau deswegen nur selten harmonierende Bezugnahmen der Akteure aufeinander, machen sie eine an sich unwahrscheinliche Kommunikation wahrscheinlicher, anders aber als im Falle von Macht, Liebe oder Wahrheit, die Andere in ihrer Freiheit einschränken – man muss tun, was der Macht-»Haber« verlangt; kann man als Geliebter von seiner Geliebten zwar sehr viel verlangen, aber eben nur von ihr; sieht man, was Andere sehen, anstatt den Blick schweifen zu lassen –, bleibt die Freiheit des Zahlungsempfängers nicht nur erhalten, sondern wird sie qua Geld sogar noch gesteigert. Wer über Geld verfügt, kann mehr, ja, kann im Grunde alles Mögliche tun. Anders ausgedrückt: Geld ist fungibler als alle anderen Medien. Man kann es immer gebrauchen und braucht es darum immer. Sein Gebrauch ist, abgesehen davon, dass die Menschen das Denken in Geld, einem *money of account*, überhaupt gelernt haben und mit dem Gebrauch einer bestimmten Währung, einem *money proper*, vertraut sein müssen, vergleichsweise voraussetzungslos. Darum »schlägt es« die übrigen Medien. Und auch darum gibt es einen Primat desjenigen Systems, in dem es erzeugt oder regeneriert wird.

Ein neben dem Finanzierungsvorbehalt, unter dem alle übrigen Systeme stehen, und dem besonderen Generalisierungsgrad des Geldmediums dritter Grund für die Dominanz der Ökonomie ist der auf ihr lastende und von ihr auf die »Restgesellschaft« ausstrahlende Wachstumszwang. Zwar lässt sich eine Steigerungslogik auch für andere Teilsysteme wie zum Beispiel das Rechtssystem feststellen, in dem Sinne, dass die Verrechtlichung bislang rechtsfreier Sachverhalte nicht einfach Klarheit oder »endlich Rechtssicherheit« herstellt, wo bisher keine bestanden hätte, sondern vielmehr gleichzeitig neue Anlässe schafft, um die auf dem Rechtswege gestritten kann und zu deren Klärung das Rechtswesen in Gang gesetzt werden muss. Ebenso wenig bedeutet wissenschaftlicher Fortschritt, dass eine endliche Menge offener Fragen abgearbeitet würde, sondern ganz im Gegenteil, dass neue, gezielt angestrebte oder zufällig gemachte Erkenntnisse zu weiteren, bislang nicht nur nicht gestellten, sondern noch nicht einmal denkbaren Fragen führen. Das Rechtssystem erhöht allein durch die Unterscheidung von Recht und Unrecht den Rechtsbedarf. Wissen oder Wahrheiten werden nicht einfach durch besseres Wissen oder andere Wahrheiten abgelöst, vielmehr tritt immer auch neues, zusätzliches Wissen neben das alte, werden Wahrheiten nicht einfach ersetzt, sondern ausdifferenziert. Der Prozess der Erkenntnis ist strukturell unendlich. Insofern ist die Rede von einer voranschreitenden Verrechtlichung der Verhältnisse wie die von einer zunehmenden Verwissenschaftlichung des Lebens genauso berechtigt oder richtig wie die von einer Ökonomisierung des Sozialen. Nur gilt es festzuhalten, dass die (Geld-)Wirtschaft, in der Sachdimension, gleichfalls zum Wachstum verdammt ist und die Form ihres Wachstums darüber hinaus, in der Sozialdimension, eine permanente Infragestellung von Gewohnheiten erzwingt. Immer mehr Gegenstände erfasst und schafft zwar auch das Recht, die Wirtschaft aber ergreift noch die Natur. Gewissheiten werden zwar auch durch die Wissenschaften erschüttert, nur in Ausnahmefäl len aber tangieren neue Erkenntnisse das Weltbild der Menschen. Die Wirtschaft hingegen macht das Sich-Ein- und Umstellen auf Neues zu einem alltäglichen Erfordernis. Warum aber muss die Wirtschaft wachsen, und worin liegt ihr »sozialrevolutionäres« Potential?

Wenigstens zwei strukturelle Gründe für den Wachstumszwang lassen sich nennen: erstens die Konkurrenz und zweitens der Zins.[34] Die Konkurrenz ist kein erst mit der Geld- oder Marktwirtschaft entstandener Verhaltenstypus, Letztere aber hat wesentlich zu seiner Verbreitung beigetragen. Formal zeichnet er sich im Unterschied zum direkten Kampf zweier Kontrahenten, die unter Umständen körperlich darum ringen, den je anderen niederzuwerfen oder ihm etwas zu entwinden, dadurch aus, dass die Konkurrenten sich gewaltfrei und regelgemäß um ein von Dritten gesetztes Ziel bemühen (Simmel 1908/1988, S. 323–349). Dies können ausgelobte Preise sein, Rekorde oder relative Höchstleistungen, Spielsiege über gegnerische Mannschaften oder die durch Waren zu befriedigenden Konsumwünsche eines anonymen Publikums. Es liegt auf der Hand, dass der Konkurrenzmechanismus mit der Vermarktlichung der Ökonomie an Reichweite oder Allgemeinheit gewonnen hat. Wenn die Versorgung der Bevölkerung und sogar die Reproduktion einer Gesellschaft vom Markt abhängig werden, müssen die Produzenten und Händler sich schon in Hinblick auf das, was sie produzieren und anbieten, dann aber auch in ihrer Preisgestaltung an den Vorlieben und Möglichkeiten ihrer Kunden orientieren. Eben darin liegt das zivilisatorische Potential einer Markt- beziehungsweise Geldwirtschaft. Aber es bedeutet eben auch, dass Geld zunehmend zur Teilnahme- oder Teilhabevoraussetzung zunächst am wirtschaftlichen, sehr bald aber auch am sozialen Leben überhaupt wird. Geldbesitz wird zur Marktzutrittsschranke und in dem Maße, in dem die Leistungen auch der nicht-ökonomischen

Teilsysteme nur über Geld abgerufen werden können, zum zentralen Inklusionsmedium funktional differenzierter Gesellschaften.

Dem Geldbesitz vorgeschaltet ist indes der Gelderwerb. Zahlungsfähigkeit muss laufend reproduziert werden. Für die Mehrzahl der Menschen bedeutet dies, Lohnarbeit verrichten zu müssen. Es genügt jedoch nicht, seine Arbeitskraft einfach zur Verfügung zu stellen. Vielmehr müssen die Anbieter von Lohnarbeit über genau die Qualitäten verfügen, die am Markt nachgefragt werden. Auch sie konkurrieren darum, die Bedürfnisse ihrer Kunden und das heißt in diesem Fall der Arbeitgeber zu befriedigen. Und sofern sie ihre Arbeitskraft nicht billiger anbieten können oder wollen als ihre Konkurrenten auf dem Arbeitsmarkt, müssen sie besser sein oder werden als diese. Weil Preisverfall und Qualitätsverlust der eigenen Arbeitskraft mithin permanent drohen, gilt es, neue Chancen wahrzunehmen, den eigenen Wert zu steigern, möglichst mehr zu verdienen, nicht nur um sich bislang unerfüllte Wünsche zu erfüllen, sondern auch um vorzusorgen. Paradoxerweise treibt also gerade die vollkommen berechtigte Sorge vor dem wirtschaftlichen und sozialen Abstieg die Einzelnen dazu an, sich wechselseitig zu überbieten. Sie investieren in sich – oder sollten es zumindest, schon aus funktionalen und nicht normativen Gründen –, so wie ein Unternehmer in sein Unternehmen investiert nicht nur und nicht einmal in erster Linie, weil er mehr verdienen will, sondern weil er sich gegen die Konkurrenz behaupten muss, die bekanntlich nicht schläft. Der Markt ist zwar kein Nullsummenspiel, in dem der Eine gewinnt, was der Andere verliert, sondern ein Positivsummenspiel, in dem der Gesamtnutzen steigt, ein Spiel, von dem, wenigstens dann, wenn das Startkapital einigermaßen gleich verteilt ist, die Mehrzahl der Spieler profitiert. Doch dies heißt nicht, dass tatsächlich alle, geschweige denn alle gleichermaßen gewönnen. Das Spiel funktioniert nur, weil es Verlierer produziert; genauer gesagt, weil es Verlierer produziert, zwingt es die Spieler, nach immer neuen Möglichkeiten der Bewährung Ausschau zu halten. Die Erfindung immer neuer Produkte und die Verbesserung (und Verbilligung) der alten, die Ausweitung des Angebots und die enorme Innovativität des Kapitalismus haben in der durch den Markt verallgemeinerten Konkurrenz, dem Ansporn oder gar der Nötigung, sich durch Zugewinne gegen die Gefahr der Geldlosigkeit zu versichern, einen wichtigen Grund.

Einen zweiten, nicht die Konkurrenz als solche begründenden, sie wohl aber verschärfenden Grund liefert der Zins. Der Zins, so hatten wir gesehen (Kap. III/1), ist ein für den praktischen Mehrwert des Geldes, die Liquidität, auf den Nennwert einer verliehenen respektive durch ein Kreditverhältnis allererst kreierten Geldsumme aufgeschlagener Mehrpreis. Wer sich aus welchen konsumtiven, investiven oder schlicht aus der Not geborenen Gründen auch immer von einer Bank eine bestimmte Geldsumme leiht, verspricht, diese Geldsumme plus Zins zu einem definierten, in der Zukunft gelegenen Zeitpunkt zurückzuerstatten. Verfügt der Schuldner über keine laufenden Geldeinnahmen, die es ihm gestatten, den Kredit zu tilgen und die Zinsen zu zahlen, muss er entweder die kreditierte Summe so einsetzen, dass seine Investition sich für ihn (und das heißt zunächst einen Gläubiger) auszahlt, oder aber er muss, falls er den Kredit nicht investiert, sondern lediglich ausgibt, so viel (mehr) arbeiten, dass er nicht nur seinen laufenden Unterhalt bestreiten, sondern auch sein Defizit refinanzieren kann. Der Zins erzwingt mithin Mehrarbeit oder vielmehr, da der bloßen Verlängerung der Arbeitszeit natürliche Grenzen gesetzt sind und Mehrarbeit als solche häufig überhaupt nicht nachgefragt wird, Produktivitätssteigerungen und Innovationen. Dasselbe gilt für kreditfinanzierte, ja, insofern alles Geld einem Kreditverhältnis entspringt (vgl. Kap. IV/1), im Grunde für Investitionen überhaupt. Soll der qua Zins beanspruchte Mehrwert nicht durch eine weitere Aufblähung der gesamten Kreditsumme finanziert, Inflation also vermieden werden, dann muss die kreditär immer schon über den Gesamtwert der aktuell verfügbaren Waren und Dienstleistungen überschießende Geldsumme durch die Produktion neuer Güter und natürlich auch deren erfolgreichen Absatz *im Nachhinein* gedeckt werden. Zwar ist es letztlich die Arbeit oder allgemeiner die menschliche Kreativität, durch welche allein das vorlaufende Zinsversprechen eingelöst werden kann (Deutschmann 1999, S. 130–144).

Dass jedoch systematisch nach immer neuen Möglichkeiten gefahndet werden muss, auch und gerade geistige Arbeit in Waren umzusetzen, ist nicht der menschlichen Entdeckerfreude an sich, sondern einem spezifisch ökonomischen oder genauer gesagt monetären Zwang geschuldet. Wo es Zins gibt, soll Wachstum sein. Die Alternative sind wirtschaftliche beziehungsweise monetäre Krisen, in denen die Kontraktion des Kredits realwirtschaftliche Stockungen auslöst (vgl. Kap. IV/2; Paul 2012, S. 9–41). Auf den Zins zu verzichten ist hingegen zwar eine sympathische und von der »Freigeld«-Theorie immer wieder vorgebrachte Idee (Gesell 1920; Suhr 1989; Kennedy 1991), die indes verkennt, dass der Zins keine den unbescholtenen Marktteilnehmern von fiesen Kapitalisten zwangsweise abgepresste Gebühr, sondern Ausdruck einer dem Geld als dem liquidesten Gut automatisch zufallenden, ja eigenen Prämie ist. Die enorme Produktivität und Innovationskraft der modernen Geldwirtschaft (wie allerdings auch ihre Krisenanfälligkeit) sind darum nicht einfach Ausdruck der Überlegenheit des Marktes über alternative Formen der wirtschaftlichen Steuerung, sondern ebenso, wenn nicht vornehmlich Folge eines durch den Zins in die Welt gesetzten Wachstumszwangs. Ja, insofern ein entwickelter Markt seine Existenz der vorherigen oder wenigstens ihm zunächst äußerlichen Erfindung eines Geldmediums verdankt und der Erwerb dieses Mediums an unfreiwillige Zusatzleistungen geknüpft ist, dient er weniger dem Wunsch der Akteure zum doppelseitig vorteilhaften Tausch als vielmehr der Notwendigkeit, einmal aufgenommene Schulden wieder loszuwerden.

Der Preis, den wir für diese Dynamik, aber eben auch den Primat des Geldes beziehungsweise der Ökonomie in unserer funktonal differenzierten Gesellschaft zu entrichten haben, sind die fortschreitende Inanspruchnahme und sehr häufig irreversible Transformation unserer natürlichen Lebensgrundlagen sowie die Subsumtion auch (paradoxerweise mithilfe des Geldes selbst ausdifferenzierter) nicht monetär codierter Lebensbereiche unter die Verwertungs- oder besser Inwertsetzungslogik des Wirtschaftssystems. Sowohl das Problem der Umweltzerstörung als auch das der Ökonomisierung des Sozialen haben Dimensionen, die auf die Selbstabschaffung oder wenigstens eine Entdifferenzierung des uns vertrauten Gesellschaftstyps hinauslaufen könnten. Doch nicht nur das Innovationspotential, das gerade der Geldwirtschaft eigen ist und das wir zur Lösung oder zumindest Verschiebung dieser Probleme brauchen werden, lässt es fraglich erscheinen, ob wir gut beraten wären, auf die Abschaffung und nicht vielmehr eine weitere Differenzierung des Geldwesens selbst (vgl. Kap. IV/2–3) hinzuarbeiten. Einmal abgesehen davon, dass nicht absehbar ist, wie die Hunderte von Millionen Menschen in Asien und Afrika, für die der kapitalistische *way of life* ganz offenbar erstrebenswert ist, davon abgehalten werden könnten, dem System seinen ökologisch und sozial verheerenden Folgen zum Trotz bis auf Weiteres die Stange zu halten.

Anmerkungen

1 An anderer Stelle bezeichnet Aristoteles (1921, V, 8) das Geld hingegen als Konvention der Polis. Zur Ambivalenz der aristotelischen Geldtheorie beziehungsweise zum bereits bei Aristoteles angelegten Schwanken des Geldbegriffs zwischen wirtschaftlichem Tauschmittel und politischer Setzung vgl. Meikle (2000).

2 Ich verwende »Ökonomik« zur Bezeichnung der Wirtschaftswissenschaften, »Ökonomie« hingegen zur Bezeichnung des Gegenstandsbereichs Wirtschaft.

3 Dazu, dass Affen tatsächlich *nicht* tauschen, vgl. Türcke (2015, S. 59–62).

4 Die Bedeutung des Terminus Neoklassik wird im zweiten Abschnitt dieses Kapitels diskutiert.

5 Der Anteil des Bargelds an der gesamten von Nichtbanken gehaltenen Geldmenge liegt im Euroraum derzeit bei etwa zehn Prozent.

6 Grundlegend zur ökonomischen Dogmengeschichte ist nach wie vor Schumpeter (1954/2009). Die Geschichte der Geldtheorie ist aufgearbeitet bei Brodbeck (2009).

7 Die Bezeichnung eines (Gleichgewichts-)Zustands als »pareto-optimal« geht zurück auf den italienischen Soziologen und Ökonomen Vilfredo Pareto (1848–1923).

8 Vorweggenommen wurde die Herleitung des Geldes aus dem intersubjektiven Begehren von Georg Simmel in seiner erst 1987 ins Französische übersetzten *Philosophie des Geldes* (1900/1989; Paul 2012, S. 92–104). Orléan unterstreicht in seinen späteren Arbeiten zwar die Nähe seiner Geldtheorie zu derjenigen Simmels (z. B. 2011, S. 190–196), dessen auch und gerade »mimetische« Vorläuferschaft bleibt dabei jedoch unerwähnt

9 Bis heute grundlegend zum Frauentausch: Lévi-Strauss (1949/1981); für den Einstieg in das Thema empfiehlt sich Lévi-Strauss (1956/1985).

10 So befremdlich und weit von modernen Verhältnissen entfernt, wie es auf den ersten Blick vielleicht scheint, ist eine solche Rahmung der Ökonomie nicht. Auch wenn die Monetarisierung immer weitere Bereiche umfasst: Bislang zumindest gibt es auch bei uns moralisch oder gesetzlich von der Handelbarkeit ausgenommene oder in ihrer Handelbarkeit eingeschränkte Güter wie zum Beispiel menschliche Organe oder sexuelle Dienstleistungen (vgl. Kap. V/2).

11 In der deutschen Übersetzung (Keynes 1932, S. 3) heißt es: »Wir gehen aus von dem Begriff der Rechnungseinheit ...« Dies ist eine sehr viel schwächere Formulierung als in der Vorlage. Zudem werden die Termini *money of account* und *money proper* in der Folge eine wichtige Rolle spielen.

12 Neben den in dem Überblicksartikel von Tcherneva (2006) vorgestellten Ansätzen sei die von Gunnar Heinsohn und Otto Steiger entwickelte Eigentumstheorie des Geldes (Heinsohn/Steiger 1996) erwähnt. Einen anschaulichen Einstieg in die Theorie bietet Heinsohn (2014). Eine Kritik der Gewaltvergessenheit der Eigentumstheorie findet sich bei Martin (2008). Für eine Auseinandersetzung mit Inkonsistenzen der in dieser Einführung nicht weiter thematisierten Eigentumstheorie vgl. Heering (1999) und Paul (2012, S. 159–178).

13 Besonders ist weniger der Umstand als vielmehr das Ausmaß der Monetarisierung. Der Sache nach ähnlich monetarisiert waren die meisten der keltischen, germanischen oder slawischen Gemeinschaften des Frühmittelalters.

14 Tatsächlich rechneten die Iren in einer ganzen Reihe von untereinander noch nicht harmonisierten Einheiten (Gerriets 1985, S. 332–338).

15 Ähnliche Überlegungen gibt es bereits bei Simmel (1900/1989, S. 482–507); breite Unterstützung findet die nachfolgende Argumentation bei Miller (2006).

16 Um die Anfänge des Geldes zu verstehen, genügt es Christoph Türcke (2015, S. 26–31) zufolge nicht, in Griechenland oder Mesopotamien zu »graben«. Man müsse vielmehr bis in die Altsteinzeit zurück, zu den mutmaßlichen Anfängen des Opfer(n)s selbst. Das Opfer, und zwar das Menschenopfer, ist für ihn Ausdruck eines Wiederholungszwangs (vgl. Freud 1920/1975, S. 228–233, 245–247). Altsteinzeitliche Menschen hätten Angehörige ihrer eigenen Gruppe geopfert, um damit den Schrecken zu bannen, den der durch Naturgewalten verur-

sachte Tod eines Gruppenmitglieds bei ihnen ausgelöst habe. Den Schrecken zu wiederholen, das heißt ihn selbst zu veranstalten, sei nämlich ein Mittel, ihn zu beherrschen. Der Naturschrecken werde gewissermaßen durch das Opfer (*sacrifice*) mit dem Opfer (*victime*) bezahlt. Langsam erst hätten sich in der Folge Vorstellungen von Geistern und Göttern gebildet, deren Macht und bösartiges Vermögen mithilfe des Opfers zu beschwichtigen sei. Ja, die Behauptung einer übermenschlichen Wesen gegenüber bestehenden »Lieferverpflichtung« sei nichts Anderes als die Rationalisierung eines ursprünglich für die Gruppe selbst gefährlichen, weil ziellos vagierenden, noch opferunspezifischen Wiederholungszwangs. Das an die Götter adressierte Opfer wäre dann die Urzahlung, die proto- oder paläochartale Tilgung einer unvordenklichen Bringschuld. Dass bereits in der Altsteinzeit geopfert wurde, lässt sich freilich nicht beweisen, ist allerdings auch nicht auszuschließen. Plausibilität gewinnt die Annahme, wenn man rituelle Tötungen als Indiz für Opferpraktiken gelten lässt. Und dass es bereits im Paläolithikum zu derartigen Handlungen kam, ist durch Grabfunde belegt; in vielen Fällen lässt sich mit großer Sicherheit sagen, dass die Leichname keines natürlichen Todes und auch nicht im Kampf gestorben, sondern vielmehr auf »förmliche« Weise zu Tode gekommen sind: sei es, dass ihnen der Schädel gezielt durchbohrt worden ist, sei es, dass mehrere an sich gesunde, junge Menschen gemeinsam bestattet wurden, sei es, dass die Toten vor ihrem und damit wohl auch für ihren Tod geschmückt worden sind. Warum aber töteten Menschen Angehörige ihrer Gruppe? Hätten diese sich lediglich einer »Straftat« schuldig gemacht, auf die der Tod stand, warum hat man sie dann aufwendig bestattet und nicht einfach liegen gelassen oder bestenfalls verscharrt? Man kann in Türckes Skizze unschwer eine anthropologische Fundierung der oben (Kap. I/3) vorgestellten mimetischen Theorie des Tauschs erkennen. Seine »Schuld« sowohl Girard als auch Laum gegenüber gesteht Türcke indes nicht ein; beide Autoren, ohne die das Buch oder zumindest das erste Kapitel (2015, S. 23–129) nicht denkbar wäre, werden nur beiläufig zitiert.

17 Wurde in Gerste bezahlt, betrug der Zins 33 1/3 Prozent. Der Silberzins lag bei 20 Prozent. Eine Erklärung dieses Zinsunterschieds könnte darin bestehen, dass gewogenes Silber, so selten es in der Praxis

gebraucht wurde, als Wertaufbewahrungsmittel und Statussymbol begehrter war als die gewöhnliche und verderbliche Gerste. Auf jeden Fall ergibt sich der Silberzins daraus, dass monatlich ein Schekel pro Mine zu zahlen war. 1/60 pro Monat sind jedoch 12/60 oder 20 Prozent pro Jahr.

18 Gezählt werden konnten zwar auch diverse soziale, im Frauentausch als Pfänder verwendete Währungen, nur verwiesen diese auf kein *money of account.*

19 Genau dies war das Schicksal nicht erst der europäisch-mittelalterlichen, sondern schon der spätrömischen Kaiser (Weber 1896/1988).

20 Die folgenden Ausführungen sind teilweise wörtlich einer Rezension der Wiederauflage des Laum-Buches (Paul 2006) entnommen.

21 Es handelt sich bei dem zitierten Text zwar nur um einen Zeitungsbeitrag, dieser stammt immerhin jedoch aus der Feder des damaligen Chefvolkswirts der Deutschen Bundesbank und späteren Chefökonomen der Europäischen Zentralbank. Darüber hinaus decken sehr häufig – und so auch in diesem Fall – gerade für ein Laienpublikum geschriebene Texte die in wissenschaftlichen Abhandlungen oft vorausgesetzten oder hinter technischen Ausführungen versteckten, der Sache nach indes längst nicht immer selbstverständlichen oder unproblematischen Annahmen auf.

22 Eine kondensierte englischsprachige Version der Abschnitte 1–3 dieses Kapitels ist erschienen als Paul (2016).

23 Hinter Nakamoto verbirgt sich der australische Unternehmer Craig Wright.

24 Der Wechselkurs zum Dollar ist dargestellt unter https://blockchain.info/charts (19/05/17).

25 Eine Ausnahme scheint es gegeben zu haben: Kurz nach seiner Wahl zum argentinischen Präsidenten im Jahre 1946 setzte Juan Perón eine Währungsreform in Kraft, die sich am oben genannten Chicago-Plan orientierte (vgl. Triffin 1946). Über den Verlauf und (Miss-)Erfolg dieses offenbar kurzlebigen Experiments habe ich – des Spanischen nur bedingt mächtig – indes keine weiteren Informationen finden können.

26 Time Magazine, 31/12/65.

27 AEUV steht für Vertrag über die Arbeitsweise der Europäischen Union.

28 Marx selbst nimmt sich in diesem Punkt zurück. Das Entfremdungsthema verschwindet im Spätwerk zwar nicht völlig, rückt aber an den Rand. Im *Kapital* wird es unter der Überschrift »Der Fetischcharakter der Ware und sein Geheimnis« (Marx 1867/1982, S. 85–98) noch einmal aufgenommen. Allerdings richtet sich die Kritik nun nicht länger dagegen, dass das Geld den Menschen seiner Natur entfremde, sondern vielmehr gegen die Naturalisierung des Kapitalismus. Fortgeschrieben wurde diese Form der Entfremdungskritik in Unkenntnis der erst später wiederentdeckten Marx'schen Frühschriften von Georg Lukács (1923/1968).

29 Marx unterscheidet in den *Ökonomisch-philosophischen Manuskripten* (1844/1968a, S. 515–518) zwischen der Entfremdung des »Arbeiters«, das heißt hier des in einem umfänglichen Sinne arbeitenden Menschen, von seinem Produkt, seiner Tätigkeit, seinen Mitmenschen und seinem »Gattungswesen«. Man könnte darin die Sach-, die Zeit-, die Sozial- und die Selbstdimension wiedererkennen.

30 Als stummen Tausch bezeichnet man an sich eine Form der Kontaktaufnahme und auch des Austauschs von Gütern, bei der eine Seite ihr Angebot in Abwesenheit der anderen an einer bestimmten Stelle deponiert und sich dann zurückzieht, um der anderen Seite Zeit zur Inspektion des Angebots zu geben. Willigt diese grundsätzlich in den Austausch beziehungsweise die Kontaktaufnahme ein, legt sie eigene Objekte neben das Gütergebot und zieht sich ihrerseits zurück. Die erste Seite kann diese Gegenleistungen in einem dritten Schritt akzeptieren, ihr Angebot einschränken oder zurückziehen; sie kann auch warten, bis die Gegenseite »den Kaufpreis« erhöht. Derartige Praktiken sind aus den unterschiedlichsten Zeiten und Weltgegenden überliefert; vgl. Grierson (1903); Moraes Farias (1974).

31 Materieller Besitz und Konsum sind zwar nur eine Seite unserer Persönlichkeit, doch man täuschte sich, hielte man die Habe des Menschen und weiterhin sein Verhältnis zu den Dingen für seinem Charakter äußerlich. Gerade Asketen und Modeverächter beweisen, wie sehr es auf »bloße Äußerlichkeiten« ankommt.

32 Viviana Zelizer (1994) zeigt, dass selbst der Umgang mit Geld alles andere als »gleichgeschaltet« ist. Ganz im Gegenteil lassen sich je nach Herkunft und Verwendungszweck von Geld unterschiedliche Rationalitäten beobachten. Auch Gutverdiener können mit dem Haushalts-

geld knausern; »ein« ersparter Euro ist für viele wertvoller als »ein« im Glücksspiel gewonnener. Interessanter noch ist, dass sich »alternative«, auf die Stärkung lokaler Wirtschaftskreisläufe zielende Experimente mit Komplementärwährungen wie das Londoner Brixton Pound oder der Chiemgauer in Deutschland als zivilgesellschaftliche Experimente zur (funktionalen Re-)Differenzierung von Geld und mehr noch zur Vergemeinschaftung durch Geld interpretieren lassen (Degens 2016).

33 Man mag einwenden, dass es mit der Tulpenmanie in den Niederlanden des 17. und den Spekulationskrisen im Frankreich des 18. Jahrhunderts bereits früher gesamtwirtschaftlich desaströse Börsenkrisen gegeben hat (vgl. Garber 2000). Das ist zwar richtig, gleichwohl – und das ist entscheidend – wird die Reproduktion des wirtschaftlichen Systems erst im 19. Jahrhundert von den Finanzmärkten abhängig.

34 Weitere Motive sind die, global gesehen, ungebrochene Attraktivität materiellen Reichtums und die »Vermögenseigenschaft« des Geldes, die Phantasie und das Verlangen auch der saturierten Klassen zu beflügeln (Deutschmann 1999). So bedeutsam diese Motive sind, als Motive sind sie ideeller Natur. Ich konzentriere mich an dieser Stelle auf strukturelle Zwänge.

Literatur

Achermann, Eric (1997), Worte und Werte. Geld und Sprache bei Gottfried Wilhelm Leibniz, Johann Georg Hamann und Adam Müller. Tübingen: Niemeyer.

Adorno, Theodor W. (1966), Negative Dialektik. Frankfurt/M.: Suhrkamp.

Aglietta, Michel; André Orléan (1982), La Violence de la monnaie. Paris: Presses Universitaires de France.

Aglietta, Michel; André Orléan (2002), La Monnaie entre violence et confiance. Paris: Odile Jacob.

Akin, David; Joel Robbins (1999), Money and Modernity. State and Local Currencies in Melanesia. Pittsburgh: University of Pittsburgh Press.

Anderson, Elizabeth (1993), Value in Ethics and Economics. Harvard: Cambridge University Press.

Appleby, Joyce O. (1978), Economic Thought and Ideology in Seventeenth-Century England. Princeton: Princeton University Press.

Aristoteles (1921), Nikomachische Ethik. Leipzig: Meiner.

Aristoteles (2001), Politik. Berlin: Akademie Verlag.

Baecker, Dirk (1988), Information und Risiko in der Marktwirtschaft. Frankfurt/M.: Suhrkamp.

Bagehot, Walter (1874), Lombard Street. Der Weltmarkt des Geldes in den Londoner Bankhäusern. Leipzig: Hartung & Sohn.

Barfuß, Karl Marten (2005), Geld und Währung, in: Renate Neubäumer, Brigitte Hewel (Hrsg.), Grundlagen der Volkswirtschaftstheorie und Volkswirtschaftspolitik. Wiesbaden: Gabler, S. 489–617.

Baudy, Gerhard J. (1983), Hierarchie oder: Die Verteilung des Fleisches. Eine ethnologische Studie über die Tischordnung als Wurzel sozialer Organisation, mit besonderer Berücksichtigung der altgriechischen Gesellschaft, in: Burkhard Gladigow, Hans G. Krippenberg (Hrsg.), Neue Ansätze in der Religionswissenschaft. München: Kösel, S. 131–174.

Baumberger, Jörg; Rudolf Walser (2014), Leere Vollgeld-Hoffnungen. Warum das Finanzsystem durch kontrollierte Schritte zuverlässiger reformiert werden kann als durch einen kühnen Salto, avenir standpunkte, 4.

Becker, Gary S. (1976), The Economic Approach to Human Behavior. Chicago: The University of Chicago Press.

Benes, Jaromir; Michael Kumhof (2012), The Chicago Plan Revisited, IMF Working Paper 12.

Berger, Peter L.; Thomas Luckmann (1966), The Social Construction of Reality. A Treatise in the Sociology of Knowledge. Garden City: Anchor.

Bethge, Jan-Alexander u. a. (2002), Geldkrisen und Währungsreformen. Schichten-Schicksale, Sozialcharaktere und Sozialisation, in: Christoph Deutschmann (Hrsg.), Die gesellschaftliche Macht des Geldes. Wiesbaden: Westdeutscher Verlag, S. 286–315.

Bjerg, Ole (2016), How is Bitcoin Money?, in: Theory, Culture & Society, 33, 1, S. 53–72.

Blumenberg, Hans (1976), Geld oder Leben. Eine metaphorologische Studie zur Konsistenz der Philosophie Georg Simmels, in: Hannes Böhringer, Karlfried Gründer (Hrsg.), Ästhetik und Soziologie um die Jahrhundertwende: Georg Simmel. Frankfurt/M.: Klostermann, S. 121–134.

Bockelmann, Eske (2006), Abschaffung des Geldes, in: Streifzüge, 36, S. 1-10.

Bohannan, Paul (1955), Some Principles of Exchange and Investment Among the Tiv, in: American Anthropologist, 57, 1, S. 60–70.

Bortkiewicz, Ladislaus von (1906-07/1976), Wertrechnung und Preisrechnung im Marxschen System. Lollar: Achenbach.

Bottéro, Jean (2000), Religion and Reasoning in Mesopotamia, in: Ders. u. a., Ancestors of the West. Writing, Reasoning, and Religion in Mesopotamia, Elam, and Greece. Chicago: University of Chicago Press, S. 3–66.

Bourdieu, Pierre (1982), Die feinen Unterschiede. Kritik der gesellschaftlichen Urteilskraft. Frankfurt/M.: Suhrkamp.

Bowman, Andrew u. a. (2013), Central Bank-Led Capitalism, in: Seattle University Law Review, 36, S. 455–487.

Brackmann, Michael (1993), Vom totalen Krieg zum Wirtschaftswunder. Die Vorgeschichte der westdeutschen Währungsreform 1948. Essen: Klartext.

Breton, Régis; Virginie Coudert (2016), L'Initiative »monnaie pleine«, in: Banque & Stratégie, 345, S. 16–19.
Bröckling, Ulrich (2011), Das unternehmerische Selbst. Soziologie einer Subjektivierungsform. Frankfurt/M.: Suhrkamp.
Bröckling, Ulrich (2013), Der Mensch ist das Maß aller Schneider. Anthropologie als Effekt, in: Mittelweg 36, 22, 1, S. 68–88.
Brodbeck, Karl-Heinz (2009), Die Herrschaft des Geldes. Geschichte und Systematik. Darmstadt: Wissenschaftliche Buchgesellschaft.
Brodbeck, Karl-Heinz (2011), Kann das Geld abgeschafft werden? Reflexionen zur monetären Vergesellschaftung, in: Walter O. Ötsch u.a. (Hrsg.), Gesellschaft! Welche Gesellschaft? Nachdenken über eine sich wandelnde Gesellschaft. Marburg: Metropolis, S. 93–117.
Burkert, Walter (1972), Homo Necans. Interpretationen altgriechischer Opferriten und Mythen. Berlin: de Gruyter.
Casey, Michal; Paul Vigna (2015), Cryptocurrency. Wie virtuelles Geld unsere Gesellschaft verändert. Berlin: Econ.
Cassidy, John (2009), How Markets Fail. The Logic of Economic Calamities. New York: Farrar, Straus and Giroux.
Coleman, James S. (1994), Foundations of Social Theory. Cambridge: Harvard University Press.
Cook, Robert M. (1958), Speculations on the Origin of Coinage, in: Historia, 7, S. 257–262.
Crouch, Colin (2009), Privatised Keynesianism. An Unacknowledged Policy Regime, in: British Journal of Politics & International Relations, 11, 3, S. 382–399.
Dalton, George B. (1967), Primitive Money, in: Ders. (Hrsg.), Tribal and Peasant Economies: Readings in Economic Anthropology. Austin: University of Texas Press, S. 254–281.
Dalton, George B. (1982), Barter, in: Journal of Economic Issues, 16, S. 181–190.
Dalziel, Paul; Jane Higgins (2006), Pareto, Parsons, and the Boundary between Economics and Sociology, in: American Journal of Economics and Sociology, 65, 1, S. 109–126.
Davies, Glyn (2002), A History of Money. From Ancient Times to the Present Day. Cardiff: University of Wales Press.
Degens, Philipp (2016), Between »Market« and »Reciprocity«. How Businesses Use Local Currencies, in: Behemoth, 9, 2, S. 22–36.

Deutschmann, Christoph (1999), Die Verheißung des absoluten Reichtums. Zur religiösen Natur des Kapitalismus. Frankfurt/M.: Campus.

Deutschmann, Christoph (2008), Die Finanzmärkte und die Mittelschichten: der kollektive Buddenbrooks-Effekt, Leviathan, 36, 4, S. 501–517.

Deutschmann, Christoph (2009), Geld als universales Inklusionsmedium moderner Gesellschaften, in: Rudolf Stichweh, Paul Windolf (Hrsg.), Inklusion und Exklusion. Analysen zur Sozialstruktur und sozialen Ungleichheit. Wiesbaden: VS, S. 223–239.

Dodd, Nigel (2014), The Social Life of Money. Princeton: Princeton University Press.

Douglas, Mary (1987), How Institutions Think. London: Routledge and Kegan Paul.

Dutzler, Barbara (2002), Der Status des ESZB aus demokratietheoretischer Sicht, in: Der Staat, 41, 4, S. 495–522.

Eichengreen, Barry (2000), Vom Goldstandard zum EURO. Die Geschichte des internationalen Währungssystems. Berlin: Wagenbach.

Eichengreen, Barry (2011), Exorbitant Privilege. The Rise and Fall of the Dollar. Oxford: Oxford University Press.

Eisenstadt, Shmuel N. (2003), Comparative Civilizations and Multiple Modernities. Leiden: Brill.

Elwert, Georg (1991), Gabe, Reziprozität und Warentausch. Überlegungen zu einigen Ausdrücken und Begriffen, in: Eberhard Berg (Hrsg.), Ethnologie im Widerstreit. Kontroversen über Macht, Geschäft, Geschlecht in fremden Kulturen. München: Trickster, S. 159–177.

Epstein, Gerald (2005), Central Banks as Agents of Economic Development, Political Economy Research Institute, Working Paper Series 104.

European Central Bank (2012), Virtual Currency Schemes. Frankfurt/M.: ECB.

European Central Bank (2015), Virtual Currency Schemes. A Further Analysis. Frankfurt/M.: ECB.

Finley, Moses I. (1981), Economy and Society in Ancient Greece. London: Penguin.

Finley, Moses I. (1979), Die Welt des Odysseus. München: Deutscher Taschenbuch Verlag.

Fisher, Irving (1933), The Debt-Deflation Theory of Great Depressions, in: Econometrica, 1, S. 337–357.

Flassbeck, Heiner; Friederike Spiecker (2014), Unser Geldsystem XIII – Vollgeld, das moderne Gold, https://makroskop.eu/2014/05/abo-artikel-unser-geldsystem-xiii-vollgeld-das-moderne-gold/ (19/05/17).

Freud, Sigmund (1920/1975), Jenseits des Lustprinzips, in: Ders., Studienausgabe, Bd. 3. Psychologie des Unbewußten. Frankfurt/M.: Fischer, S. 213–272.

Friedman, Milton; Anna J. Schwartz (1963), A Monetary History of the United States, 1867–1960. Princeton: Princeton University Press.

Garber, Peter M. (2000), Famous First Bubbles. The Fundamentals of Early Manias. Cambridge: MIT Press.

Gedeon, Shirley J. (1997), The Modern Free Banking School: A Review, in: Journal of Economic Issues, 31, 1, S. 209–222.

Gehlen, Arnold (1956/1986), Urmensch und Spätkultur. Philosophische Ergebnisse und Aussagen. Wiesbaden: Aula.

Gerriets, Marilyn (1985), Money in Early Christian Ireland According to the Irish Laws, in: Comparative Studies in Society and History, 27, 2, S. 323–339.

Gervais, Arthur u. a. (2014), Is Bitcoin a Decentralized Currency?, in: IEEE Security and Privacy Magazine, 12, 3, S. 54–60.

Gesell, Silvio (1920), Die natürliche Wirtschaftsordnung durch Freiland und Freigeld. Berlin: Freiland-Freigeld.

Girard, René (1972/1987), Das Heilige und die Gewalt. Zürich: Benziger.

Girard, René (1978/1983), Das Ende der Gewalt. Analyse eines Menschheitsverhängnisses. Freiburg: Herder.

Goodhart, Charles (1988), The Evolution of Central Banks. Cambridge: MIT Press.

Goodhart, Charles u. a. (1994), The Development of Central Banking, in: Forrest Capie u. a. (Hrsg.), The Future of Central Banking. Cambrigde: Cambridge University Press, S. 1–231.

Gordon, Robert (2012), Is U.S. Economic Growth Over? Faltering Innovation Confronts the Six Headwinds, NBER Working Paper 18315.

Gossen, Hermann H. (1889), Entwicklung der Gesetze des menschlichen Verkehrs und der daraus fließenden Regeln für menschliches Verhalten. Berlin: Prager.

Gottmann, Bastian; Hanno Pahl (2013), Geld ist Schuld. Fallstricke einer Kulturtechnik, in: swissfuture, 40, 2, S. 20–23.

Graeber, David (2006), Turning Modes of Production Inside Out. Or, Why Capitalism is a Transformation of Slavery, in: Critique of Anthropology, 26, 1, S. 61–85.

Graeber, David (2009), Debt, Violence, and Impersonal Markets: Polanyian Meditations, in: Chris Hann, Keith Hart (Hrsg.), Market and Society. The Great Transformation Today. Cambridge: Cambridge University Press, S. 100–132.

Graeber, David (2011), Debt. The First 5000 Years. New York: Melville House.

Grierson, P.J. Hamilton (1903), The Silent Trade. A Contribution to the Early History of Human Intercourse. Edinburgh: William Green & Sons.

Grierson, Philip (1978), The Origins of Money, in: Research in Economic Anthropology, 1, S. 1–35.

Grossman, Sanford J.; Joseph E. Stiglitz (1980), On the Impossibility of Informationally Efficient Markets, in: American Economic Review, 70, S. 393–408.

Habermas, Jürgen (1981), Theorie des kommunikativen Handelns, Bd. 2. Zur Kritik der funktionalistischen Vernunft. Frankfurt/M.: Suhrkamp.

Hahn, Alois (2004), Der Mensch in der deutschen Systemtheorie, in: Ulrich Bröckling, Axel T. Paul, Stefan Kaufmann (Hrsg.), Vernunft – Entwicklung – Leben. Schlüsselbegriffe der Moderne. München: Fink, S. 279–290.

Hahn, Frank (1984), Die allgemeine Gleichgewichtstheorie, in: Daniel Bell, Irving Kristoll (Hrsg.), Die Krise in der Wirtschaftstheorie. Berlin: Springer, S. 154–174.

Hayek, Friedrich A. von (1946/1976), Die Verwertung des Wissens in der Gesellschaft, in: Ders., Individualismus und wirtschaftliche Ordnung. Salzburg: Neugebauer, S. 103–121.

Hayek, Friedrich A. von (1951), Vollbeschäftigung, Planwirtschaft und Inflation, in: Alfred Amonn u. a., Vollbeschäftigung, Inflation und Planwirtschaft. Erlenbach: Rentsch, S. 184–197.

Hayek, Friedrich A. von (1969), Der Wettbewerb als Entdeckungsverfahren, in: Ders., Freiburger Studien. Gesammelte Aufsätze. Tübingen: Mohr, S. 249–265.

Hayek, Friedrich A. von (1977), Entnationalisierung des Geldes. Eine Analyse der Theorie und Praxis konkurrierender Umlaufmittel. Tübingen: Mohr.

Hayek, Friedrich A. von (1979), Toward a Free Market Monetary System, in: Journal of Libertarian Studies, 3, 1, S. 1–8.

Heering, Walter (1999), Privateigentum, Vertrauen und Geld. Überlegungen zur Genese von Zahlungsmitteln in Marktökonomien oder: Wie man in Berlin, Bremen und anderswo über Geld denkt!, in: Karl Betz, Tobias Roy (Hrsg.), Privateigentum und Geld. Kontroversen um den Ansatz von Heinsohn und Steiger. Marburg: Metropolis, S. 99–143.

Heinrich, Michael (1991), Die Wissenschaft vom Wert. Die Marxsche Kritik der politischen Ökonomie zwischen wissenschaftlicher Revolution und klassischer Tradition. Hamburg: VSA.

Heinsohn, Gunnar (2014), Woher kommt das Geld?, in: Wolf D. Enkelmann, Birger P. Priddat (Hrsg.), Was ist? Wirtschaftsphilosophische Erkundungen. Definitionen, Ansätze, Methoden, Erkenntnisse, Wirkungen, Bd. 1. Marburg: Metropolis, S. 23–44.

Heinsohn, Gunnar; Otto Steiger (1996), Eigentum, Zins und Geld. Ungelöste Rätsel der Wirtschaftswissenschaften. Reinbek: Rowohlt.

Hellwig, Martin (2000), Die volkswirtschaftliche Bedeutung des Finanzsystems, in: Jürgen von Hagen, Johann Heinrich von Stein (Hrsg.), Obst/Hintner. Geld-, Bank- und Börsenwesen. Handbuch des Finanzsystems. Stuttgart: Schäffer-Poeschel, S. 3–37.

Hénaff, Marcel (2009), Der Preis der Wahrheit. Gabe, Geld und die Philosophie. Frankfurt/M.: Suhrkamp.

Hicks, John R. (1967), Critical Essays in Monetary Theory. Oxford: Oxford University Press.

Hirsch, Fred; John H. Goldthorpe (Hrsg.) (1978), The Political Economy of Inflation. London: Martin Robertson.

Hirschman, Albert O. (1982), Rival Interpretations of Market Society: Civilizing, Destructive, or Feeble?, in: Journal of Economic Literature, 20, S. 1463–1484.

Holtfrerich, Carl-Ludwig (1980), Die deutsche Inflation 1914–1923. Ursachen und Folgen in internationaler Perspektive. Berlin: de Gruyter.

Holtfrerich, Carl-Ludwig (1988), Relations Between Monetary Authorities and Governmental Institutions. The Case of Germany from the 19th Century to the Present, in: Gianni Toniolo (Hrsg.), Central Banks' Independence in Historical Perspective. Berlin: de Gruyter, S. 105–159.

Homans, George C. (1961), Social Behavior: Its Elementary Forms. London: Routledge & Paul.

Huber, Joseph (2004), Reform der Geldschöpfung – Wiederherstellung des staatlichen Geldregals durch Vollgeld, in: Zeitschrift für Sozialökonomie, 41, 142, S. 13–21.

Huber, Joseph (2011), Monetäre Modernisierung. Zur Zukunft der Geldordnung. Marburg: Metropolis.

Huber, Joseph (2014), Vollgeld in der Kritik. Erläuterungen zum Vollgeld-Konzept anlässlich Kritik aus verschiedenen ökonomischen Denkrichtungen, www.vollgeld.de/vollgeld-in-der-kritik (19/05/17).

Hudson, Michael (1992), Did the Phoenicians Introduce the Idea of Interest to Greece and Italy – and if so, when?, in: Günter Kopcke, Isabelle Tokumaru (Hrsg.), Greece between East and West: 10th–8th Centuries BC. Mainz: Philipp von Zabern, S. 128–143.

Hudson, Michael (2002), Reconstructing the Origins of Interest-Bearing Debt and the Logic of Clean Slates, in: Ders., Marc Van De Mieroop (Hrsg.), Debt and Economic Renewal in the Ancient Near East. Bethesda: CDL Press, S. 8–58.

Hudson, Michael (2004a), The Archaeology of Money. Debt vs. Barter Theories of Money, in: L. Randall Wray (Hrsg.), Credit and State Theories of Money. Cheltenham: Edward Elgar, S. 99–127.

Hudson, Michael (2004b), The Development of Money-of-Account in Sumer's Temples, in: Ders., Cornelia Wunsch (Hrsg.), Creating Economic Order. Record-Keeping, Standardization, and the Development of Accounting in the Ancient Near East, Bethesda: CDL Press, S. 303–329.

Humphrey, Caroline (1985), Barter and Economic Disintegration, in: Man, New Series, 20, S. 48–72.

Hutter, Michael (1993), The Emergence of Bank Notes in 17th Century England. A Case Study of Communication Theory of Exchange, in: Sociologia Internationalis, 31, 1, S. 24–39.

Ingham, Geoffrey (2004), The Nature of Money. Cambridge: Polity.

Issing, Otmar (1993), Der Zins und sein moralischer Schatten, in: Frankfurter Allgemeine Zeitung, 20/11/93.

Jaeggi, Rahel (2005), Entfremdung. Zur Aktualität eines sozialphilosophischen Problems. Frankfurt/M.: Campus.

Jensen, Michael C. (1993), The Modern Industrial Revolution, Exit, and the Failure of Internal Control Systems, in: Journal of Finance, 48, S. 831–880.

Kennedy, Margrit (1991), Geld ohne Zinsen und Inflation. Ein Tauschmittel, das jedem dient. München: Goldmann.
Keynes, John M. (1930/1971), A Treatise on Money, Bd. 1. The Pure Theory of Money. London: Macmillan.
Keynes, John M. (1932), Vom Gelde, Berlin: Duncker & Humblot.
Keynes, John M. (1936/1976), The General Theory of Employment, Interest and Money. London: Macmillan.
Keynes, John M. (1937/1973), The General Theory of Employment, in: Ders., Collected Writings, Bd. 14. The General Theory and After. Part II: Defence and Development. London: Macmillan, S. 109–123.
Kindleberger, Charles P. (1978), Manias, Panics, and Crashes. A History of Financial Crises, New York: John Wiley.
Kirshner, Jonathan (2003), Money is Politics, in: Review of International Political Economy, 10, 4, S. 645–660.
Kloft, Matthias Th. (1997), Das christliche Zinsverbot in der Entwicklung von der Alten Kirche zum Barock, in: Johannes Heil, Bernd Wacker (Hrsg.), Shylock? Zinsverbot und Geldverleih in jüdischer und christlicher Tradition. München: Fink, S. 21–34.
Knapp, Georg F. (1905), Staatliche Theorie des Geldes. Leipzig: Duncker & Humblot.
Koenig, Aaron (2015), Bitcoin. Geld ohne Staat. Die digitale Währung aus Sicht der Wiener Schule der Volkswirtschaft. München: Finanzbuchverlag.
Kopytoff, Igor (1986), The Cultural Biography of Things. Commoditization as Process, in: Arjun Appadurai (Hrsg.), The Social Life of Things. Commodities in Cultural Perspective. Cambridge: Cambridge University Press, S. 64–91.
Koselleck, Reinhart (1979), Vergangene Zukunft. Zur Semantik geschichtlicher Zeiten. Frankfurt/M.: Suhrkamp.
Kraay, Colin M. (1964), Hoards, Small Change and the Origin of Coinage, in: Journal of Hellenic Studies, 84, S. 76–91.
Kreckel, Reinhard (1992), Politische Soziologie der sozialen Ungleichheit. Frankfurt/M.: Campus.
Kühl, Stefan (2002), Konturen des Exit-Kapitalismus. Wie Risikokapital die Art des Wirtschaftens verändert, in: Leviathan, 30, 2, S. 195–219.
Kühl, Stefan (2011), Organisationen. Eine sehr kurze Einführung. Wiesbaden: VS.

Kuhn, Thomas S. (1973), Die Struktur wissenschaftlicher Revolutionen. Frankfurt/M.: Suhrkamp.

Laum, Bernhard (1924/2006), Heiliges Geld. Eine historische Untersuchung über den sakralen Ursprung des Geldes. Berlin: Semele.

Le Goff, Jacques (1988), Wucherzins und Höllenqualen. Ökonomie und Religion im Mittelalter. Stuttgart: Klett-Cotta.

Lévi-Strauss, Claude (1943), Guerre et commerce chez les indiens de l'Amérique du Sud, in: Renaissance. Revue trimestrielle publiée par l'Ecoles Libre des Hautes Etudes (New York), 1, 1/2, S. 122–139.

Lévi-Strauss, Claude (1949/1981), Die elementaren Strukturen der Verwandtschaft. Frankfurt/M.: Suhrkamp.

Lévi-Strauss, Claude (1956/1985), Die Familie, in: Ders., Der Blick aus der Ferne. München: Fink, S. 73–104.

Lewandowski, Sven (2004), Sexualität in Zeiten funktionaler Differenzierung. Eine systemtheoretische Analyse. Bielefeld: Transkript.

Locke, John (1689/1977), Zwei Abhandlungen über die Regierung. Frankfurt/M.: Suhrkamp.

Luhmann, Niklas (1964), Funktion und Folgen formaler Organisation. Berlin: Duncker & Humblot.

Luhmann, Niklas (1972), Knappheit, Geld und die bürgerliche Gesellschaft, in: Jahrbuch für Sozialwissenschaften, 23, S. 186–210.

Luhmann, Niklas (1976), Generalized Media and the Problem of Contingency, in: Jan J. Loubser u.a. (Hrsg.), Explorations in General Theory in Social Science. Essays in Honour of Talcott Parsons, Bd. 2. New York: Free Press, S. 507–532.

Luhmann, Niklas (1984), Soziale Systeme. Grundriß einer allgemeinen Theorie. Frankfurt/M.: Suhrkamp.

Luhmann, Niklas (1987), »Distinctions directrices«. Über die Codierung von Semantiken und Systemen, in: Ders., Soziologische Aufklärung, Bd. 4. Beiträge zur funktionalen Differenzierung der Gesellschaft. Opladen: Westdeutscher Verlag, S. 13–32.

Luhmann, Niklas (1988), Die Wirtschaft der Gesellschaft. Frankfurt/M.: Suhrkamp.

Luhmann, Niklas (1994), Liebe als Passion. Zur Codierung von Intimität. Frankfurt/M.: Suhrkamp.

Luhmann, Niklas (1997), Die Gesellschaft der Gesellschaft. Frankfurt/M.: Suhrkamp.

Lukács, Georg (1923/1968), Verdinglichung und das Bewußtsein des Proletariats, in: Ders., Geschichte und Klassenbewußtsein. Studien über marxistische Dialektik. Neuwied: Luchterhand, S. 257–397.

Mann, Geoff (2013), The Monetary Exception: Labour, Distribution and Money in Capitalism, in: Capital & Class, 37, 2, S. 197–216.

Martin, Paul C. (2008), Power, the State, and the Institution of Property, in: Otto Steiger (Hrsg.), Property Economics. Property Rights, Creditor's Money, and the Foundations of the Economy. Marburg: Metropolis, S. 75–109.

Marx, Karl (1844/1968a), Ökonomisch-philosophische Manuskripte, in: Ders., Friedrich Engels, Werke, Ergänzungsbd. Schriften. Manuskripte. Briefe bis 1844. Erster Teil. Berlin: Dietz, S. 465–590.

Marx, Karl (1844/1968b), Auszüge aus James Mills Buch »Elémen[t]s d'économie politique«, in: Ders., Friedrich Engels: Werke, Ergänzungsbd. Schriften. Manuskripte. Briefe bis 1844. Erster Teil. Berlin: Dietz, S. 445–463.

Marx, Karl (1867/1982), Das Kapital. Kritik der politischen Ökonomie, Bd. 1. Berlin: Dietz.

Masuch, Michael (1981), Die sowjetische Entscheidungsweise. Ein Beitrag zur Theorie des realen Sozialismus, in: Kölner Zeitschrift für Soziologie und Sozialpsychologie, 33, S. 642–667.

Maurer, Bill u. a. (2013), »When Perhaps the Real Problem is Money Itself!« The Practical Materiality of Bitcoin, in: Social Semiotics, 23, 2, S. 261–277.

Mauss, Marcel (1923–24/1989), Die Gabe. Form und Funktion des Austauschs in archaischen Gesellschaften, in: Ders., Soziologie und Anthropologie, Bd. 2. Frankfurt/M.: Fischer, S. 9–144.

McLeay, Michael u. a. (2014), Money Creation in the Modern World, in: Bank of England Quarterly Bulletin, 51, 1, S. 14–27.

McNamara, Kathleen (2002), Rational Fictions: Central Bank Independence and the Social Logic of Delegation, in: West European Politics, 25, 1, S. 47–76.

Mehrling, Parry G. (2013), The Inherent Hierarchy of Money, in: Lance Taylor, Armon Rezai (Hrsg.), Social Fairness and Economics: Economic Essays in the Spirit of Duncan Foley. London: Routledge, S. 394–404.

Meikle, Scott (2000), Aristotle on Money, in: John Smithin (Hrsg.), What is Money? London: Routledge, S. 157–173.
Meillassoux, Claude (1986), Anthropologie de l'esclavage. Le ventre de fer et d'argent. Paris: Presses Universitaires de France.
Menger, Carl (1871), Grundsätze der Volkswirthschaftslehre. Wien: Verlag Wirtschaft und Finanzen.
Menger, Carl (1892), On the Origin of Money, in: The Economic Journal, 2, S. 239–255.
Miller, William I. (2006), Eye for an Eye. Cambridge: Cambridge University Press.
Minsky, Hyman P. (1982), The Financial Instability Hypothesis. Capitalist Processes and Behavior of the Economy, in: Charles P. Kindleberger, Jean-Pierre Lafargue (Hrsg.), Financial Crises. Theory, History, and Policy. Cambridge: Cambridge University Press, S. 13–39.
Mirowski, Philip (1989), More Heat Than Light. Economics as Social Physics: Physics as Nature's Economics. Cambridge: Cambridge University Press.
Mitchell Innes, Alfred (1913/2004), What is Money?, in: L. Randall Wray (Hrsg.), Credit and State Theories of Money. The Contributions of A. Mitchell Innes. Cheltenham: Edward Elgar, S. 14–49.
Moraes Farias, Paulo F. de (1974), Silent Trade. Myth and Historical Evidence, in: History in Africa, 1, S. 9–24.
Moriz, Cornelius (2016), Markt und Teilhabe. Über Sein und Sollen in der kapitalistischen Moderne. Weilerswist: Velbrück.
Muldrew, Craig (1998), Zur Anthropologie des Kapitalismus. Kredit, Vertrauen, Tausch und die Geschichte des Marktes in England 1500–1700, in: Historische Anthropologie, 6, 2, S. 167–199.
Münch, Richard (2011), Akademischer Kapitalismus. Zur politischen Ökonomie der Hochschulreform. Berlin: Suhrkamp.
Nelson, Benjamin (1949/1969), The Idea of Usury. From Tribal Brotherhood to Universal Otherhood. Chicago: University of Chicago Press.
Nordhaus, William D. (1975), The Political Business Cycle, in: Review of Economic Studies, 42, 2, S. 169–190.
Oates, Joan (1993), Trade and Power in the Fifth and Fourth Millennia BC. New Evidence from Northern Mesopotamia, in: World Archaeology, 24, 3, S. 403–422.

Orléan, André (2011), L'Empire de la valeur. Refonder l'économie. Paris: Editions du Seuil.

Parry, Jonathan; Maurice Bloch (1989), Money and the Morality of Exchange. Cambridge: Cambridge University Press, S. 1–32.

Parsons, Talcott (1980), Zur Theorie der sozialen Interaktionsmedien. Opladen: Westdeutscher Verlag.

Parsons, Talcott; Edward A. Shils (1951), Categories of the Orientation and Organization of Action, in: Talcott Parsons u. a., Toward a General Theory of Action. Cambridge: Harvard University Press, S. 53–109.

Parzinger, Hermann (2014), Die Kinder des Prometheus. Eine Geschichte der Menschheit vor Erfindung der Schrift. München: Beck.

Paul, Axel T. (2005), Die Rache und das Rätsel der Gabe, in: Leviathan, 33, 2, S. 240–256.

Paul, Axel T. (2006), Das Geheimnis der Münze, in: Zeitschrift für Wirtschafts- und Unternehmensethik, 7, 3, S. 379–383.

Paul, Axel T. (2012), Die Gesellschaft des Geldes. Entwurf einer monetären Theorie der Moderne. Wiesbaden: Springer.

Paul, Axel T. (2012–13), Über die Geldstrafe, in: Zeitschrift für Rechtssoziologie, 33, 1, S. 131–150.

Paul, Axel T. (2016), Bitcoins vs. Sovereign Money. On the Lure and Limits of Monetary Reform, in: Behemoth, 9, 2, S. 8–21.

Paul, Ron (2009), End the Fed. New York: Grand Central.

Peacock, Mark S. (2013), Accounting for Money. The Legal Presuppositions of Money and Accounting in Ancient Greece, in: Business History, 55, 2, S. 280–301.

Pierenkemper, Toni (1998), Die Angst der Deutschen vor der Inflation oder: Kann man aus der Geschichte lernen?, in: Jahrbuch für Wirtschaftsgeschichte, 1, S. 59–84.

Plessner, Helmuth (1928/1975), Die Stufen des Organischen und der Mensch. Berlin: de Gruyter.

Polanyi, Karl (1944/1971), The Great Transformation. Politische und ökonomische Ursprünge von Gesellschaften und Wirtschaftssystemen. Frankfurt/M.: Europaverlag.

Polanyi, Karl (1979), Ökonomie und Gesellschaft. Frankfurt/M.: Suhrkamp.

Pollard, Sidney (1984), Keynesianismus und Wirtschaftspolitik seit der Großen Depression, in: Geschichte und Gesellschaft, 10, 2, S. 185–210.

Posen, Adam (1993), Why Central Bank Independence Does Not Cause Low Inflation: There is no Institutional Fix for Politics, in: Richard O'Brian (Hrsg.), Finance and the International Economy. Oxford: Oxford University Press, S. 40–65.

Priddat, Birger (2012), Eigentum, Arbeit, Geld: Zur Logik einer Naturrechtsökonomie bei John Locke, in: Michaela Rehm, Bernd Ludwig (Hrsg.), John Locke: Zwei Abhandlungen über die Regierung. Berlin: Akademie-Verlag, S. 79–93.

Reinhart, Carmen M.; Kenneth S. Rogoff (2009), This Time is Different. Eight Centuries of Financial Folly. Princeton: Princeton University Press.

Renger, Johannes (1995), Subsistenzproduktion und redistributive Palastökonomie – wo bleibt die Nische für das Geld?, in: Waltraud Schelkle, Manfred Nitsch (Hrsg.), Rätsel Geld. Annäherungen aus ökonomischer, soziologischer und historischer Sicht. Marburg: Metropolis, S. 271–324.

Renger, Johannes (2011), The Role and Place of Money and Credit in the Economy of Ancient Mesopotamia, in: Heiner Ganssmann (Hrsg.), New Approaches to Monetary Theory. Interdisciplinary Perspectives. Abingdon: Routledge, S. 15–36.

Robbins, Lionel (1931/1984), An Essay on the Nature and Significance of Economic Science. London: Macmillan.

Rospabé, Philippe (1995), La Dette de vie. Aux origines de la monnaie. Paris: La Découverte.

Sahlins, Marshall D. (1963), Poor Man, Rich Man, Big-Man, Chief. Political Types in Melanesia and Polynesia, in: Comparative Studies in Society and History, 5, 3, S. 285–303.

Samuelson, Paul A. (1964), Volkswirtschaftslehre. Eine Einführung, Bd. 1. Köln: Bund-Verlag.

Sandel, Michael J. (2012), Was man für Geld nicht kaufen kann. Die moralischen Grenzen des Marktes. Berlin: Ullstein.

Satz, Debra (2013), Von Waren und Werten. Die Macht der Märkte und warum manche Dinge nicht zum Verkauf stehen sollten. Hamburg: Hamburger Edition.

Schaps, David M. (2007), The Invention of Coinage in Lydia, in India, and in China, in: Bulletin du Cercle d'Études Numismatiques, 44, S. 281–300, 313–322.

Schaps, David M. (2014), War and Peace, Imitation and Innovation, Backwardness and Development: The Beginnings of Coinage in Ancient Greece and Lydia, in: Peter Bernholz, Roland Vaubel (Hrsg.), Explaining Monetary and Financial Innovation. A Historical Analysis. Cham: Springer, S. 31–51.

Scharpf, Fritz W. (2013), Legitimacy Intermediation in the Multilevel European Polity and its Collapse in the Euro Crisis, in: Klaus Armingeon (Hrsg.), Staatstätigkeiten, Parteien und Demokratie. Wiesbaden: VS, S. 567–596.

Schimank, Uwe (2000), Handeln und Strukturen. Einführung in die akteurtheoretische Soziologie. München: Juventa.

Schimank, Uwe (2009), Die Moderne: eine funktional differenzierte kapitalistische Gesellschaft, in: Berliner Journal für Soziologie, 19, 3, S. 327–351.

Schmandt-Besserat, Denise (1996), How Writing Came About. Austin: Texas University Press.

Schmidt, Klaus (2006), Sie bauten die ersten Tempel. Das rätselhafte Heiligtum der Steinzeitjäger. Die archäologische Entdeckung am Göbekli Tepe. München: Beck.

Schneider, Karl H. (2010), Geschichte der Bauernbefreiung. Stuttgart: Reclam.

Schoenberger, Erica (2008), The Origins of the Market Economy: State Power, Territorial Control, and Modes of War Fighting, in: Comparative Studies in Society and History, 50, 3, S. 663–691.

Schumpeter, Joseph A. (1954/2009), Geschichte der ökonomischen Analyse. Göttingen: Vandenhoeck & Ruprecht.

Schwinn, Thomas (2004a), Institutionelle Differenzierung und soziale Ungleichheit. Die zwei Soziologien und ihre Verknüpfung, in: Ders., Differenzierung und soziale Ungleichheit. Die zwei Soziologien und ihre Verknüpfung. Frankfurt/M.: Humanities Online, S. 9–68.

Schwinn, Thomas (2004b) (Hrsg.), Differenzierung und soziale Ungleichheit. Die zwei Soziologien und ihre Verknüpfung. Frankfurt/M.: Humanities Online.

Seaford, Richard (2004), Money and the Early Greek Mind. Homer, Philosophy, Tragedy. Cambridge: Cambridge University Press.

Sennett, Richard (1998), Der flexible Mensch. Die Kultur des neuen Kapitalismus. Berlin: Berlin Verlag.

Servet, Jean-Michel (1998), Démonétarisation et remonétarisation en Afrique-Occidentale et Equatoriale (XIXe et XXe siècles), in: Micheal Aglietta, André Orléan (Hrsg.), La Monnaie souveraine. Paris: Odile Jacob, S. 289–324.

Shackle, George L. S. (1972), Epistemics and Economics. A Critique of Economic Doctrines. New Brunswick: Transaction Publishers.

Shell, Marc (1982), Money, Language, and Thought. Literary and Philosophical Economies from the Medieval to the Modern Era. Berkeley: University of California Press.

Shiller, Robert J. (1999), Human Behavior and the Efficiency of Financial Systems, in: John B. Taylor, Michael Woodford (Hrsg.), Handbook of Macroeconomics, Bd. 1c. Amsterdam: Elsevier, S. 1306–1340.

Shiller, Robert J. (2000), Irrational Exuberance. Princeton: Princeton University Press.

Shiller, Robert J. (2008), The Subprime Solution. How Today's Global Financial Crisis Happened and What to Do about It. Princeton: Princeton University Press.

Sigurjonsson, Frosti (2015), Monetary Reform. A Better Monetary System for Iceland. Reykjavik.

Simmel, Georg (1890/1989), Psychologie des Geldes, in: Ders., Aufsätze 1887 bis 1890. Über sociale Differenzierung. Die Probleme der Geschichtsphilosophie. Frankfurt/M.: Suhrkamp, S. 49–65.

Simmel, Georg (1896/1983), Das Geld in der modernen Kultur, in: Ders., Schriften zur Soziologie. Frankfurt/M.: Suhrkamp, S. 78–94.

Simmel, Georg (1900/1989), Philosophie des Geldes. Frankfurt/M.: Suhrkamp.

Simmel, Georg (1908/1988), Soziologie. Untersuchungen über die Formen der Vergesellschaftung. Frankfurt/M.: Suhrkamp.

Smith, Adam (1776/1978), Der Wohlstand der Nationen. Eine Untersuchung seiner Natur und seiner Ursachen. München: Deutscher Taschenbuch Verlag.

Sommer, Michael (2004), Die Peripherie als Zentrum. Die Phöniker und der interkontinentale Fernhandel im Weltsystem der Eisenzeit, in: Robert Rollinger, Christoph Ulf (Hrsg.), Commerce and Monetary Systems in the Ancient World. Means of Transmission and Cultural Interaction. Stuttgart: Franz Steiner, S. 233–244.

Streeck, Wolfgang (2013), Gekaufte Zeit. Die vertagte Krise des demokratischen Kapitalismus. Berlin: Suhrkamp.

Streeck, Wolfgang (2015), Warum der Euro Europa spaltet, statt es zu einigen, in: Leviathan, 43, 3, S. 365–386.

Stützel, Wolfgang; Wilfried Krug (1982), Die Rolle der Finanzvermögen in der modernen Wirtschaft, in: Norbert Kloten, Johann Heinrich von Stein (Hrsg.), Obst/Hintner. Geld-, Bank- und Börsenwesen. Ein Handbuch. Stuttgart: Schäffer-Poeschel, S. 61–78.

Suhr, Dieter (1989), The Capitalistic Cost-Benefit Structure of Money. An Analysis of Money's Structural Non-Neutrality and its Effects on the Economy. Berlin: Springer.

Tcherneva, Pavlina R. (2006), Chartalism and the Tax-driven Approach to Money, in: Philip Arestis, Malcolm Sawyer (Hrsg.), A Handbook of Alternative Monetary Economics. Cheltenham: Edward Elgar, S. 69–86.

Teulings, Coen; Richard Baldwin (Hrsg.) (2014), Secular Stagnation. Facts, Causes and Cures, London: CEPR Press.

Triffin, Robert (1946), Banking Reform in Argentina – A 100% Money Experiment, in: Federal Reserve Board, Review of Foreign Developments, 20, S. 1–7.

Trotha, Trutz von (1995), Ordnungsformen der Gewalt oder Aussichten auf das Ende des staatlichen Gewaltmonopols, in: Birgitta Nedelmann (Hrsg.), Politische Institutionen im Wandel. Opladen: Westdeutscher Verlag, S. 129–166.

Türcke, Christoph (2015), Mehr! Philosophie des Geldes. München: Beck.

Ugolino, Stefano (2011), What Do We Really Know About the Long-Term Evolution of Central Banking? Evidence From the Past, Insights for the Present, Norges Bank, Working Paper 15.

Van de Mieroop, Marc (2005), The Invention of Interest. Sumerian Loans, in: William M. Goetzmann, K. Geert Rouwenhorst (Hrsg.), The Origins of Value. The Financial Innovations that Created Modern Capital Markets. Oxford: Oxford University Press, S. 17–30.

Vogl, Joseph (2011), Das Gespenst des Kapitals. Zürich: Diaphanes.

Walras, Léon (1922), Theorie des Geldes. Jena: Gustav Fischer.

Walzer, Michael (1983), Spheres of Justice. A Defense of Pluralism and Equality, New York: Basic Books.

Weber, Beat (2014), Geld und Demokratie. Reformdebatten um ein krisenhaftes Verhältnis, in: Leviathan, 42, 1, S. 67–93.
Weber, Beat (2016), Bitcoin and the Legitimacy Crisis of Money, in: Cambridge Journal of Economics, 40, S. 17–41.
Weber, Max (1894/1988), Die Börse, in: Ders., Gesammelte Aufsätze zur Soziologie und Sozialpolitik. Tübingen: Mohr, S. 256–322.
Weber, Max (1896/1988), Die sozialen Gründe des Untergangs der antiken Kultur, in: Ders., Gesammelte Aufsätze zur Sozial- und Wirtschaftsgeschichte. Tübingen: Mohr, S. 289–311.
Weber, Max (1904/1988), Die »Objektivität« sozialwissenschaftlicher und sozialpolitischer Erkenntnis, in: Ders., Gesammelte Aufsätze zur Wissenschaftslehre. Tübingen: Mohr, S. 146–214.
Weber, Max (1904–05/1988), Die protestantische Ethik und der Geist des Kapitalismus, in: Ders., Gesammelte Aufsätze zur Religionssoziologie. Tübingen: Mohr, S. 17–206.
Werner, Klaus (1997), Das israelitische Zinsverbot. Seine Grundlagen in Torah, Misnah und Talmud, in: Johannes Heil, Bernd Wacker (Hrsg.), Shylock? Zinsverbot und Geldverleih in jüdischer und christlicher Tradition. München: Fink, S. 11–20.
Windolf, Paul (2005), Was ist Finanzmarkt-Kapitalismus, in: Ders. (Hrsg.), Finanzmarkt-Kapitalismus. Analysen zum Wandel von Produktionsregimen. Wiesbaden: VS, S. 20–57.
Zelizer, Viviana A. (1979), Morals and Markets. The Development of Life Insurance in the United States. New York: Columbia University Press.
Zelizer, Viviana A. (1994), The Social Meaning of Money. New York: Basic Books.

Sachregister

Personenregister

Axel T. Paul, ist Professor für Allgemeine Soziologie an der Universität Basel. Seine Hauptarbeits- und Forschungsgebiete sind die politische Ökonomie insbesondere des Geldes, die historische Soziologie von Herrschaft und Staatlichkeit, historische Anthropologie und vergleichende Gesellschaftsgeschichte. Wichtige jüngere Publikationen: *Die Gesellschaft des Geldes. Entwurf einer monetären Theorie der Moderne*, 2. erw. Aufl., Wiesbaden 2012; *Gewaltmassen. Über Eigendynamik und Selbstorganisation kollektiver Gewalt*, hrsg. zs. mit Benjamin Schwalb, Hamburg 2015; *Arabellion. Vom Aufbruch zum Zerfall einer Region?*, hrsg. zs. mit Thomas Demmelhuber und Marus Reinkowski, Baden-Baden 2017.